圖說中國 03

秦·漢

第二版

主編 龔書鐸 劉德麟

智能教育

圖說天下

前言

以史為鑑，可以思接千載，視通萬里，可以把握中國社會治亂興替的內在規律，可以洞悉修齊治平的永恆智慧。然而，讓人們全面深入地瞭解中國歷史，掌握中國歷史中所蘊含的深層價值，並不是一件容易的事。

上下五千年之中，人物多，事件多，神話與傳說並存，正史與野史交錯，頭緒繁多，內容龐雜。政治、經濟、軍事、中外交往、思想、文學、藝術等各方面的內容，如果未經梳理就雜亂無章地堆積在一起，那麼往往會使讀者一頭霧水。除了典籍史料所承載的歷史之外，文物、遺址、古蹟、藝術作品等等，也同樣反映著歷史的真實性。如何把這些組織在一起，讓讀者能夠清晰明白地去瞭解歷史，感受歷史的真實，無疑成為了編輯出版《圖說天下》的緣起。

《圖說天下》，按照不同的歷史分期，通過新的體例、模式來整合講述中國歷史，涵蓋政治、經濟、軍事、中外交往、藝術、思想、科技、社會生活等方面，以時間為經，以人物和事件為緯，經緯交織，全面反映每一朝代治亂興衰的全部過程。每一個故事都蘊含了或高亢激昂或哀婉悲痛的場景，讓人們重溫那一段歷史，不斷喚起人們內心塵封已久的記憶，與中國歷史再次進行親密接觸，深入地尋繹歷史中所蘊藏的民族智慧，感悟民族精神。隨機穿插的知識花絮、專題和附錄，緊密結合內文，讓知識訊息更為密集，從而營造出一種接近真實的歷史鏡像。

通過文字，可以感受歷史鏡像，而通過圖片，則可以閱讀圖片中的歷史。圖片與文字相互映襯，可以立體反映中國歷史，展示中國歷史文化的源遠流長、博大精深。通過這種結合，使得文字訊息更為生動，更為多彩，使讀者深刻感受中國文化的底蘊，從而產生一種閱讀上的震撼。

在中華民族偉大復興的時刻，在討論榮與辱的時候，閱讀歷史，瞭解歷史，把握歷史，其意義是顯而易見的：歷史是民族復興的內在動力之所在，是榮與恥的感性事例的集中呈現，和理性判斷的一個標準。在不遠的將來，閱讀歷史，瞭解歷史，會成為一種時尚，人們透過歷史，可以感受到真正實現自我價值，尋找到寄托心靈的精神殿堂。

秦漢

目次

原中華書局古代編輯室主任 ■ 謝方編審

西元前二二一～前二〇六年

秦朝

戰國後期，秦國經過商鞅變法，已進入了高速發展階段，國富兵強，奠定日後兼併六國的基礎。秦王政從即位（前二四七年）到稱始皇帝的二十六年間，相繼消滅了韓、趙、魏、楚、燕、齊六國，建立了統一的中央集權制國家。

秦始皇實行了一系列加強中央集權、鞏固國家統一的措施：皇帝擁有至高無上的權力，大臣只有參政議事權，無決策權。中央主要有丞相、御史大夫、太尉，稱為三公，分掌行政、監察、軍事。地方實行郡縣制，分天下為三十六郡，郡、縣長官為守、尉、監，縣以下為鄉、亭。確立土地私有，統一戶籍管理。統一度量衡、貨幣、文字。全國修建馳道、直道，興建水利，築靈渠。又大規模遷移富民集中首都咸陽，遷萬姓充屯邊地，謫判罪犯戍守邊防。在戰國諸國所建長城的基礎上修建萬里長城，以防匈奴入侵。

與此同時，秦始皇又施行殘暴統治，大量徵發勞役，大建宮室園林和陵墓，坑殺儒生，燒毀

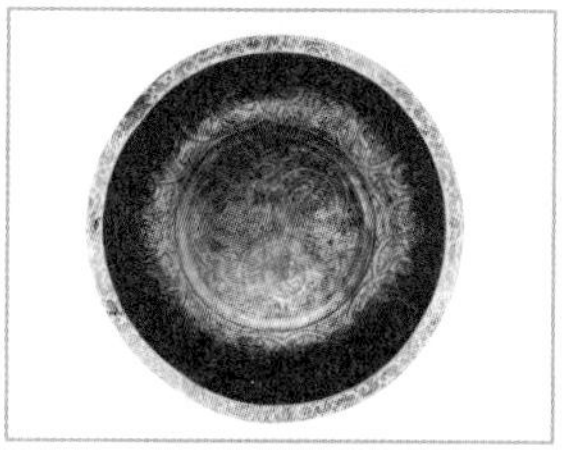

書籍。窮奢極欲，橫徵暴斂，求不死藥，大規模巡遊玩樂。特別是毫無限制徵發徭役，徵收重賦，刑罰殘酷。始皇末年，全國人民已是怨聲載道。

始皇三十七年（前二一〇年），秦始皇巡遊南方，在回歸山東至河北道上病死。中車府令趙高與丞相李斯合謀殺害了太子扶蘇，另立其弟胡亥繼位，即秦二世。二世昏庸，在趙高的操縱下，暴政比始皇時有過之而無不及。

二世元年（前二〇九年）七月，終於爆發了以戍卒陳勝、吳廣領導的反抗。烽火迅速蔓延，各地反秦力量先後參加。六國舊貴族的殘餘勢力、秦國的下級官吏和地方勢力也群起反秦，秦軍大敗。但義軍內部問題很快出現，相互仇殺。反秦隊伍遂由六國舊貴族之後項羽與原秦下級官吏劉邦分別領導，向西入關攻秦。這時趙高已殺丞相李斯，又殺二世，立始皇孫子嬰為秦王。

二世三年（前二〇七年），項羽大破秦軍，鉅鹿一戰，秦軍被殲殆盡。子嬰使人殺了趙高。

漢高祖元年（西元前二〇六年）劉邦入關，至咸陽城外灞上，子嬰出降，秦亡。歷史進入了以項羽為首的「楚王」和以劉邦為首的「漢王」的「楚漢戰爭」階段。高祖五年（西元前二〇二年），項羽敗死，劉邦即漢朝皇帝位。

秦朝在歷史上雖然為時很短，但對後世的影響卻極其深遠。秦始皇統一了中國大陸，除西部、西南部和東北部的邊疆地區尚未開發外，版圖基本沿襲至今。始皇時建立的一套中央集權制度，基本上也為後世歷代王朝所繼承。秦代修建的萬里長城，至今仍是世界建築史上的奇蹟。但秦始皇的統治卻是歷史上少見的殘暴統治，因此很快便被人民推翻，成為短命王朝。

【秦王掃六合】

●時間：西元前二二一年
●人物：嬴政

華夏大地上統一的王朝是從秦王朝開始的。此前的幾千年漫長歲月，都是在部落、部落聯盟、鬆散的奴隸制國家，以及諸侯爭霸、大國兼併的狀態中度過。秦王政二十六年（前二二一年），這一切都改變了：這一年，地處西部邊陲的秦國經過幾代人的努力，終於在秦王政的統治下結出碩果。嬴政這個雄心勃勃的君王橫掃六合，一統天下，中國歷史從此翻開了新的一頁。

秦王政出生於周赧王五十六年（前二五九年），登上君王寶座時才剛剛十三歲。他除掉相國呂不韋後，才真正掌握了秦國的大權，開始了他的統一大業。

⊙首滅韓國

當時的東方六國中，韓國與秦國接壤，而且實力最為弱小，秦王決定，這套統一的「大餐」先從韓國這碟小菜開始。

一天，秦國的大臣李斯來見秦王政，想向秦王政提議攻打韓國的事。秦王政正在看書，見李斯過來，便高興對他說：「寡人讀到了本極好的書，可惜不知道作者是誰，哎，可惜呀！」李斯驚奇問：「甚麼文章呀，能讓陛下如此稱讚？」

秦王政拿給李斯看，原來是〈孤憤〉與〈五蠹〉兩篇文章，李斯一看心中大樂，心想，這不正是少年時代的朋友韓非的文章嗎，於是告知秦王政。

秦王政聽到後非常高興，他說：「哎，寡人若能與此人談談，該多好啊！」

李斯一聽，便說：「此人現正在韓王安的朝中為臣，我們正好攻打韓國，豈非一舉兩得？」於是秦王政派兵攻打韓國。

秦軍進攻的消息很快傳到了韓國朝廷，韓國君臣惶恐不安，知道沒有和秦國對抗的實力，只好獻出韓非。

秦王政見到韓非極為高興，雖然韓非口吃，說話不流利，但想到文章那麼好，秦王政還是很喜歡，但對於如何運用韓非尚未決定。李斯妒忌韓非，便在秦王政面前說韓非的壞話。

秦始皇像

秦始皇（前二五九～前二一〇年），西元前二二一年統一六國，建立了中國第一個中央集權的王朝。秦統一全國後，廢除分封制，改用郡縣制，統一法律、貨幣、文字、度量衡、車軌，修馳道，築長城。這些措施鞏固了國家統一，推動經濟、文化發展和民族的融合。

韓非關入監獄，李斯進毒藥逼他自殺。

其後，秦王政再次派兵攻韓，韓國只好割地求和，讓韓國仍能苟延殘喘。秦王政十七年（前二三〇年），秦軍攻占了韓國都城新鄭，並俘虜了韓王安。這是東方六國中第一個滅亡的國家，從此，秦王政便加快了統一的步伐。

⊙翦滅趙國

接下來秦王政的目標是趙國。然而，這都不是容易的事。秦國滅韓之前，就曾經派兵攻打過趙國，趙國吃了敗仗，損失慘重。第二年，秦軍包圍趙國首都邯鄲，趙王遷只好把大將李牧請出，與秦軍決戰，大敗秦軍，趙國獲得了勝利。

但就在秦國滅掉韓國的同年，趙國發生了大災荒，全國上下人心惶惶。秦國又趁機入侵，兵分三路，聲勢浩大。趙國依然派老將李牧上陣，李牧指揮得法，佈陣嚴密，與敵軍相持了整整一年。

秦國大將王翦感到壓力很大，便設計了一個計謀，派人攜巨資到趙國賄賂趙王遷的寵臣郭開。郭開就在趙王遷面前誹謗李牧，昏庸的趙王遷不明是非，竟殺了李牧，改派趙怱為將，趙軍很快便兵敗如山倒。

秦王政十九年（前二二八年）的秋天，在肅殺的西風給趙地帶來絲絲寒意的時節，秦國的軍隊開進了趙國首都邯鄲，趙國也滅亡了。

灰陶跪射武士俑

俑高一百三十公分，陝西臨潼秦始皇陵一號陪葬俑坑出土。武士屈右膝挺身跪姿，雙手作持弩的姿態，目視前方，似正準備隨時張弩發箭。人體和衣物都仔細塑製得與真實物品完全相同，連武士所穿鞋的鞋底上的線紋，都一絲不苟塑得仔仔細細。

⊙刺秦不成反為禍

燕國地處北方，一直是秦國遠交近攻中拉攏的國家。但是，趙國的滅亡讓燕國統治者坐臥不寧，而且，聽說王翦趁滅趙之機滅燕。燕國太子丹便找到了勇士荊軻，想要刺殺秦王嬴政，以挽救燕國。

當時，秦國有一個將軍叫樊於期，得罪了秦王，逃往燕國。荊軻找到了他，問說：「將軍與秦王政有深仇大恨，難道不想報仇嗎？」樊於期當然想報。

荊軻便說：「你的仇我可以幫忙，但要借閣下一件東西！」樊於期知道荊軻是有名的勇士，所以相信荊軻，便說：「只要能報得了大仇，我會吝惜甚麼呢！」荊軻說：「我想借你的頭！」樊於期說：「我相信你不會失信！」便拔劍自刎。

荊軻拿了樊於期的人頭，又拿了

燕國督亢（今河北涿縣、易縣、固安一帶）的地圖，以獻頭與獻地求和為藉口，求見秦王政。同時，荊軻並招募了燕國勇士秦舞陽，一起出使秦國。

燕太子丹親至易水，為荊軻送行。高漸離擊筑（古樂器），荊軻和歌：「風蕭蕭兮易水寒，壯士一去兮不復還！」

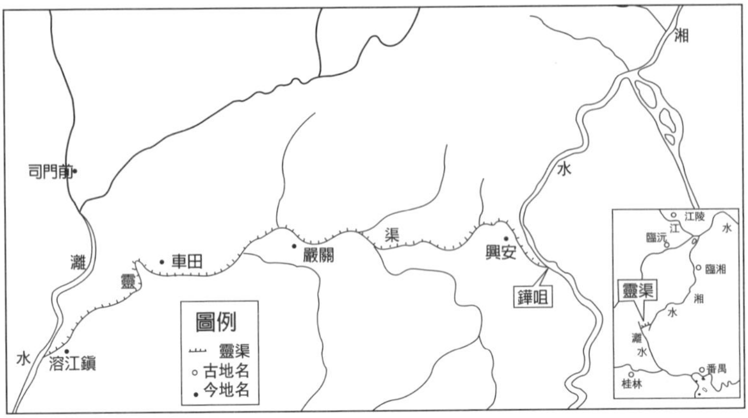

秦靈渠示意圖

秦王政聽到燕國獻圖求和的消息，頗為高興，急忙召見荊軻。荊軻原來的計畫是由秦舞陽獻上地圖後，用藏在地圖中的匕首刺殺秦王政，但見到了秦宮的威儀，秦舞陽卻嚇得面無人色，戰戰兢兢，不敢上前。

於是荊軻親自捧圖，當圖打開到最後時，露出匕首，荊軻立刻拿起突刺，不幸沒有刺中。當時秦國的規定，大殿上群臣不許攜帶兵器，所以大臣眼看著荊軻行刺而無能為力，也來不及調派兵士進來。

秦王政原就佩帶著一把長劍，但劍太長，情急之下拔不出來，只好繞著柱子轉，躲開荊軻。在千鈞一髮的時候，秦王政的醫生夏無且急中生智，用藥囊向荊軻砸去，就這瞬間，秦王政拔出佩劍，砍斷了荊軻左腿。荊軻無法行動，以刀首擲向秦王政，又沒有擲中。秦王政就命衛兵殺死了荊軻。這一年是秦王政二十年（前二二七年）。

荊軻刺秦王政不僅沒有挽救燕國，反而激怒了秦王政，命王翦加緊攻燕。秦王政二十二年（前二二五年），秦軍攻入了燕國都薊城（今北京市），燕王喜逃到遼東。

秦王政二十五年（前二二二年），秦滅楚以後，又派王翦的兒子王賁進攻遼東，俘獲燕王喜，燕國滅亡。

⊙最終統一，始皇稱帝

秦在攻破燕都薊城後，東方六國已有一半歸入秦國版圖。這時的秦王政也開始驕傲了，打算進攻秦國最強大的敵國楚國。

這一天，秦王政召集將領，詢問攻楚計策。一個年輕將領李信很有把握說：「小小楚國，何足掛齒，小將願以二十萬人馬攻下郢都。」老將王翦卻極冷靜，他說：「攻楚沒有六十萬兵馬是不行的。」秦王政聽了哈哈大笑，他以為王翦上了年紀，對於打仗之事越來越保守了。

秦王政二十二年（前二二五年），命李信率二十萬攻楚。可是李

延伸知識

秦朝修建靈渠

靈渠位於今廣西北部，又稱零渠，是秦始皇三十三年（前二一四年）修成的人工運河，與陝西的鄭國渠、四川的都江堰並稱為秦代的三大水利工程。

秦始皇三十三年，秦國軍尉屠睢指揮五十萬秦軍，分五路南下，對居住在今兩廣地區的南越和西甌進行大規模的戰爭。為了支援南越和西甌的戰爭，解決進攻南越秦軍的供應問題，秦始皇派監軍史祿在今廣西興安縣北開鑿一條連接湘水和灕水的運河，以「通糧道」，這就是著名的靈渠。靈渠選擇湘水和灕水最近的地方開鑿，全長三十四公里，溝通了江南的長江水系和珠江水系。

靈渠的修成保障了秦軍作戰的需要，確保秦軍對南越戰爭的勝利。到始皇三十三年末，秦軍終於將包括西甌及南越在內的「百越」之地全部占領，建置南海、桂林、象郡三郡。

靈渠的建成，促進了中原地區同南方、西南的經濟文化交流。直到明、清時代，靈渠仍稱為「三楚兩粵之咽喉」。由靈渠連結起來的兩大水系，南北延伸約兩千公里，靈渠在世界航運工程史上留下了光輝的一頁。

信不是楚將項燕的對手，打了敗仗。秦王政只好親自到王翦家，請老將出馬。

王翦於次年率領六十萬大軍南下攻楚，終於把楚軍打敗，殺死了項燕，並於秦王政二十四年（前二二三年）占領了楚國都城壽春，俘虜了楚王負芻。楚國這個稱雄一時的強國，由於幾代君主的昏庸無能而積貧積弱，終於也與其他幾國相同，遭遇了滅亡的命運。

在秦國攻楚的同一年（前二二五年），秦將王賁進攻魏國，引黃河水淹魏都大梁（今河南開封西北），魏王假出降，魏亡。

秦王政二十六年（前二二一年），王賁率秦軍從燕南攻入齊國都城臨淄，俘虜齊王建，齊亡。

於是，就在這一年裡，秦王政終於建立了中國歷史上第一個中央集權的王朝。咸陽城張燈結綵，秦國大臣都在歡慶勝利。秦王政也很高興，他覺得比以前六國的王都要偉大，再叫「王」不能顯示出自己的功德，並傳之後世，於是詢問群臣。

李斯等人建議：「古代有天皇、地皇、泰皇，泰皇最尊貴，陛下就稱泰皇吧！」

但秦王政仍不滿意，決定把「三皇五帝」綜合起來，自稱為「皇帝」，而他是第一個「皇帝」，所以叫「始皇帝」。

雲紋玉杯　秦

杯高十四．五公分，口徑六．四公分，陝西西安阿房宮遺址出土。玉杯深腹圓筒形，上闊下狹，下有豆形矮足。杯外壁雕琢精細，口下飾一周以柿蒂紋為中心的裝飾圖案，其下壁面滿佈勾連雲紋。

焚書坑儒為哪般

●時間：西元前二一三年
●人物：秦始皇　李斯

秦始皇三十四年（前二一三年），一紙詔令，天下詩書就毀於一旦。僅過一年，又是一紙詔令，幾百術士活埋或流放，史稱「焚書坑儒」。秦始皇以這種專制方式加強了思想統一，但是歷來備受詬罵，或「暴虐無道」，或「文化專制」，或「文化浩劫」，或「千古罪人」，諸如此類，不一而足。「焚書」和「坑儒」為何一併提及，文化災難為何發生，如何分析評估，這些都成為解讀「始皇現象」的關鍵。

⊙慶功之宴

秦始皇三十四年（前二一三年），強大的秦軍剛剛取得對匈奴作戰的勝利，秦始皇非常高興，便在咸陽宮宴請文武百官，表示慶祝。

宴會上，大臣喜氣洋洋，舉起酒爵為皇帝慶祝。這時，周青臣大發感慨說：「原來，我們秦國的面積很小，偏促在西邊，依靠了陛下的雄才偉略，才使得天下歸一，萬眾臣服。」眾大臣也都隨聲附和。

周青臣看到大家附和，便進一步說：「陛下不但能得天下，更善於治天下，治天下最為英明的就是廢除分封制，實行郡縣制了！」

剛說到這兒，朝中的空氣突然緊張，因為郡縣制的推行還有一定的阻力。但看到秦始皇極高興，周青臣便繼續說了下去：「只有郡縣制，才能使國家長治久安。自古以來，卻沒有哪個帝王的威德能和陛下相媲美！」

⊙淳于越進言

就在眾大臣附和的時候，有人卻不同意這種說法，他就是博士淳于越。淳于越一直都主張效法古代，實行分封制。這時，淳于越見周青臣越來越肆無忌憚，一臉小人得志的樣子，就豁然站了起來說：「我原來是齊國人，所以我用齊國的例子說明。原先齊國出了田常那個叛賊，結果如何呢？靠著分封各地的功臣子弟和宗室平定了叛亂。如果不分封陛下的子弟以及有功之臣，國中再出現田常那樣的叛賊，陛下將何以處之？況且，商周二代都以分封傳國，都傳了千年之久，也正是有各國諸侯輔佐的結果啊！」淳于越越說越激動，鄭重而且嚴肅的態度，使得歡騰的大廳頓時安靜無聲。

淳于越沒有注意說話的影響，也

青銅力士頭像　秦

沒有看到秦始皇不快的面色，繼續說道：「不按照古制治理國家，是不可能長久的呀！周青臣當面用此事奉承陛下，正是加重陛下的過失啊！」

彩繪獸首鳳形勺　秦

器高十三．三公分，湖北雲夢睡虎地出土。此器將實用的木胎漆勺與神奇的鳳鳥造型合為一體，以勺體為鳳體，以勺柄為鳳鳥的長頸，柄首作成鳳首。在勺體與勺柄對稱的部位，雕出平伸的鳳尾。通體髹漆，勺體內紅外黑，在鳳頸、鳳尾，都用紅彩和褐彩，繪出鳳的目、耳、鼻、口和鳳體毛羽。

秦始皇心中非常不快，這個腐儒偏偏在這麼高興的時候煞風景，於是決定對這件事做個評判。秦始皇看了看坐在旁邊的丞相李斯，又對群臣說：「好吧，那現在我們就再把這件事議一議吧！議定後，不許再有人反對了！」

李斯當然心領神會，不慌不忙站起來說：「我的同學韓非說『時移則世易，世易則備變』，古今不同，制度亦當不同，這是自然而然的事情。博士淳于越所言謬矣！有些人就知道讀死書，以為只有上古好，殊不知我們到了聖朝，天下太平，百姓安居，這才是最好的制度！」

看到秦始皇面色轉和，群臣也一一附和，李斯便躬身向秦始皇提議說：「依臣之見，以後應該讓讀書人明白事理，而不是只讀死書。所以，除了秦國的歷史書之外，其他各國的史書，還有諸子百家的書，應該全部燒掉！」

一時間，大廳更加寂靜，大家看到秦始皇的臉色，都知道一個重大的歷史行動開始了。

⊙焚書與坑儒

就在第二天，朝陽剛剛升起，秦始皇下達了「焚書令」，要求全國所有的人，除了秦國史書外，其他列國史籍一律焚毀，醫藥卜筮之書不燒，《詩》《書》、百家語限博士官保存。此令下達三十天內，必須徹底執行，如不然就處刑，或罰做苦役。如果有人談論《詩》《書》，一律斬首！

就在焚書後的第二年，有兩個為秦始皇尋找長生不老藥的方士侯生與盧生，帶著從秦始皇那裡騙來的錢財跑掉了。秦始皇知道後勃然大怒，他早就聽說讀書人不滿，現在又發現這兩人跑了。秦始皇決定嚴查此事，命御史訊問諸生，這些人熬不過嚴刑拷打，互相告發，株連甚廣，犯禁者達四百六十餘人。後來這些人都被秦始皇活埋了。

沙丘政變

●時間：西元前二〇九年
●人物：趙高　李斯　胡亥

在第五次巡遊途中，秦始皇猝死沙丘，一切都來不及準備……於是，風雲突變，在趙高、李斯和胡亥的密謀下，始皇臨終的詔書被祕密篡改，原本應登上帝位的皇子扶蘇被賜自刎，忠心耿耿的大將軍蒙恬無處申冤，被迫服毒自盡。秦王朝的歷史就這樣無情改寫了。

⊙天降隕石

秦始皇三十六年（前二一一年），秦國東郡（今河南濮陽）一帶落下了一塊巨大的隕石，有人在上面偷偷刻了「始皇帝死而地分」七個字。秦始皇聽到，派御史挨家挨戶查問，沒問出個結果，一怒之下把石頭周圍的人全部殺了，並命人焚毀了隕石。藉天降隕石刻字，其實傳達了一個訊息：秦國已經危機暗伏了。可惜當時秦始皇正沉迷於對長生不老之術的執著追求中，並沒有深想背後的涵義。

栩栩如生的兵馬俑

⊙避禍出遊

這一年的秋天，又出了一件怪事。一個使者回到咸陽後，獻給秦始皇一塊玉璧。使者說在路上遇到一個神祕的山人，給了他這塊玉璧就走了，並留下了一句莫名其妙的話——「今年祖龍死」。

秦始皇看到玉璧不禁心中一驚，沒想到竟是第二次出巡渡長江時不慎跌落水中的那塊玉璧。祖是開始的意思，龍是皇帝的象徵，這不正是指自己將要死了嗎？這對始皇無疑是晴天霹靂，對於人們為甚麼都通過不同的方式期待著他死亡這個問題，始皇還來不及仔細考慮，他的第一個想法就是找方士解決避禍。

方士的卦象顯示是：「游徙吉」。秦始皇相信了，先是遷徙三萬戶民眾到北河（今內蒙古烏加河一帶）、榆中（今陝西榆林）定居，順利活過了這一年。

第二年（前二一〇年）十月，秦始皇又開始了第五次，也是最後一次巡遊。這次出巡，秦始皇派右丞相馮去疾留守京城，左丞相李斯隨行，並帶上了小兒子胡亥。同行的還有中車府令（專管宮廷乘輿車馬與印信、墨書的官官）兼胡亥的老師趙高。

⊙五巡琅玡

這次巡遊途中，秦始皇再一次來到了琅玡（琅邪）郡。始皇見到了一直在海上為他尋找仙藥的方士徐市。徐市沒找到仙藥，無法向秦始皇交代，便謊稱：蓬萊仙藥確信是可以找到的，只是這麼多年來一直被大鮫魚所困擾，希望皇上派弓箭手隨行，射殺大鮫魚。

當晚秦始皇做了一個夢，夢見與海神交戰，醒來後始皇就請博士解夢。可是博士也是個裝神弄鬼的方士，說皇上應當想辦法除掉惡神化身的大魚，然後真正的善神就可以找到了。

在鼓動下，始皇親自帶了弓弩，準備前去射殺惡神。可是，一行人從琅玡向北，航行到榮成山，也沒見到惡神。繼續航行到芝罘山的時候，終於看到大魚在海水中出沒。秦始皇激動不已，下令弓箭手射擊，連發數箭，射死了一條大魚。可是方士最終也沒找到蓬萊，善神也沒出現。

⊙趙高的陰謀

第二年七月，巡遊隊伍到達沙丘（河北廣宗縣）時，秦始皇終於病倒了。等到始皇意識到死亡臨近時，已來不及周密安排後事了。始皇寫了一封詔書給皇子扶蘇，讓扶蘇火速趕回咸陽，準備後事。但始皇沒有想到，這封詔書竟然被中車府令趙高祕密扣壓了。

趙高是胡亥的老師，深得胡亥信任，胡亥即位，他便可一步登天。扶蘇信任的是大將軍蒙恬，蒙恬的弟弟蒙毅是趙高的大仇人，一旦扶蘇即位，趙高的日子恐怕就不好過了。因此趙高扣下始皇的詔書，只等始皇駕崩，再把胡亥扶上皇位。

七月的一天，秦始皇在沙丘平臺，帶著他對人世無限的眷戀和諸多未完的心願，離開人世，享年五十歲。丞相李斯和趙高商量，回咸陽路途遙遠，如果把始皇駕崩的消息傳

秦始皇陵

秦始皇陵位於西安市臨潼縣東驪山北麓，建於西元前二四六～前二一〇年，歷時三十六年，是中國第一個規模比較完整的帝王陵墓，現存陵塚高七十六公尺。

兵馬俑一號坑中的兵俑

出，恐怕京城中的皇子和民間有心人會乘機作亂，因此李、趙二人決定全面封鎖秦始皇逝世的消息。

商定之後，他們就將秦始皇的屍體仍舊安放在平時乘坐的車子，車門緊閉，四面也用帷幕嚴密遮蓋。一路上親信宦官仍向車裡遞水送飯，其他官吏也像往常一樣向皇上奏事，一個小宦官就在車中扮成始皇降詔批簽。

可是屍體放久了難免變化，秦始皇的屍體開始腐爛，從車中散發出刺鼻的屍臭味。詭計多端的趙高就下令在每輛車都裝上一筐鮑魚，腥臭的鮑魚味瀰漫在整個隊伍中，掩蓋了屍體的惡臭。同時一場驚天動地的大陰謀，也在緊鑼密鼓策劃著。

趙高先找胡亥，開誠布公對他說：「我們可以偽造一份詔書，除掉扶蘇，立你為太子。」胡亥一聽，自然動心了。

趙高馬上又找到李斯，趙高知道李斯是實現這個大陰謀的關鍵人物。趙高不過是個管車馬文案的宦官，而李斯是權重如山的丞相，篡改皇位繼承人這種大事只有李斯支持才能成功。

趙高說：「丞相，始皇駕崩前賜長子扶蘇詔書，命他到咸陽服喪，並立為王。詔書未送，皇帝去世，無人知道。現在詔書和御璽都在胡亥手裡，立誰為太子，只在你我的一句話了。」

李斯大驚，不禁怒斥趙高：「你怎麼敢說出這種亡國的話！這根本不是我們做人臣的應當議論的事！」

趙高看了看李斯，仍舊慢條斯理往下說：「丞相，你想想，論能力、功勞、謀略，你哪一點比得上蒙恬？」

李斯頓了一下，說：「不錯，這些方面的確都不如蒙恬。」

趙高暗暗得意，說：「扶蘇即位之後，無疑要任用蒙恬為丞相。那時你會落得甚麼下場呢？怕是連懷揣通侯之印（秦始皇封李斯爲通侯）退職還鄉的機會都沒有了。」

接著，趙高又力陳胡亥的慈悲仁愛，誠實厚道，言下之意是李斯只要擁立胡亥，就能保住丞相之位。李斯素來看重權位，趙高看得清清楚楚，自然每句話都說到李斯的痛處。沒費多少唇舌，李斯就和趙高、胡亥站到了同一條船上。

⊙扶蘇之死

趙高與胡亥、李斯達成一致意見後，立刻著手偽造秦始皇的遺詔，立胡亥為太子。接著，又偽造了一封給扶蘇的信。

當時扶蘇和蒙恬正率領三十萬大軍，駐紮在咸陽以北三百公里的上郡（郡治在今陝西榆林東南）。就在扶蘇熱切期盼回到朝堂一展宏圖之時，始皇的詔書傳到上郡，竟是責備扶蘇辦事不力，賜他與將軍蒙恬自盡。

看了詔書，扶蘇悲憤交加，進入內室便要自刎。老將軍蒙恬卻覺得事情有些蹊蹺，急忙攔住扶蘇說：「一個使臣，一封信，您就相信了？是不是該向陛下證實？」

可是扶蘇當時心煩意亂，送信的使臣又在一旁陣陣緊逼。「父親要兒子死，還需要覈查甚麼呢？」扶蘇苦笑，提劍刺向了自己的咽喉……

如果扶蘇不死，還有可能出現變數，畢竟扶蘇和蒙恬手裡擁有三十萬大軍，可是扶蘇自刎讓蒙恬喪失了扭轉局面的可能。蒙恬最終不肯自殺，使者把他交給了獄官，暫時關押在陽周（今陝西綏德西），連蒙恬的弟弟蒙毅也囚禁在上郡，後來被逼自盡。蒙恬在監獄中竭力申辯，並要求面見胡亥，請他收回詔命，趙高當然不會給這個機會。蒙恬見無力回天，最後服毒自盡了。

這時秦始皇的屍體已經運到了咸陽，朝廷向全國發布。胡亥在趙高的操縱下登上了帝位，是為秦二世。九月，秦始皇被他忤逆的兒子和不忠的大臣安葬在驪山腳下。

歷史詞典

秦始皇陵

西元前二四六年，年僅十三歲的嬴政即秦國國王位，隨後不久就開始修建陵墓。秦王政二十六年（前二二一年），秦統一六國後，從全國徵調七十萬人到驪山，繼續修建陵墓，並任命丞相李斯為總設計，大將章邯為總監工。至嬴政五十歲去世，歷時三十六年的秦始皇陵才修築完成。

秦始皇陵坐西朝東。陵內有內外兩重夯土城牆，象徵著都城中的皇城與宮城。內城南北長一千三百公尺，東西寬五百七十八公尺，外城為長方形，南北長二千五百一十三公尺，東西寬九百七十四公尺。內垣牆基寬十公尺，夯層厚五～八公分，外垣牆基寬六～七公尺，夯層厚六～八公分。秦始皇陵的陵塚最初高兩百多公尺，歷經兩千多年的風吹雨打，現在降低到七十六公尺。

秦始皇陵的內部更加複雜華麗。據歷史記載，秦始皇死後安葬在陵墓的地宮中，地宮挖土已經到了地下水的位置，所以石料加工非常精細，石塊之間用銅、錫溶液灌注。地宮中還用水銀做成長江大河，墓頂有夜明珠鑲成的天文景象，用油脂做成長明燈，象徵秦始皇萬壽無疆。資料說明，秦始皇陵就是一個地下王國。

錯金銀「樂府」鐘　秦

秦二世臨終三願

●時間：西元前二〇八年
●人物：胡亥

因政變而登上皇位的秦二世胡亥，在位僅三年，最終又因政變而暴亡，想來不禁令人唏噓。而二世臨死前可悲的三願，也被世人傳為笑談。

⊙誅兄殺弟

秦二世胡亥登上皇位後，皇帝那種前呼後擁、呼風喚雨的尊貴和威嚴，確實令他感到了前所未有的滿足。可是因為皇位來路不正，他便不免心虛，總感到朝臣陽奉陰違，皇兄皇弟也時時覬覦皇位。

趙高自然明白胡亥的心思，其實心裡也一直惴惴不安，因為雖然靠著皇帝的寵幸官居郎中令，但和朝中功勳卓著、出身名門望族的大臣相比，趙高不過是個身分低賤的宦官，朝臣雖然表面恭順，私下裡卻都很鄙視痛恨。因此，趙高就慫恿胡亥先發制人，用血腥的屠殺建立至高無上的權威。

胡亥採納了趙高的建議，一時間全國腥風血雨。二世不僅逼死了蒙恬、蒙毅等大臣，更把始皇帝留下的十二個王子在咸陽街頭斬首示眾，十個公主在杜縣（今陝西長安西南）肢解處死，受牽連者不計其數。

⊙趙高專權

胡亥殺的人太多了，而那纍纍血債大多都記在趙高的頭上。趙高擔心大臣入朝奏事會以各種手段和方式向胡亥揭露他的陰謀和罪惡，就對胡亥說：「陛下現在還很年輕，剛剛即位，如何在廷議決策時維護權威呢？如果所言有誤，就會讓大臣嘲笑陛下了。」胡亥覺得趙高所言有理，就常居宮禁之中，很少上朝，只單獨會見趙高，決斷朝事。

趙高大權獨攬，引起了權勢慾頗重的左丞相李斯不滿。為了排斥異己，消滅政敵，趙高便竭力煽起胡亥對李斯的懷疑與忿恨。

胡亥當時正沉浸在聲色犬馬中，趙高就慫恿李斯勸諫。李斯不知是計，聯合右丞相馮去疾、將軍馮劫進諫二世，請求減輕民間賦役，停建阿房宮。胡亥最不喜這類話，再加上趙高煽風點火，說李斯的兒子蓄意謀反。胡亥馬上下令將李斯三人治罪。在趙高的操縱下，馮去疾和馮劫被迫自殺，李斯最後也腰斬了。趙高順理成章做了丞相。

⊙胡亥之死

這時候趙高已有心全面專權，但仍擔心群臣有不順從的，於是就做了「指鹿為馬」的測試。

一天上朝時，趙高令牽來一頭鹿，說是一匹寶馬。胡亥笑道：「丞相弄錯了吧？竟然謂鹿為馬。」於是

延伸知識

君臨天下的咸陽城

咸陽位於關中腹地，地勢平坦開闊，河流縱橫密佈，土地肥沃，物產豐富，不失為一塊風水寶地。秦始皇的先祖秦孝公把眼光投向這塊物華豐茂的土地，並於周顯王十九年（前三五〇年）遷都於此。始皇統一六國後，天下歸一，咸陽也躍升為全國的政治文化中心、一統大國的都城。

始皇在征戰六國的過程中，每滅一國都命畫師把這個國家的都城王宮畫下，然後在咸陽的渭北地區一一仿建。咸陽橫跨渭水南北兩岸，北岸是以咸陽宮為主的宮殿區，南岸則是皇室宗廟和苑囿，間有華陽宮、章臺宮、興樂宮等數座宮殿。北岸地勢較高，是秦的先王居住、辦公的重要地區。

始皇在北岸仿建六國宮殿，皆以咸陽宮為中心，讓六國宮殿對咸陽宮形成眾星拱月之勢，以象徵始皇翦滅六國、君臨天下的王者氣勢。始皇共仿建了六國宮殿一百四十五座，風格各異，鱗次櫛比，各宮殿裝飾著從六國掠奪而來的鐘鼓饌玉，充養著六國的宮娥美女，每座宮殿都有複道和處於中心位置的咸陽宮相連。始皇居於咸陽宮中，觀賞著六國宮殿，盡享極樂。

問左右朝臣，大臣有的沉默不語，有的順著趙高。也有個別不願受趙高愚弄的大臣堅持說是鹿，後來都被趙高暗中謀害了。此後朝臣沒有不畏懼趙高的，而秦二世胡亥的死期也臨近了。

雲紋瓦當　秦

這塊雲紋瓦當以秦代最流行的紋樣捲雲紋為裝飾，對稱而有規則。不僅有保護屋簷的作用，還具有相當的裝飾性。

秦二世三年（前二〇七年），鉅鹿之戰爆發，秦軍主力全被消滅，各路義軍所向披靡，大秦王朝岌岌可危。胡亥得知後，大驚失色，怒斥趙高欺瞞，把造反說成盜賊作亂，使他放鬆了警惕。趙高見胡亥不滿，便與弟弟趙成和女婿咸陽令閻樂，謀劃殺死胡亥的方案。因為皇宮守衛眾多，不易得手，趙高便想辦法讓胡亥遷到宮外。

這時胡亥做了一個詭異的夢，夢到駕車的白馬被一隻白老虎吃掉，讓他心中十分不安。胡亥向卜者占夢，卜者告訴胡亥是涇水作怪，於是胡亥就遷居望夷宮。

當時趙成正負責宮城警衛，接到趙高的密令，假稱皇宮中有盜賊作亂，命令閻樂入望夷宮護駕。閻樂率領一千多名官兵即刻趕到望夷宮門口，先把守門軍官殺了。接著，閻樂指揮士兵闖入望夷宮，與宮內接應的趙成會合，直奔胡亥的住處。胡亥驚慌失措，忙令衛兵抵抗，可是衛兵早就嚇得四散奔逃。

閻樂帶兵包圍了胡亥，歷數二世皇帝的種種罪惡，然後對二世說：「你荒淫無道，濫殺無辜，現在天下人都起來反對，你想想該怎麼辦吧！」

胡亥懇求見趙高，閻樂不許。事到如今，胡亥知道做不成皇帝了，就說：「我讓出皇位，給我一個郡，做個郡王。」閻樂一口回絕。胡亥頓了一下，說：「那麼我也願意做個萬戶侯。」閻樂搖搖頭。胡亥咬咬牙說：「我願意和妻子、兒女做個普通的百姓。」閻樂早不耐煩了，說：「是趙丞相命我為天下人殺你的，你所說的我卻不敢報告丞相。」

胡亥知道難逃一死，長歎一聲，就自刎了。一個蹩腳的君王，最終在葬送國家之前先結束了自己的生命。

鬥獸紋鏡　秦

銅鏡直徑十·四公分，湖北雲夢睡虎地秦墓出土。橋形鈕，方鈕座，勾連紋地，上有兩組武士搏猛獸圖像，周繞鈕座順時針方向旋轉。武士都是左手執盾，右手揮劍。面對武士的猛獸為猛虎和凶豹。圖像造型生動，銅鏡製作精細，是秦鏡中的佳作。

【李斯的最後遺願】

●時間：西元前二〇八年
●人物：李斯

李斯是秦國最勞苦功高的功臣，但是在昏庸的秦二世治下，李斯卻不是陰險的趙高對手，最終判處腰斬之刑。李斯這個嚴酷的法家人物，在輔佐秦始皇時也曾殺人無數，但直到死前，才發現鄉下的那種簡單、純樸的生活是多麼值得留戀。

⊙刑場上的哀歎

秦二世二年（西元前二〇八年），也就是秦二世剛剛當上皇帝的第二年七月的一天，咸陽城處死犯人的地方聚集了一大群人，他們都在議論著，夾雜著歎息聲。不一會兒，兵丁押著死刑犯來到。囚車裡的死刑犯竟然是幫助秦始皇建立秦朝，並幫助秦二世胡亥篡位的丞相李斯。李斯已經被長期的牢獄折磨得不成人樣，身邊還有他的二兒子陪同處死。

行刑的隊伍來到，人群騷動。李斯這時才抬起無神的眼睛，看了看周圍的百姓，十分漠然。可是當李斯抬頭看到湛藍的天空時，卻突然觸動了心底的回憶。李斯回過頭來，憐惜地看著年齡還小的二兒子，不由長歎一氣，說：「孩子，你還記得我們以前老家上蔡的時候麼？那時候，我們父子三人一起牽了大黃狗，到田野裡打兔子，那時的天空也是這麼藍，田野裡的空氣那麼新鮮。現在，你哥哥戰死沙場，你我二人卻含冤死於此地，再想回到老家打獵，是不能夠了呀！」說完之後，父子二人失聲痛哭。隨後，他們就腰斬了。

⊙趙高的讒言

李斯是怎樣由開國的大功臣淪為階下囚的，又是怎樣走上刑場的呢？這還得從趙高說起。

沙丘政變後，趙高的權力急劇上升。但是，開國大功臣李斯還是趙高前進路上的一個障礙，趙高就處心積慮想把李斯除掉。

雙鹿紋半瓦當　秦

半圓形瓦當是瓦當初期造型。圖中展示的是秦早期雙鹿紋半瓦當。居中置有一樹形圖案，分有若干枝杈。以樹為中心構圖範圍，大概是沿襲了戰國時期齊國半瓦當圖案的特徵。

一天，趙高正在朝中當值，忽然前線來了戰報，雍丘守將李由在與義軍對陣時戰死了。趙高看後，將信使打發，沉吟良久，然後把戰報燒了，並喜滋滋進宮面聖。按理說打了敗仗，而且將士陣亡，趙高應該悲憤才對，怎麼不怒反喜呢？這是因為李由是李斯的兒子，近些年來也是青年將領中出類拔萃的人物，趙高若想扳倒李斯，便得正視李由的存在。現在李由死了，趙高去了一個勁敵，怎能不幸災樂禍呢？

到皇宮後，秦二世正與妃子戲耍，見趙高進來，就問有甚麼事。趙高裝出愁眉苦臉的樣子說：「陛下，不好啦！」秦二世忙問：「何事驚慌？」趙高說：「不好了，雍丘失守了！」秦二世長長出了口氣說：「哎呀，我還以為是甚麼事呢，這些事也需來稟告寡人嗎，你處置就行了！」

趙高說：「不是這麼簡單。陛下可知雍丘為何失守嗎？」秦二世不耐煩說：「管他為甚麼呢，你命李丞相來！」

「哎呀，這可千萬不能叫李丞相啊！」趙高故意做出驚慌的樣子來，「雍丘之所以失守，是因為李由叛國投敵了！」

「甚麼！」秦二世吃了一驚，「李由……這個名字好熟悉啊，這是誰呀！」秦二世感覺有些頭痛。

趙高把嘴湊到秦二世耳邊說：「李由就是李丞相的大兒子啊！」秦二世一聽倒吸一口涼氣，當下便慌了神，說：「那可如何是好啊？」趙高早就想好了，回答說：「陛下不用急，臣自有辦法，但這一段時間望陛下不要見李丞相為好！」秦二世連連點頭說：「不見他更好，我有些怕見他。」

趙高又對秦二世說：「天子之所以尊貴，就是因為不輕易和大臣見面。如今陛下年紀輕輕，不一定甚麼事都懂。像現在天天和大臣面對面說話辦事，難免有說錯話的時候。萬一在大臣面前說錯話，還怎麼能讓天下人覺得您尊貴呢？陛下不如就不要上朝了，您把朝廷的事交給我處理，我天天向您報告。陛下甚麼時候考慮好了，甚麼時候再作決定。這樣就不會再出現差錯了，大臣也不敢小瞧，天下人都會認為您是聖明的皇上。」

秦二世聽了趙高的話，便不再上朝，天天躲在寢宮，朝中的大事都由趙高決定。

鹿紋瓦當　秦

此圓瓦當中間立一奔鹿，頭部上仰，造型生動。瓦刻鹿紋，取田祿之義，借鹿為祿，取意吉祥。

接著，趙高見李斯，對他說：

「最近關東強盜很多，而陛下仍然徵發百姓，修建阿房宮，這不是火上澆油嗎？我總想勸諫陛下，但官兒太小，說了也沒用。按理這是丞相應該做的事，您為甚麼不勸勸陛下呢？」

李斯歎了一口氣，說道：「我早就想對陛下談及此事了，但陛下總不上朝，我見不到他啊！」

趙高看李斯已經進入圈套，便假意說：「只要丞相願意勸說陛下，我也願意為您效勞。等陛下有空的時候，我就告訴您。」李斯聽了非常高興。

但事實與趙高說的恰恰相反，每當秦二世與宮女狎玩時，趙高便告訴李斯說：「現在陛下正閒著，請丞相快到宮中奏事。」

李斯連忙帶著堆積幾天的公文和各州縣的告急書信，趕到皇宮，請求二世召見。二世一聽李斯為了這些「小事」又來麻煩，就下令把李斯關進監獄，由趙高負責審問。

⊙李斯下獄

趙高在獄中對李斯百般折磨，李斯忍受不了毒刑拷打而被迫招供，承認和李由通敵謀反。可是李斯一直很有自信，認為功高，且確實沒有謀反之心，只要見到二世，便能恢復自身清白。於是，李斯寫了一封信給秦二世，表明了自己的忠誠和功勞，要求查明事實，寬大處理。但是，信卻被趙高截獲了。

趙高怕李斯有機會對秦二世講明實情，陰謀不能得逞，便讓心腹扮成官員，輪番到監獄審訊李斯，只要李斯說出實情，便加倍拷打。多次之後，嚇得李斯不敢說實話了。

後來秦二世派人審查此案時，李斯以為又是趙高試探，便沒敢翻供，承認了通敵謀反。

秦二世得知後非常高興，說：「要是沒有趙高，寡人差點就被李斯騙了！」

於是，趙高便捏造了幾條李斯父子通敵謀反的罪狀，報告秦二世，二世立刻就判了李斯死罪。一代名臣因為權欲之念，最終把自己送上了斷頭臺。

延伸知識

輝煌的秦代磚瓦

秦代磚瓦在歷史上頗負盛名，顏色青灰，質地堅硬，製作規整，渾厚樸實，形式多樣，種種特點著稱於世。

秦代的磚有空心磚、條形磚、長方形磚、五角形磚、拐子磚、券磚等，一般為模制。空心磚大多是長方形，作二三級踏步用，紋飾有幾何紋、龍紋、鳳紋，也有素面。其餘磚也各具特點。

秦代的瓦有板瓦、筒瓦、瓦脊、瓦當等，而尤以瓦當著名。瓦當是中國古代建築簷頭筒瓦前的遮擋。瓦當有半圓和圓形兩種，有素面的也有帶紋飾的。其中帶紋飾的又分有圖案和圖形瓦當兩種。圖案瓦當有動植物圖案、雲紋、葵紋以及動植物變形圖案等。

秦代磚瓦上常有文字，已發現的瓦當文字，多為小篆，有純文字，也有文字與圖案相結合兩種類型。秦代磚瓦中的圖案或文字，對當時的地名、宮殿、官署、倉廩、陵墓、祠廟、苑囿的考訂是很重要的依據，歷來為學術界所重視。

塵封地下的軍團

透過史料，我們知道秦軍有戰車千乘，坐騎萬匹，步兵百萬。但是屢次的防禦、擴張之戰，我們只能憑藉想像復原。誰又曾想到，那些馳騁疆場的英雄，昂揚矯健的戰馬，竟然化為一尊尊雕塑，與戰爭中使用的車乘兵器，一起默默塵封地下近兩千年。

規模宏大

始皇陵所發現的兵馬俑坑，其實就是巨大的陪葬品存放地，是古代殉葬制度的明證。古代殉葬極其普遍，商代以人殉最盛，春秋戰國時開始以俑代人，秦漢時期俑葬盛行。俑的質地以陶為主，兼用木、石或青銅，以兵馬俑最負盛名。

始皇陵中規模宏大的兵馬俑陣，一是用來顯示皇威，表彰功績，一是藉以闢邪壓惡，防妖驅鬼。兵馬俑坑是始皇陵從葬坑中的一種，位於陵東一．五公里處。按照秦制，宮城內駐紮的軍隊稱禁衛軍，都城外駐紮的軍隊稱宿衛軍。秦兵馬俑位於陵的外城，即是拱衛秦陵的宿衛軍。

始皇陵兵馬俑的發現，並非始於一九七四年，早從漢代到近代，秦俑都斷斷續續出土，因為兵馬俑埋在離地面約五公尺，打井挖墓都極容易挖到，但是一直都沒有引起特別的注意，直到一九七四年七月正式的挖掘才開始。

目前為止，已經挖掘的始皇陵俑葬坑，雖然仍僅是整個從葬坑的一部分，但是規模已經令世界震驚。其中一號、二號、三號坑都陳列有相當數量的俑葬品，俑坑均為地下巷道式土木結構建築，坐西向東，呈品字形。

三個俑坑佈局嚴整，結構奇特。在深約五～七公尺的坑底，每隔三公尺築起一道東西相向的重牆，牆間有「過洞」，坑底墁以青磚，兵馬俑陳列在過洞中。牆兩側約一．五公尺的地方栽以稠密的弦柱，柱頭連接木樑，隔牆和順樑上橫鋪密桁，上邊覆以蘆席、細泥和填土。

一號坑由兵車、步兵混合編成矩形方陣，以步兵為主，稱右軍。東有二百一十個弓弩手，成三列橫排組成先鋒部隊，中間為六千名鎧甲俑的主體部隊，後置三十五乘駟馬戰車，車兩側各一排馭手（古代駕馭馬車的人稱為馭手，在戰車的編制中，一般每輛配兩名「車士」，一名「馭手」），組成進可攻退可守的「臨戰軍陣」。整個軍陣又可分為若干單元，每個單元配置一名指揮官，若干戰車和步兵。這些臨陣待發的將士已經就位，弓弩手劍拔弩張，戰馬服駕，呈現隨時待命即發的場景。

二號坑的面積約六千平方公尺，平面為曲尺形，以戰車、騎兵、步兵組成的攻防結合、車步協調、互相掩護的混合編陣，稱為左軍，是個象徵性的行營，即軍中的臨時駐地。二號坑共有大型陶俑、陶馬一千四百餘件，其中鞍馬騎兵俑一百六十件，是目前考古發現的時代最早的大批騎兵俑群，說明秦騎兵已經形成一支裝備齊全的獨立兵種。

三號坑呈凹字形，戰車在陣前方待命，衛士在後方排成兩列，手持儀仗，等候將軍的到來，據情形可以推斷，顯然這是戰區指揮部。二號坑和三號坑中間有一個廢棄的空坑，坑內既沒有放置陶俑、陶馬，也沒有發現木結構建築遺跡，估計該坑原擬作中軍，因秦末義軍入關，工程被迫停建所致。

四個坑構成完整的軍陣編制體系，生動再現了秦軍「帶甲（步兵）百餘萬，車千乘，騎萬匹」，兵強馬壯、氣勢磅礡的陣容。三個坑的葬品以數量多、體型大、技藝精巧、內涵豐富而喻為世界第八大奇蹟，並且對探究軍事情形、陵寢制度、雕塑藝術、冶金技術等方面都有重要價值。

在挖掘的過程中，另外一個重要的發現，就是無論是始皇陵還是這些俑葬坑，以及秦代的建築，都是坐東向西方向，而且秦代數次遷都，也都是向東遷。秦人的這種東方情結，與後世君主面南而王，坐北朝南形成鮮明反差。

後人據此推測原因：一是秦朝禮俗，《史記》中鴻門宴上的座次就是典型的例證。二是秦始皇設計的統治傳之萬世不窮的藍圖，呈現了始皇為實現永遠統治的政治信念。三是以此向世人昭示秦人橫掃東方六國，統一天下的千秋功業。四是始皇個人追求長生的願望，對於仙人所居的東方始終不能釋懷，嚮往死後可以在仙人的引導下圓夢。這些雖然只是推測，但是就歷史來說，還是有其可信度的。

技藝精良

始皇陵兵馬俑列為世界第八大奇蹟，更為重要的一點是工藝之精美和技術之精巧。這些兵馬俑每個體重有三百多公斤，身高平均在一百八十公分左右，仿真人大小，按照秦時的將士形象塑造，體格魁武，服飾逼真，神態生動。可以從他們的裝束、體態、神情、手勢以及細微的髮鬚，對其職務、兵種、性格等辨明一二。

一號坑中最前橫三排二百零四名武士俑，除三個將軍俑外，其餘都身穿戰袍，足蹬淺履，精梳各種髮髻，無一人戴攻堅作戰的頭盔和護身鎧甲。按照史料記載，秦自商鞅變法以來，崇尚軍功，戰士臨戰皆不戴頭盔，甲衣也簡便，以驍勇著稱。至始皇時，士兵根據不同的官階、兵種、任務性質，配備不同的戎裝。軍官和直接對敵交鋒的戰士，多配備鎧甲，鎧甲的防護程度又因以上標準而不同。一般較低級或擔任遠距離攻擊的士兵只備戰袍。一號坑所顯示的正是一般士兵的著裝。

這些陶俑數踰七千，但一個個皆是分別雕刻後燒製而成，每個俑從軍帽、服飾、靴履以至髮式鬍鬚，都千變萬化，各具特徵，尤其是人格化的描繪，使人物極富感情。如將軍肅穆威嚴，長者老成持重，少者活潑開朗，還有的或愁苦，或憤怒，或微笑，可以說是融誇張與細緻，去呆板和雷同，成為「宏偉與精緻，概括與寫實」的渾然傑作。

不單是製作人俑的技藝如此，各種車馬俑亦是技藝超凡。始皇陵中的

青銅車馬，是考古史上時代最早、體型最大、保存最完好的車馬。青銅車身裝飾華麗，繪有流雲和幾何圖案的彩色花紋，駿馬為乳白色。它們結構複雜，製作工藝高超。

如二號坑中的青銅車馬由兩千四百六十二個零件組裝而成，零件均是鑄造成型，組裝方法採用了鑄接、焊接、子母扣連接、活鉸連接等多種工藝，是古代青銅製品中的瑰寶。

又如二號坑中的一枚青銅劍，經檢測，其表面含有氧化膜，含鉻百分之二，這種鍍鉻技術，是近代由德國用一整套複雜的工藝流程才得以實現的，秦人是如何操作這門技術的，至今沒人能知道。

此外，這些製品韌性好、色澤純、密度大、防腐性能好，既堅硬又銳利，今人實驗製造了無數回都以失敗告終，真可以說秦人的冶金技術早已到了「爐火純青」的地步。

子嬰的復仇

●時間：西元前二〇八年
●人物：子嬰　趙高

子嬰本來也是生於深宮的公子，但卻能為家族復仇，也算得上是秦始皇的孝子賢孫了。只可惜歷史還沒有給他充分的時間進行自我展示，劉邦的十萬大軍就已經兵臨咸陽城下了，無奈的子嬰只好把自己綁起來到劉邦的大營中等候發落。

⊙子嬰即位

趙高設計逼死秦二世之後，拿到了傳國玉璽，他與大臣商量說：「現在二世已經自殺了，需要重新擁立一位新皇帝。公子子嬰宅心仁厚，又是二世的親姪子，不如由他繼位。但是皇帝稱呼需改一下，秦國原本也只是東周的一個諸侯國，自始皇帝統一天下之後，才改稱皇帝。如今東方六國紛紛獨立，秦國剩下的版圖不多了，再讓子嬰稱皇帝有些不合適。我看還是讓子嬰先稱王吧！」大臣商議之後，同意了趙高的提議。

依照制度，子嬰齋戒五天，然後舉行即位儀式。

⊙計畫鋤奸

子嬰知道趙高逼死了叔叔秦二世，自己又由趙高擁立做秦王，子嬰的心中充滿了疑慮與不安，他想：「閹奴趙高一向心狠手辣，就是聽從了他的安排，當個順從的傀儡，將來也不一定會有好下場。」

於是，子嬰把兩個兒子找來商量對策。子嬰說：「趙高將二世皇帝殺害於望夷宮中，因為害怕秦國大臣治他的罪，才把我扶上皇帝之位，這不過是他的權宜之計罷了！而且聽到傳言，趙高已經和楚人有了約定，幫楚人殺光秦國宗室，楚人讓他在關中稱王，這可怎麼辦啊？」

子嬰的兒子說：「趙高冷酷無情，如果任其發展，後果不堪設想。既然這樣，那就先下手為強，先把他除掉吧！可是趙高為人狡猾奸詐，要想一個穩妥的辦法。」

子嬰考慮了很久，終於決定即位當天把趙高殺死。

⊙斬殺趙高

很快就到了子嬰即位的日子，趙

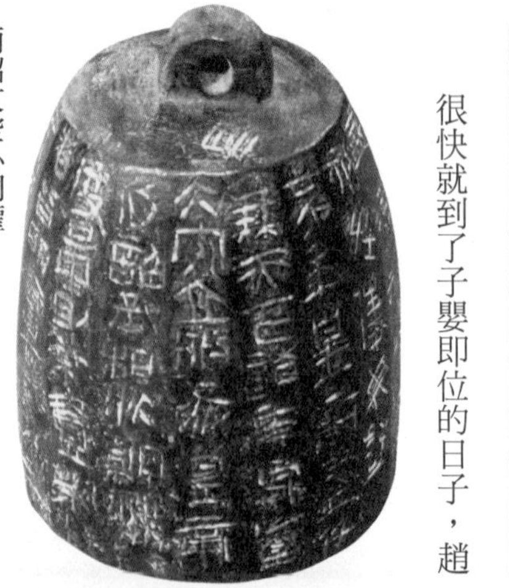

兩詔文空心銅權
秦代文物，陝西西安秦始皇陵附近出土。權為秤桿上的衡器。此權在秦始皇的詔書後加刻秦二世詔書，說明秦國曾大力向全國推行統一的度量衡。

延伸知識

輝煌而壽短的阿房宮

始皇三十五年（前二一二年），始皇決定在渭水南岸修建新朝宮，以取代渭北的咸陽宮。新朝宮東西長一千三百多公尺，南北寬四百多公尺，宮殿上層可坐萬人，宮殿大門是用磁石做的，如果有人暗藏兵器入宮，就會被磁石大門吸住。看來荊軻一刺為始皇留下了嚴重的陰影。

始皇三十五年，阿房宮正式破土動工。建築使用的石料全部從北山運來，木材則需採自川蜀之地。無數罪徒役民南北奔走，斬木鑿石。直至秦朝滅亡，這一浩大工程仍未竣工。因為新朝宮建立在阿山上，後人便稱為阿房宮。

新朝宮雖然未建成，其巍峨壯麗的氣勢已經讓人遐想聯翩。杜牧的〈阿房宮賦〉中是如此描述的：早上渭水河面泛起了厚厚的膏脂，那是宮娥美女潑掉的胭脂水粉；晚上宮殿上空煙霧繚繞，那是皇后嬪妃燃起椒蘭香薰。阿房宮裡金塊如同磚頭，珍珠如同白雪。杜牧用鋪敘的方法淋漓盡致展現了阿房宮金碧輝煌的奢靡之勢。可惜這樣一座建築精華，後來卻被項羽一把大火燒掉，實在令人扼腕。

高與大臣早已來到宗廟等待。趙高巡視了宗廟裡的準備，心中仍籌劃著子嬰即位後的動向。等了很久卻不見子嬰到來，趙高便令使者催促。使者回報說子嬰生病，不能前來。趙高非常生氣，親自來請子嬰。

趙高到了子嬰齋宮，直接闖了進去，卻看到子嬰出來迎接，看上去不像生病。趙高更加生氣了，便責備子嬰說：「今天是公子即位的日子，大臣都等著，為甚麼還不前去？這太不像話了，以後怎麼教化天下呢！」

就在趙高嘮叨的時候，卻發現子嬰身邊多出許多橫眉豎眼的武士，又看見子嬰抽出寶劍，趙高明白中了子嬰的計策了。可是這時已經來不及了，趙高就這樣死在了子嬰的算計之下，子嬰也終於為秦二世報了大仇。

子嬰殺了趙高，滿朝文武大臣都很高興，一致同意擁立子嬰為秦王。可是這時的秦王朝已經千瘡百孔，大廈將傾，子嬰的王位只坐了四十六天！劉邦的大軍不久就占了咸陽，子嬰手下無兵無將，只好出城投降。劉邦沒有殺子嬰，可是項羽進了咸陽後，為了報仇雪恨，便把子嬰等人全部殺了，更一把火將壯麗的咸陽城燒為灰燼。

帶罩銅燈　秦

大澤鄉的吼聲

●時間：西元前二〇九年
●人物：陳勝　吳廣

秦朝末年，「河決不可復壅，魚爛不可復全」，社會問題嚴重，秦王朝已經千瘡百孔。「一夫作亂而七廟隳」，大澤鄉的星星之火頓成燎原之勢。作為中國歷史上的首次人民起事，大澤鄉有著怎樣的社會背景？又有著哪些驚心動魄的經過呢？

⊙揭竿而起

秦二世元年（前二〇九年）七月，正值淮北的雨季。風雨聲中，一支九百餘人的隊伍，在兩名將尉的押送下，拖著泥濘的步伐，正向泗水郡蘄縣的大澤鄉（今安徽宿縣）前進，他們是奉命到遙遠的漁陽（今北京密雲西南）戍守的一批「閭左」（原本可免除徭役的自由民）。

按秦律，戍卒如果無法按時到達，延誤期限，一律斬首。正當眾人愁眉不展，萬般無奈之時，隊伍中的兩個屯長，陽城（今河南南陽方城縣）人陳勝和陽夏（今河南太康縣）人吳廣正在密謀策劃一場驚天動地的舉動。二人審時度勢，一致認為：「我們現在逃跑是死，造反也是死，同樣是死，難道就要等死嗎？」

為了鼓動戍卒，陳勝、吳廣將寫有「陳勝王」的帛書塞入魚腹，再讓戍卒買魚烹食。戍卒見魚腹中的帛書，驚詫不已。

當晚，陳勝又密令吳廣潛入附近荒野叢林中的神祠，燃起若明若暗的篝火，學著狐狸的嚎叫聲，高呼「大楚興，陳勝王」。

平素迷信的人民對這些事情深信不疑，以為全是「天意」，在他們心目中，陳勝儼然是個頗具神奇色彩的真命天子了。

當時兩個將尉見天雨難行，憂鬱難解，只好藉酒澆愁。這時，吳廣故意一再揚言打算逃亡，竭力激怒將尉。果然，將尉勃然大怒，當眾鞭笞吳廣。吳廣仍不住口，將尉正欲拔劍，一時間，眾人群情激憤，怒不可遏。這時，早有準備的吳廣奮起奪劍，陳勝也上前幫忙，殺死了兩個將尉。

陳勝當即召集眾人，慷慨陳辭說：「我們遇到大雨，肯定無法按期趕到。失期要被處斬，即使沒死，戍守邊疆死者十之六七。壯士不死也就罷了，死則應得大名。王侯將相，寧有種乎！」

陳勝這鼓動性強的講演，讓戍卒淚流滿面，群情激昂，眾人同聲響應，振臂高呼：「聽從您的命令！」

陳勝、吳廣假借公子扶蘇、楚將項燕之命，以順乎民心。於是，在一片反秦的怒吼聲中，九百名戍卒「斬木為兵，揭竿為旗」，打出「大楚」

旗號，陳勝自封將軍，吳廣為都尉。中國歷史上第一次人民起事的熊熊烈火，便首先在大澤鄉的雨夜燃燒起來。

⊙張楚政權

大澤鄉的星星之火，轉眼間已成燎原之勢。這支不足千人的隊伍，有了誅暴秦的目標，有了死裡求生的堅強信念，在陳勝、吳廣的指揮下，兵鋒指處，所向披靡。首戰告捷，攻下大澤鄉，軍隊迅速壯大，接著又拿下蘄縣。

然後兵分兩路，一路由符離人葛嬰率兵東進，一路由陳勝親率西向，勢如破竹。不到一個月，先後攻下今安徽和河南兩省的大部分土地。當大軍逼近陳（今河南淮陽）地時，已經擁有戰車六七百輛，騎兵千餘，步卒數萬。

陳，地處南北交通要衝，是中原重鎮，歷來為兵家必爭之地，所以陳勝決定集中兵力攻陳。當數萬大軍兵臨城下的時候，秦朝的郡守、縣令早已逃之夭夭。陳勝大軍殺死出城迎戰的郡丞，殲滅頑守的秦軍，浩浩蕩蕩開進這座歷史名城。

入城之後，陳勝沒有聽取魏國名士張耳和陳餘擁立六國君主後裔，爭取六國貴族支持的建議，而自立為「楚王」，國號「張楚」，即張大楚國之意。陳勝長期生活在楚國故地，深知只有打著大楚國旗號，才能更順利發動和整合反秦隊伍。司馬遷、班固稱其張楚是為了「從民欲」、「從民望」，這是頗有見地的。

「張楚」政權建立以後，各地人民紛紛投入大軍行列，沛縣（今江蘇沛縣東）人劉邦在縣吏蕭

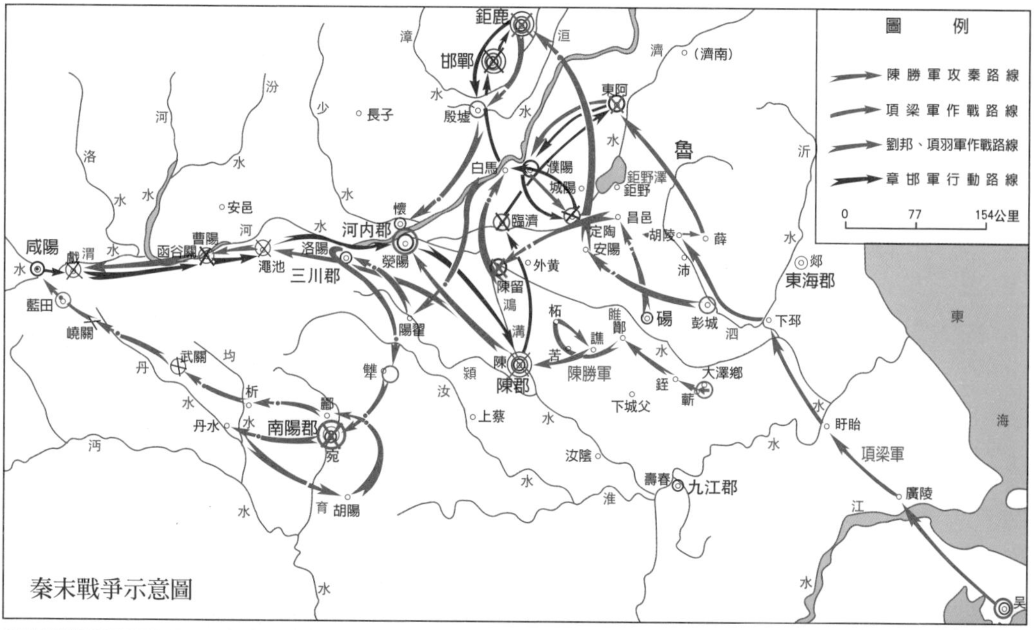

秦末戰爭示意圖

何、曹參等人支持下，殺沛縣令響應。項梁、項羽叔姪原本楚國貴族後代，因避仇居於吳（今江蘇蘇州），殺秦會稽郡守響應陳勝。其他有英布、彭越、王陵、秦嘉等先後在各地起兵，連孔子八世孫孔鮒也曾「為陳涉博士，卒與涉俱死」，義軍的聲勢達到了頂峰。

⊙功敗垂成

陳勝稱王後，迅速組織義軍和各地反秦勢力，分途出擊，向秦朝發起猛烈攻勢。西征軍主要戰略目標是關中之地，兵分三路：一路以吳廣為假（暫且、代理之意）王，西進滎陽。一路命宋留偏師西南進發，以取南陽（今屬河南），叩武關（今陝西商南西南），以為策應，配合吳廣西進。一路命周文為將軍，經潁川（郡治在今河南禹縣），過函谷關（今河南靈寶東北），直搗咸陽。

各路義軍在人民的擁戴下，「攻城略地，莫不降下」。吳廣所部順利進抵三川郡（郡治在今洛陽東北），並圍困滎陽。滎陽地處關中直達東方的要衝，也是扼守關中的軍事重鎮。關中最大的糧倉——敖倉，也在滎陽附近的敖山之上。秦朝特派丞相李斯之子三川郡守李由統領重兵防守。吳廣一舉包圍滎陽，迫使李由不敢出戰。同時，周文也率軍迅速穿過潁川、三川兩郡，直入關中。

二世元年（前二〇九年）九月，周文大軍一度攻到始皇驪山墓附近的戲（今陝西臨潼境內），距離秦國都城咸陽只有百里了。

周文大軍攻克戲以後，沒有立即進軍咸陽，而是就地休整，讓秦軍得以喘息。二世一方面採納大將章邯之策，悉發幾十萬驪山刑徒，由章邯帶領，反擊周文。另一方面命令戍守北邊、修築長城的三十萬大軍，由王離、蘇角帶領，急速南下，以便側翼夾擊義軍。

凶狠狡詐的章邯首先發動重兵攻打周文。周文遠來疲憊，裝備落後，孤軍深入，缺乏後援。當秦軍凶猛撲來，周文驚慌失措，雖奮力拚殺，還是慘遭失敗，退至澠池（今屬河南）。

二世二年（前二〇八年），周文在澠池浴血奮戰十餘天，終因寡不敵

大澤鄉，今安徽宿州東南劉村集。這裡曾是陳勝、吳廣的發端地。

眾，兵敗自殺。周文西征軍的潰敗，使得吳廣軍腹背受敵，軍中震恐。二世增派長史司馬欣、董翳率兩支人馬，出關協助章邯，與頑守滎陽的三川郡守李由，對吳廣內外夾擊。

吳廣部將田臧等人眼見周文已敗，滎陽又久攻不下，而章邯人馬即將趕到，就主張小部佯攻牽制李由，主力迎擊來犯之敵。身為假王的吳廣不聽屬下意見，於是田臧自作主張，假借陳勝命令殺害吳廣，把首級獻給陳勝。

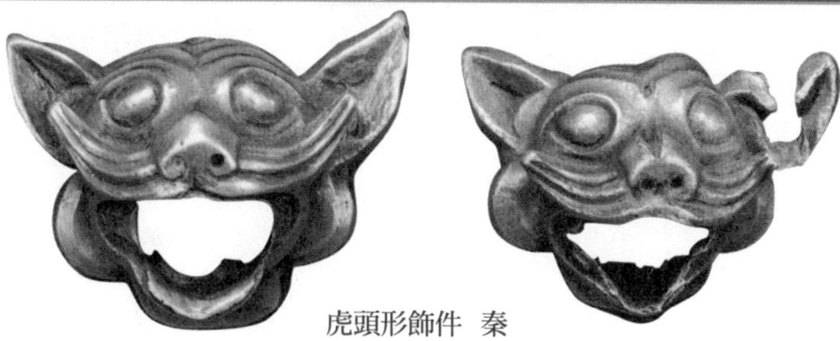

虎頭形飾件　秦

陳勝萬般無奈，為穩住軍心，保存實力，授田臧為楚令尹，拜為上將，指揮滎陽大軍。田臧派李歸駐守滎陽城下，親率精兵大戰章邯於敖倉。這時的秦軍虎威猶在，義軍慘敗，田臧戰死。接著，李歸也在內外夾擊之下犧牲了。

義軍的內訌和秦軍的頑抗，斷送了義軍的前程。陳勝軍的主力西征軍相繼潰敗，成為由勝而敗的轉折點。

⊙轉入低潮

陳勝稱王之後，漸漸腐化墮落，驕橫自大。

一次，家鄉故舊前來探望，見宮門緊鎖，於是直呼陳涉（陳勝的字），門衛不肯通報。後來陳勝驅駕出宮，他們攔住車駕高呼：「陳涉！」陳勝不好怠慢，只得同車載回宮中。入宮以後，故舊看到高大的宮殿，豪華的幃帳，驚喜感歎：「陳涉的家當真多啊！」

故舊閒住宮中，無意間向宮人講述陳勝貧賤時的傭耕往事，傳到陳勝耳中，竟下令把舊時朋友一併殺掉。

自此以後，陳勝與民間的距離越拉越遠，即使見了老朋友，便擺起王者架勢。陳勝親小人遠賢臣，重用阿諛奉承的近侍，有功者不賞，有罪者不罰，逐漸成為孤家寡人，為以後的失敗埋下了禍根。

章邯乘勝掃清陳城外圍，直接進犯陳勝軍的政治中心。守城的上柱國蔡賜血染疆場，大將張賀即使在陳勝親自督戰的情形下，也終因寡不敵眾而捐軀城西。陳勝只好回城固守，以待支援。堅守月餘，內無糧草，外無救兵。

二世二年（前二〇八年）臘月，陳勝退走汝陰（今安徽阜陽），不久又轉戰下城父（今安徽渦陽東南）。這時，本想且戰且走，持續戰鬥的陳勝，卻不幸讓陰險的車夫莊賈殺害。

可憐陳勝，不到半年，鴻鵠之志未遂，卻出師未捷身先死。這又是一幕觸目驚心的歷史悲劇，但陳勝「一呼而天下應」，劉邦、項羽等後繼者正踏著他的足跡，完成他未竟的反秦事業。

八千子弟起江東

●時間：西元前二〇八年
●人物：項梁　項羽

就在秦滅楚之時，民間就流傳一句話，說「楚雖三戶，亡秦必楚」，歷史果然應驗了此言的預示，楚將項燕後裔項梁與項羽二人以江東子弟八千人起兵江東，從而以摧枯拉朽之勢，在義軍的配合下，把秦朝推向了覆滅的境地。

⊙取而代之

秦始皇三十七年（前二一〇年），歷史上已經是秦始皇在世的最後一年了，就在這一年，雄心勃勃的始皇帝仍進行了第五次威武雄壯的巡遊。

巡遊大隊經過會稽郡吳縣（今江蘇蘇州）時，也如同經過其他地方，引來無數人圍觀，百姓都想見見這位真龍天子。就在威武的巡遊大軍經過時，所有圍觀的百姓都不敢說話，甚至屏住了呼吸。這時，人群中卻有一個青年大漢突然說：「哼，這麼威風，我也可以取代他的！」青年人還沒講完，旁邊中年人急忙捂住了他的嘴，並把他拖出人群，遠遠走開了。

這個二十出頭的青年人，就是後來在中國歷史中赫赫有名的西楚霸王項羽，中年人是項羽的叔父項梁。

⊙地方勢力

項羽叔姪二人是楚國的貴族之後，項羽的爺爺就是楚國名將項燕。項燕在秦王政二十三年（前二二四年）為秦軍所殺。身負國仇家恨，項羽從小就胸懷大志，渴望著滅秦復楚。

當時項梁教他學字，他不學，賭氣說：「學好了這個，只能在秦朝當刀筆吏，我可不願意！」項梁再教他學劍時，他仍然不肯學，說：「練得再好，也只能與幾個人對打，沒甚麼大用！」「那你要學甚麼呢？」項梁很驚奇問道。「我要學帶領千軍萬馬戰鬥的本領！」項羽眼睛中閃爍著光芒說。項梁聽後非常高興。

項梁叔姪本來都在家鄉過日子，但因為項梁殺了人，便只好逃離，暫時居住吳縣。不過，吳縣以前是楚國領土，百姓對項家都很景仰，聽說項梁來了，也都非常尊敬項梁。

項氏叔姪二人在吳縣地位逐漸穩固，連地方官也要敬畏三分，每當有徵民服役的事務，都會請項梁主持。項梁應辦這類事時，總是安排手下人在關鍵部位，每次調遣，也總是按照兵法。於是項羽也歷練出了行軍打仗、調兵遣將的本領。

⊙率兵而起

就在項羽看到秦始皇不久，秦朝的政局發生了極大的變化，秦始皇突然死亡，胡亥即位。胡亥推行昏庸殘暴的政策，百姓苦不堪言。不久即發生了陳勝、吳廣率領的大澤鄉起事。消息很快就傳到了東方六國的故地，秦朝建立未久，恩澤未施，這些地區思念故國，都盼著光復國家。項梁叔姪二人更為欣喜，覺得時機終於到來了。

就在項梁策劃把會稽郡守除掉時，突然郡守急招項梁，項梁不知甚麼事，只好前去。郡守把左右人屏退，才悄悄說：「聽說江西許多地方都造反了，不知你聽到甚麼消息？」

項梁連忙搖頭，表示不知。但郡守卻說：「我們也不能落後，要不也反了。我想請您和桓楚做我的將軍，咱們復興楚地，如何？」桓楚是楚國的名將，此時已逃亡在在澤之中。

項梁於是說：「大家都不知桓楚逃亡的地方，只有我的姪子項羽知道，找他問問吧！」

項梁出來找到項羽，把情況說明，然後計議一番，便與項羽回到郡守府中。項羽見到郡守，沒等郡守說話，就拔出劍把他殺了。項梁提了郡守的頭，拿了官印，郡守的武士蠭擁而上，但是敵不過項羽。官府中與項氏叔姪熟識的，就擁戴項梁為會稽郡守，並起兵反秦興楚。

一取得會稽的兵權，項梁立刻精心挑選了八千子弟兵，以為起事的常備軍，以此基礎，使得江東盡入控制範圍之內。

⊙擁立懷王

這時，陳勝派了召平到東南攻廣陵（今江蘇揚州西南），但召平屢戰屢敗。就在這年冬天，陳勝攻秦的主力軍被章邯擊潰，吳廣遇害。召平一看，覺得獨木難支，便藉陳勝的名義封項梁為張楚的上柱國，希望項梁率兵渡江，擊秦救楚。

其實正合項梁意思。項梁立刻與項羽率領了八千江東子弟兵渡過長江，向西方進軍。項梁過江正是時機，這時江北的形勢非常黯淡，義軍已被擊潰，各地殘存著散兵游勇。項梁一過江，這些散兵游勇便紛紛投靠項氏叔姪，項梁的隊伍迅速從八千人增長到數萬人。

過江之後，深謀遠慮的項梁在薛縣（今山東棗莊西）召開了一次義軍大會，想重新組織已經分崩離析的義軍勢力。會上多數認為應該立項梁為義軍領袖，或者以項梁為楚王。但范增卻覺得不能服眾，不如找來楚懷王的後代，立為王，藉以服眾。於是，找到了正在放羊的楚懷王孫子熊心，立為楚王。

此後，項梁率軍多次大破秦軍，使抗秦形勢大為好轉。然而，項梁也滋長了驕縱之心，後來在定陶一戰中，遭秦將章邯擊潰，項梁也死於亂軍之中。此後，項羽接過了叔父的大旗，開始成為秦末歷史舞臺上的主角。

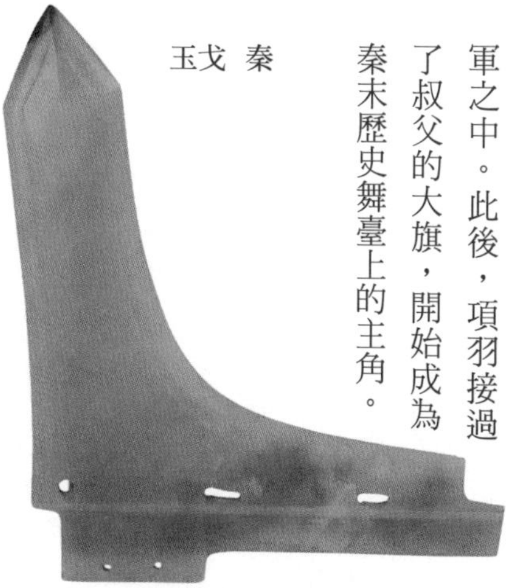
秦　玉戈

劉邦起義

●時間：西元前二〇八年
●人物：劉邦

劉邦表面上似乎沒有雄才大略，也缺乏英雄氣概，但誰也沒有想到，秦末大規模起義，最後既沒有成全陳勝和吳廣，也沒有玉成西楚霸王項羽，而在如此激烈殘酷的角逐中，卻成就了大漢的一統江山。這是歷史的偶然，抑或是歷史的必然？

秦始皇登基後，便修起陵墓。當時始皇陵在咸陽附近的驪山修築，規模極其宏大，每年都有全國各地的數萬民夫為修築秦始皇陵義務服役。

這一年，一批江蘇民夫進入了咸陽，與每一批到達咸陽的民夫一樣，驚羨於這座堪稱當時世界上最為雄偉繁華的城市。民夫中有一個小頭目，看到這座美麗的城市，非常羨慕。後來，又看見秦始皇威風凜凜的巡遊。他擠在人群之中，看到那位偉大統治者在前呼後擁中浩浩蕩蕩過去，不由自主感慨說：「大丈夫就應該像這樣活在世上！」這個人就是後來的漢高祖劉邦。

⊙私放民夫

劉邦本來是泗水的亭長，負責管理地方治安與調解糾紛。亭長相當於今天的村長，無權也無勢，又需服徭役。劉邦本人非常懶散，既不種田，也不經商，所以越來越窮，連劉邦的父親都不喜歡，嫌他不像哥哥吃苦做活。劉邦絲毫不在乎，覺得種田經商這種小事不是大丈夫所為，無所事事，四處閒逛。

有一回，劉邦奉了沛縣縣令的命令，押送本縣民夫前往驪山。一路上民夫不斷逃亡，劉邦非常惱火，懼怕不能交差，無可奈何之下只好喝酒打發日子。

有一天，劉邦喝多了，突然想，這麼下去，到了驪山也逃不了罪責，不如現在釋放這些人，各自逃命。

於是，劉邦召集眾人，親自解開繩子，然後說：「此去只有兩條路，一是活活累死，或是折磨而死，我想大家不致想死吧，不如現在各自逃命吧！」

大家一聽，都愣住了，不知真假，但看劉邦情真意切，不像假的。有人問說：「亭長大人，怎麼辦呀！我們一走，不是拖累您了嗎？」

劉邦苦笑說：「哎，我也不敢回去，也跟大夥一塊逃生吧！」十幾個民夫被劉邦感動，願意跟隨劉邦。

⊙揮劍斬白蛇

在昏暗的夜色掩護下，劉邦和十幾個民夫一起逃亡。忽然，探路的人匆匆回頭，前面路上橫臥著一條大白蛇。當時人們非常迷信，覺得白色的蛇是天降的神物，不敢衝撞，於是便想繞道而行。

劉邦趁了酒意，堅決不肯，大聲說：「大丈夫行路，怕甚麼蛇，我去看看！」

劉邦說著抓起劍，大踏步向前，幾個膽小的人不敢跟上。劉邦果然見到一條白色的蛇靜靜橫臥路上，這時劉邦也有些膽怯了，但一想，提起三尺寶劍，一劍把那條白蛇砍成了兩截。

這就是有名的「漢高祖斬蛇起義」的由來。後來，帝王時代的歷史學家神化了，以劉邦本是赤帝之子，劍斬了白帝之子，是來世上當天子的。其實，當時劉邦剛砍了白蛇後，便已經有人以為不俗了。劉邦的隊伍也壯大了，劉邦帶隊藏入了芒碭山的沼澤中。

⊙蕭何薦劉邦

不久，陳勝和吳廣已在大澤鄉起兵，並建立了「張楚」政權，腐朽的秦王朝搖搖欲墜。天下百姓紛紛起兵

劉邦曾在泗水亭任亭長，據《沛縣縣志》記載：「沛有泗水亭，亭有高祖碑，班固為文。」一九八四年，沛縣人民重建泗水亭，將新製的高祖碑立於亭內。

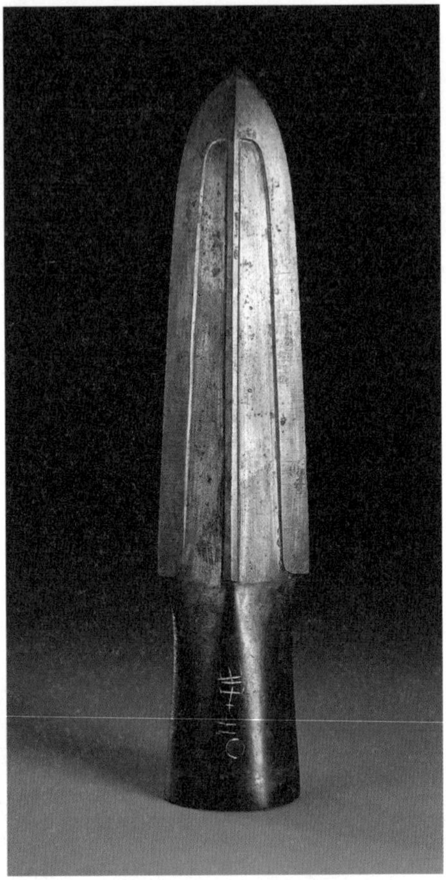

秦俑一號坑出土的銅矛

呼應，殺死了縣令或郡守。這時，沛縣縣令心中也惴惴不安，也怕不小心被百姓殺了，就打算起兵響應陳勝，找來部下蕭何與曹參。

蕭何比較老成，在官府中時間較久，聽了縣令的話後說：「您這個想法是好的，但是您做這件事卻不合適。您是秦朝官員，現在打算背棄秦朝，恐怕百姓不會信任。不如找一個逃亡的人領頭，大概可以招募數百人，再讓他們挾持百姓，百姓就不敢不聽從了。」

縣令只求自保，當然無所不可，忙問：「那麼誰來當這個首領呢？」蕭何說：「小人倒是有一個人選……」看著縣令急切的神情，蕭何慢慢說：「劉邦！」其實，蕭何與曹參本來就是劉邦的朋友，當然要舉薦劉邦了。縣令也沒有不同意，於是，他們忙請劉邦當屠夫的親戚樊噲到芒碭山中尋找劉邦。這時劉邦已經聚集了數百精壯部下。

⊙自稱沛公

就在樊噲走後，縣令卻又後悔了，他知道蕭何與曹參本來就是劉邦的朋友，想到如果劉邦回來，豈不是把自己架空了，於是便把城門關起，準備防禦劉邦，同時並決定先把蕭何與曹參二人除掉，以防有變。縣令還沒動手，蕭何與曹參就知道了計畫，二人早早翻出城外和劉邦會合了。

劉邦見到蕭何與曹參後，才知道縣令的變化，三人商議了一晚，決定先殺縣令。於是，劉邦寫了封信，並抄寫多份，把信射進城裡。信是這樣說的：「秦朝折磨全天下的百姓，現在全天下的百姓都想推翻昏君。可是縣令卻依然頑固不化，如果沛縣父老鄉親為他守城，恐怕等到諸侯並起的時候，沛縣就會遭到屠城。但是如果現在能殺了縣令，響應義軍，就能保存我們的家鄉。」

果然，沛縣人民看到信後就自發組織，衝進縣衙，殺了縣令。百姓打開城門，迎接劉邦進城，推舉為縣令。

劉邦初時假意客氣，一邊推讓，一邊說：「我是怕能力不夠，做不好縣令，倒不是怕擔負責任，將來事情不成遭滅族之災！」

如此一說，沛縣其他有名望的人心中也膽卻了，都怕一旦事敗，會株連九族，所以非要劉邦當縣令。劉邦一看沒有人再爭奪縣令，便順水推舟答應了眾人的請求。

穩定了沛縣後，劉邦召集兵丁，大約有兩三千人，祭祀戰神，豎起旗號，誓師起兵。劉邦原為沛縣的縣令，依楚國舊法，縣令稱為公，所以劉邦自稱「沛公」。至此，劉邦總算有了根據地和軍隊，也開始了爭奪天下的道路。

「時勢造英雄」，這句話對於劉邦而言是十分恰當的，因為劉邦在沛縣一地起兵反秦，成功的可能性很小。然而正是秦末獨特的歷史現實，使他能以微弱之師匯入波及全國的反秦浪潮。可以說劉邦是一個「時勢」大潮推上歷史前臺的人物，即在秦末豪傑並起的形勢下，他順應潮流走上了起義之路。

秦始皇陵二號出土的銅車馬

【項羽的成名戰】

●時間：西元前二〇七年
●人物：項羽

在中國戰爭史上，以少勝多的戰例很多，其中就有項羽的成名之戰——鉅鹿之戰。這一戰不僅使項羽威名大震，在其叔父項梁死後迅速成長，填補了項梁留下的權力真空，而且也成為秦末戰爭在軍事形勢上的最大轉折點。正是從鉅鹿之戰開始，義軍在軍事上才取得了對秦軍的優勢，戰場主動權轉到了反秦義軍一方。

⊙鉅鹿之圍

秦朝大將章邯在殺掉項梁，擊潰楚軍主力後，便以為楚不足慮了，於是便回師北渡黃河，進攻趙國。

趙王本來是陳勝的部將武臣自封的，但被部下所殺。於是，趙國兩員大將張耳與陳餘又找到了趙國後裔趙歇來當趙王，定都信都（今河北冀縣）。這時，章邯大軍已兵至原趙國故都邯鄲，並把邯鄲的百姓遷走，然後拆平了邯鄲城。趙國君臣聽到消息，都知道信都難守，於是退縮到鉅鹿（今河北平鄉境），並馬上向燕、齊、楚等國求援。

戲劇中的項羽形象

章邯令大將王離把鉅鹿城團團圍住，自己把守外圍，不讓援兵靠近，並督送糧草。這時，陳餘剛剛領兵趕到，見到秦軍勢大，覺得無異以卵擊石，而燕、齊二國援軍趕到後，也都按兵不動。趙國的形勢可以說是危在旦夕。

⊙楚國出兵

楚國也接到了趙國的求援信，正商議出兵之事。這時，齊國的使者高陵君正在楚國，他對楚懷王說：「大王，依我看宋義將軍是一個非常了不得的將才。」

楚懷王問他原因，他說：「就在武信君項梁節節勝利時，我出使楚國，路上遇到了宋義將軍，他知道我要見武信君，要我慢走。我非常奇怪，他說武信君必敗，正好趕上一場災禍，後來果然應驗了。由此可見，

延伸知識

大秦鐵軍

秦朝軍隊有步兵、騎兵、車兵三大兵種，有陸軍和水軍兩大部分。始皇時秦國陸軍以步兵為主，騎兵也成為獨立兵種，並在秦國的兼併戰爭中作為主力使用，水軍主要是在進攻楚國和百越時發揮了重要作用。

當時秦軍使用的兵器主要以青銅兵器為主，鐵兵器雖始於燕、趙，但仍處於發展階段，沒有廣泛使用。兵馬俑中的劍、刀、矛、戈等幾乎全為青銅製成，注重實用而少華麗，長短結合以便相互救助。

秦時採取部曲制，以部曲為作戰單位。部為萬人，是最大的作戰單位，相當於現在的軍或師，通常由若干個曲和指揮部組成。曲為數千人，基本相當於今天的作戰團。

始皇為全國的軍政首長，各級軍官由他親自任命，軍隊調動必須出自他的詔令。太尉（大將軍）是全國的最高軍事長官，秉承皇帝命令，統率全國軍隊，但只有帶兵權，沒有調兵權。為防止擁兵自重，秦時不設固定的帶兵統帥。戰事結束，皇帝立即解除太尉的兵權，太尉仍回朝辦理日常軍務。皇帝和大將軍以下各級政府，也由軍政兩方面組成，各級政府管轄相應數量的軍隊。

他的確是個統兵的奇才。」

楚懷王聽後，召見宋義，便決定任命宋義為上將軍，項羽為次將，范增為末將，一同率兵北上救趙。諸將均需受宋義節制，號為卿子冠軍。

⊙項羽奪權

宋義其實沒有雄才大略，一朝兵權在手，不思幫助趙國及諸侯國與秦相抗，僅僅自立於不敗之地。率領大軍北上到達安陽時，宋義便命令全軍原地待命。宋義絲毫不顧趙國已經瀕臨覆亡之災，偷偷與齊國使者勾結。

四十六天過去了，脾氣暴烈的項羽忍不住，本來應該是主將，卻莫名其妙成了宋義的次將，但為了救趙大計，項羽也就遵守了命令。可是看到宋義按兵不動，項羽坐不住了。

一天，項羽進了上將大營，宋義客氣請他進來，但項羽心急如焚，還未就坐就開始說：「宋將軍，我們何時發兵救趙啊？」

宋義慢慢坐下，並命獻茶，然後慢條斯理地說：「項將軍臨陣非常勇猛，但不懂兵法。我軍按兵不動，待秦、趙分出勝負，我自有妙法讓楚國獲利。如果秦國勝利，士兵必然疲憊

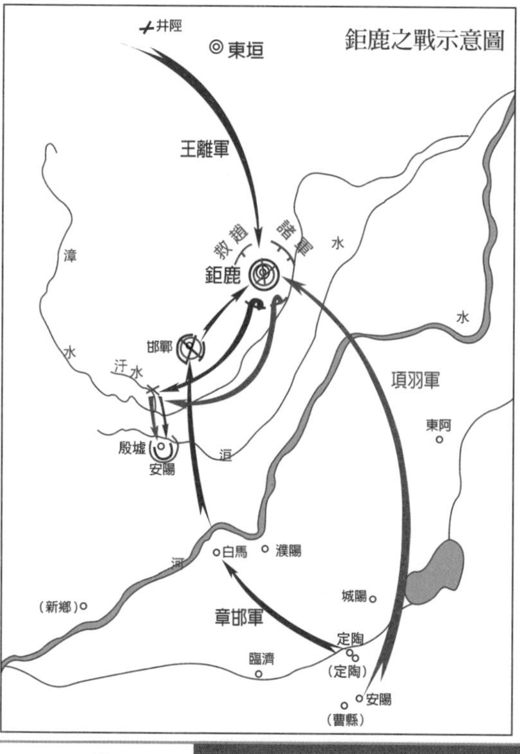

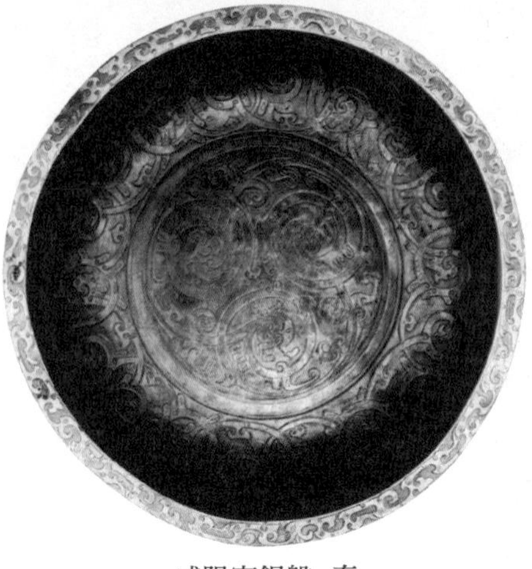
咸陽宮銀盤　秦

不堪，我們可以乘機攻秦，如果秦國失敗，我們也可乘機攻入關中。總而言之，都可坐收漁利。項將軍以為如何？」

項羽十分生氣，卻也無可奈何。送走項羽後，宋義發布命令說：「軍中戰士不可違背軍令擅自出戰，犯者一律斬首。」項羽聽到命令，非常生氣，大家都不滿宋義的做法，眾口一辭指責宋義。

第二天早晨，項羽闖入大帳，一劍殺死宋義，提著頭顱出帳對眾軍說：「宋義與齊國合謀反楚，楚王暗中命我除掉他！」大家看項羽威風凜凜，而且也都反對宋義，於是共擁項羽為上將軍。項羽報告楚懷王，懷王只好正式委任項羽為上將軍。

⊙破釜沉舟

殺宋義不過是項羽的牛刀小試，但已經威震楚國，名聞諸侯了。項羽立刻北上救趙，到了漳河南岸，陳餘的使者來見項羽，訴說情勢危急，諸侯援兵已到，但不敢出兵，趙國存亡懸於一線。

項羽立刻命令全軍帶足三日糧食，準備渡河。就在整裝待發時，項羽又命令把做飯的鍋盆全部砸爛。項羽說：「我們發兵救趙，但需知兵貴神速。所以砸鍋，可以輕裝前進，如果得勝，就可以在章邯軍中吃飯了，還怕沒有伙食嗎？」

大軍橫渡漳河，項羽又把所有船隻全部鑿沉，並燒毀所有行軍帳篷。

項羽一下達進攻命令，楚軍如下山猛虎般撲向秦軍，拚命衝刺廝殺，勇猛無比，嚇壞了能征善戰的秦國兵士。於是，兩軍相持不久，秦軍竟敗下陣了。其實，當時秦軍的實力遠高於楚軍，但是項羽卻憑了「破釜沉

木牘家書　秦

舟」的決心與必勝的勇氣，擊潰了秦軍。

秦國大將章邯吃了敗仗，知道實力遠遠超過楚軍，所以便多方佈陣，並穩定軍心與楚軍再戰。無奈楚軍英勇拚殺，章邯將領王離被活捉，涉間自殺了，章邯只好退守棘原（今河南南陽南）。項羽順利完成了救趙的使命。

⊙逼降章邯

鉅鹿之戰最終以項羽的勝利告終，項羽的聲望威震諸侯。本來，救趙的諸侯軍隊不少，但都不敢向秦軍進攻。在楚軍與秦軍激戰時，諸侯軍卻都在營寨觀戰，並未出兵援助。項羽勝利後，諸侯將領紛紛拜見項羽，這些驍勇之將來到項羽大營時，卻個個膽戰心驚。

鉅鹿之戰後，章邯原有二十萬大軍，尚有實力與項羽再決勝負。但是，秦二世卻責怪章邯的敗仗，章邯派司馬欣到咸陽陳述詳情，並請求援兵。

司馬欣到了咸陽，卻受到趙高冷遇，差點也被趙高殺了。司馬欣見勢不妙，偷偷回到營地，告訴章邯說：「當朝宰相趙高居心不仁，有狼子野心，且嫉賢妒能。若得勝仗，便容不得你。若是敗了，更難逃一死！」

章邯對朝中動向也有所聞，聽司馬欣所言，頗費躊躇，最後決定與項羽議和。初時章邯因殺死項梁，擔心無法與項羽言和，可是項羽卻知道軍隊已經疲憊，軍糧也顯短缺，而章邯的秦軍戰力尚存，並無取勝的把握，便同意議和。後來，項羽又將章邯的二十萬降軍全部坑殺。

項羽在一般人心目中，是一個粗豪的「西楚霸王」，但是，在這樣的關鍵時刻，他不但迅速「處理」宋義，並且相機應用兵法「置之死地而後生」，將戰鬥力成倍提高，從而取得了勝利。正是這些優點，使他成為秦末大起義中舉足輕重的人物。

馭手俑　秦

關中！衝向關中！

●時間：西元前二〇六年
●人物：劉邦　蕭何

在秦末大起義的形勢中，項羽的兵力是最為強大的，也正是由於有項羽在正面戰場的牽制，劉邦挺進關中才會暢通無阻，勢如破竹。不然，劉邦也不可能第一個進入關中。雖然有楚懷王的號令，可是最終還得依靠實力，所以劉邦入關後，便封存府庫，約法三章，再退出咸陽，這也正是劉邦老謀深算的地方。

秦二世三年（前二〇七年），項羽率義軍破釜沉舟，背水一戰，在鉅鹿大敗秦軍，消滅了秦朝最主要的軍事力量，直接動搖了秦朝的統治基礎。早在二世二年（前二〇八年），楚懷王就派劉邦率領大軍西征伐秦，並與諸將約定，先入關亡秦者封為王。

⊙張良相投

第二年，劉邦率領大軍行至昌邑（今山東金鄉西北），遇到了彭越，二人合力攻昌邑而未下，於是繞過昌邑進攻高陽（今河南杞縣西南）。在高陽，劉邦得到了一個得力的謀士，這便是老儒生酈食其。他建議劉邦先攻打陳留（今河南開封東南），並自告奮勇勸降陳留縣令，因而劉邦不費吹灰之力占領了陳留。

取得陳留之後，劉邦繼續西進，攻開封未下，轉戰白馬（今河南滑縣東）、曲遇（河南中牟東），大破秦軍。此後劉邦又攻潁陽，獲大勝。此時韓國人張良在潁陽一帶活動，率兵投奔而來。二人合力，很快便攻下秦軍的數十座城池。劉邦早先就折服於張良非凡的才能，這次相遇便想留在身邊，於是劉邦和韓王成商量，讓張良隨著西進伐秦。

⊙智破嶢關

劉邦、張良攻下南陽郡，郡守逃到宛城（今河南南陽），據守不出。劉邦見宛城易守難攻，便繞過西進，後經張良勸阻，又祕密潛回，把宛城圍得裡外三層，密不透風。

宛域讓陳恢出城與劉邦商討投降事宜，陳恢說：「宛城官員認為投降必死無疑，所以負城死守。您如果要強行攻下宛城，勢必損失不少兵力，影響西進攻秦。但如果繞過宛城向西挺進，宛城的秦軍肯定緊隨在後，腹背受敵。最好的方法是接受宛城官員的投降，加以封賞，讓他們留守宛城，也可以從降卒中挑選精兵強將，充實實力，再圖西進。後面的秦國諸城如果知道投降可以不死，還可以封侯，一定個個爭開城門，恭候大駕。」

劉邦聽後大喜，馬上下令封宛城郡守為殷侯，封陳恢為千戶。此後劉邦進攻各城，果然爭相投降，劉邦兵不血刃，暢通無阻，一連收下幾座城池。

劉邦軍隊紀律嚴明，所過之處，不准燒殺劫掠，他又體恤百姓，幫百姓重修水利，恢復生產。秦地百姓受暴秦虐待已久，都欣喜萬分，紛紛倒向劉邦。劉邦也多次恩威並用，誘降秦軍將士，招撫百姓，不斷壯大實力。

接著，劉邦準備進攻武關（今陝西商南西南）。採用張良計策，讓酈食其和陸賈帶著大批財寶賄賂守關將士，趁其鬆懈之時發動突襲，一舉攻下了武關。

武關攻破後，咸陽只剩下嶢關最後這一道屏障了。嶢關和武關一樣，皆屬易守難攻之地，劉邦依張良的建議，故技重演，嶢關很快也攻破了。至此，進軍咸陽已是一片坦途了。

⊙約法三章

劉邦的軍隊於漢元年（前二〇六年）十月開入咸陽，將士因咸陽宮殿的豪華奢侈而震驚，如惡虎般撲向珍寶異器。劉邦看到無數宮女和大堆奇珍異寶，便想留下安享富貴。樊噲勸諫，毫不理會。

張良對劉邦說：「秦朝暴虐無度，您才會興兵伐秦。您是為民除害，就不應該享受暴秦的聲色犬馬，和暴秦有甚麼不同呢？良藥苦口，忠言逆耳，您要三思啊！」劉邦於是打消享樂的念頭，封秦府庫，還軍灞上（今陝西西安東南）。

不久劉邦召集百姓，說：「楚懷王曾與各路諸侯約定，先入關者可以在關中稱王。現在我應該在關中稱王，我與各位父老約法三章：殺人者死，傷人及盜抵罪，其餘秦的酷法一律廢除。我這次為民除害，現在屯軍灞上，等各路諸侯到齊，商討處理滅秦後的事宜。請大家不要害怕。」

秦地百姓聽後驚喜異常，爭相拿出酒菜犒勞劉邦軍隊，希望劉邦能在關中長期稱王，劉邦便開始在關中站穩了腳跟。

劉邦在漢中時的王宮

鴻門宴

●時間：西元前二〇六年
●人物：項羽　劉邦　張良

鴻門宴上項羽的優柔寡斷，不像西楚霸王的一貫風格，卻是歷史事實。項羽對劉邦的姑息可以用養虎遺患形容，項羽最終吞下了自種的苦果。

⊙攻破函谷關

項羽收編了章邯舊部之後，迅速向關中進發。可是項羽大軍中有不少投降的秦兵，原本就不願意投降死敵——楚人，加上多被楚兵欺負，糧草和裝備都被奪走，所以降兵充滿了對項羽的不滿情緒。

楚國將領報告了這些情況。項羽心想：秦國降兵足有二十萬，如果突然反戈一擊，後果可是不堪設想。於是項羽詳細計議，在周密安排下，將二十萬降兵趨趕到新安城南一律活埋了。

處置二十萬降兵後，項羽率部繼續向關中進發。當大軍行進到函谷關的時候，劉邦士兵把守函谷關，不讓大軍通行。項羽一看，城頭上飄揚著劉邦的旗幟，守關士兵奉了沛公之命，不讓任何軍隊入關。項羽心想，如果不是我在北方與章邯交戰，你能順利入關？

項羽越想越氣，便命令大軍攻城。函谷關守軍哪能抵擋項羽的強攻，不久就攻破函谷關，項羽率領楚軍向西急行，在鴻門安下了大營。

⊙曹無傷叛主

楚軍在鴻門駐紮後，項羽軍隊就商議攻打劉邦之事。劉邦當時駐軍灞上，兩軍相距不過幾十里。

當天晚上，有人來到項羽大營，自稱是劉邦左司馬曹無傷的部下。原來曹無傷見楚軍勢大，知道劉邦不是對手，便想投靠項羽，所以前來告密，說劉邦想當關中王，並用子嬰為相，並吞沒秦國的珍寶。

項羽的謀士范增也進言說：「劉邦在家鄉的時候是個輕浮子弟，又貪財，又好色，可是進關後沒有惡行，將軍看是為何？」項羽說：「楚國大軍未到，他不敢擅作主張。」范增搖頭說：「將軍，並非如此啊！劉邦此番作為，可見志向不小。我曾經讓人幫他看相，此人有天子氣，所以一定要立刻除掉，否則後患無窮。」

⊙項伯告密

就在項羽和范增計畫除掉劉邦的

彩繪牛馬紋扁壺　秦

嵌金片花紋鐵匕首
西漢

時候，楚軍左尹項伯已經向劉邦大營報信去了。項伯是項羽的叔父，以前曾被張良救過，所以一心報答，打算通知張良脫離劉邦。

項伯私下見到張良，說明了來由，想帶張良逃走。可是張良卻說：「韓王命我送沛公來，危急關頭一走了之是不義的行為，所以一定要告知沛公。」

於是，張良進營告訴劉邦，劉邦大驚失色，不知如何是好。張良問：「是誰出主意守住函谷關？」劉邦十分懊悔，說：「是鯫纏建議守住函谷關，不讓諸侯進來，就可以盡有秦地了。」張良十分無奈，說：「大王，您覺得兵力足以抵擋項羽嗎？」劉邦默然不語了。

張良想了許久，終於說：「如今之計，不如您先見項伯，陳述不敢與項王作對，然後再作打算。」

劉邦忙問：「您與項伯誰年長？」張良說：「他比我長些。」劉邦說：「那好，請他進來，我把他當作兄長看待。」

張良邀請項伯，劉邦設上酒席，熱情款待。劉邦對項伯說：「我進關以來，絲毫不敢有所舉動，大小事也不敢做主，只是等待項將軍。置備守城軍士，為了防備盜賊而已，哪裡敢與項將軍抗衡呢！還請兄長在項將軍面前解釋一二。」項伯答應了，並邀劉邦第二天到項羽營中說明情況。

然後，項伯連夜趕回楚營，把劉邦想法告訴項羽，並勸項羽不要攻打劉邦。項羽聽到劉邦如此恭敬，於是猶豫是否除掉劉邦。

⊙項莊舞劍

第二天一早，劉邦帶了百名騎兵來到鴻門，拜見項羽。劉邦握住項羽，一臉誠懇說：「我和將軍一起抗秦，將軍在河北作戰，我在河南，我之所以能夠先入關，完全仗了將軍的威勢。我入關後，一直期待將軍的到來。現在聽說有人挑撥將軍和我的關係，實在可氣！」

項羽一見劉邦卑躬屈膝，說得入情入理，一腔怒火早已不見，衝口就說：「都是你的左司馬曹無傷說的，不然我怎麼會這樣呢！」

接著，項羽大擺宴席，招待劉邦一行人。酒過三巡後，范增覺得時機到了，多次舉起玉珮示意項羽，讓他下令殺死劉邦，可是項羽卻總裝作沒看見。

范增十分著急，便從大帳出來，找到項羽的堂弟項莊，對他說：「將軍太過寬厚，你趕快進去祝壽，以舞劍的名義，找機會把劉邦殺死。」

鴻門宴 國畫

項莊就進入大帳，舉酒為劉邦祝壽。祝畢，項莊說：「軍中沒有甚麼娛樂，請允許舞劍以助酒興吧！」說完，項莊便拔出寶劍舞動起來。

項伯看出項莊意存不善，便起來說：「一個人舞劍沒意思，不如我們兩人對舞吧！」說著也拔出劍來，擋在劉邦身前。

張良見勢不妙，忙跑出軍門，對守衛帳外的樊噲說：「事情緊急！項莊舞劍，想殺沛公！」

樊噲一聽，一手拿劍，一手拿盾，闖入大帳裡。項羽一嚇，不由自主摸著劍柄問：「這是誰，要做甚麼？」張良忙說：「這是為沛公駕車的樊噲。」

項羽說：「倒是個壯士，賞碗酒！」樊噲接過酒一飲而盡。項羽又說：「再賞一隻豬肘子下酒。」樊噲把肉放在盾牌上，用劍切著就吃。

項羽看著樊噲吃相豪爽，就又問道：「壯士，還能喝酒嗎？」樊噲大聲說：「我死都不怕，還怕一杯酒麼？當初，秦朝暴烈，天下不安，懷王與諸侯約定，先入關者為關中王。沛公最早入關，卻專等大王到來。如此勞苦功高卻要加罪，這不是比秦還暴虐嗎？我真為將軍擔心啊！」一番話說的項羽無言以對。

氣氛漸有緩和，大家和氣喝酒。劉邦假意入廁，張良和樊噲也跟隨在後，並勸劉邦快回灞上。劉邦有些猶豫，說：「還沒有辭行，恐怕不好吧！」樊噲說：「做大事業的人不顧小節，現在他是案板和菜刀，我們就是魚，還告辭甚麼！」劉邦同意，便抄小道跑回大營。

張良計算劉邦快到灞上了，這才進營，說：「沛公酒喝過量，不能親自告辭，已經回去了，特讓我獻上一對白璧以謝大王，玉斗一雙送給亞父（項羽尊范增為「亞父」）。」

項羽接受了白璧，范增則極為生氣，把玉斗扔在地上用劍砍碎了，並歎息說：「項羽這小子，真是成事不足，敗事有餘！看來奪大王天下的人，肯定是劉邦了，我們都會成為他的俘虜！」

范增果然是位智者，這一時機錯過以後，項羽就輸掉了這場政治博弈。五年之後，力能拔山的項羽最終在烏江死去，演技卓越的劉邦成了漢朝的開國皇帝。

垓下悲歌

●時間：西元前二〇二年
●人物：項羽　韓信

垓下這個千古不朽的地名，因為西楚霸王項羽的死，憑添無盡的悲情和豪氣。十面埋伏，四面楚歌，霸王卸甲，英雄美人駿馬，多少故事悠悠。

⊙背盟突襲

項羽、劉邦相互攻殺，在滎陽（今河南滎陽東北古滎鎮）、成皋（今河南滎陽西北汜水鎮）兩年多，相持不下。漢四年（前二〇三年）八月，項羽腹背受敵，軍糧將盡，被迫與劉邦訂立和約，平分天下：以鴻溝（古運河名，位於今河南滎陽東）為界，東歸楚，西屬漢。

九月，項羽按約定引軍東歸，準備重整旗鼓。劉邦卻採納張良、陳平建議，撕毀鴻溝和約，乘項羽不備，突然對楚軍發動戰略追擊。劉邦率軍追到固陵（今河南淮陽西北），可是韓信、彭越的部隊沒有按約定日期會合，項羽又帶領楚軍殺了回來，把漢軍打得大敗。漢軍逃回營壘，深溝高壘堅守待援。

劉邦無奈，只好向張良求教：「諸侯不遵守約定，怎麼辦？」張良分析說：「楚軍快被打垮了，韓信、彭越和英布還沒有得到分封的地盤，所以觀望。如果能共分天下，他們就會立刻前來。」

於是劉邦把陳以東到海濱一帶封給韓信，睢陽以北到穀城封給彭越，把淮河以南都封給英布，促使這些大將出兵。

不久之後，韓信從齊地南下，占領楚都彭城（今江蘇徐州市）和今蘇北、皖北、豫東等廣大地區，兵鋒直指楚軍側背，彭越也從梁地西進，漢將劉賈會同英布，自下城父（今安徽亳縣城父集）北上，劉邦則率部出固陵東進，漢軍形成從南、北、西三面合圍楚軍之勢，項羽被迫向垓下（今安徽靈壁東南）退兵。

⊙四面楚歌

十二月，劉邦、韓信、劉賈、彭越、英布等各路漢軍，約計四十萬人，與十萬楚軍在垓下展開決戰。漢軍以韓信率軍居中，將軍孔熙為左翼，陳賀為右翼，劉邦率部跟進，將軍周勃斷後。韓信先詐敗，引兵後退，等項羽進入包圍圈後，突然命

彩繪捲雲紋漆盤　西漢

左、右翼軍合圍，在垓下將楚軍團團包圍。

項羽殘部退回垓下的營壘，漢軍包圍得如同鐵桶，項羽兵少糧盡，自知大勢已去。

一天深夜，聽到漢軍營中傳來陣陣楚歌，項羽大為吃驚，說：「難道漢軍已經取得了楚地？怎麼楚國人這麼多呢？」

楚軍將士和項羽一樣，也認為楚地已被漢軍占領，軍心渙散，許多人趁著黑夜離去，或者投降了漢軍。

項羽心中煩亂，輾轉難眠，在帳中飲酒。項羽最寵愛的美人虞姬因為深得項羽寵幸，當時也伴隨項羽身邊。項羽有一匹駿馬名為烏騅，神駿異常。項羽把馬牽到帳下，馬發出一聲嘶鳴，以為又要伴隨主人馳騁沙場。

項羽回想過去南征北戰的赫赫聲威，對比眼前眾叛親離的淒涼情景，慷慨悲歌，唱道：「力拔山兮氣蓋世，時不利兮騅不逝。騅不逝兮可奈何，虞兮虞兮奈若何！」

虞姬也和歌舞劍。項羽唱著不禁潸然淚下，左右隨從也都熱淚縱橫，沒人敢仰視項羽。虞姬為了不拖累霸王，歌罷自刎，與項羽永訣。

⊙率軍突圍

虞姬自刎後，項羽就跨上戰馬，率領八百壯士組成的騎兵隊，趁著夜色向南突出重圍，急馳逃走。天快亮的時候，漢軍發覺，劉邦命令大將灌嬰率領五千騎兵追擊。等項羽渡過淮河，手下的騎兵只剩百餘人了。

項羽走到陰陵（今安徽鳳陽西南），迷失了道路，向田間農夫問路，農夫騙他說：「向左。」項羽向左前進，結果陷入大沼澤地中，因此被漢軍追上。項羽又率軍向東突圍，到達東城（今安徽定遠東南）時，項羽身邊僅剩二十八騎。漢軍追擊的騎兵有幾千人。

項羽知道難以擺脫困境，就對身邊的騎兵說：「我自起兵到現在已經有八年了，身經七十餘戰，所有阻擋都被我攻破消滅，所有進攻的人都被我征服，未曾打過敗仗，可以說雄霸天下。如今我卻困在這裡，這是上天想要亡我，並不是仗打得不好。今天唯有決一死戰，我希望為各位痛痛快快打一仗，一定要連勝漢軍三次，幫助諸位突出重圍，斬殺敵將，砍斷漢軍的軍旗，好讓各位知道是上天要滅亡我項羽，不是我作戰不行。」

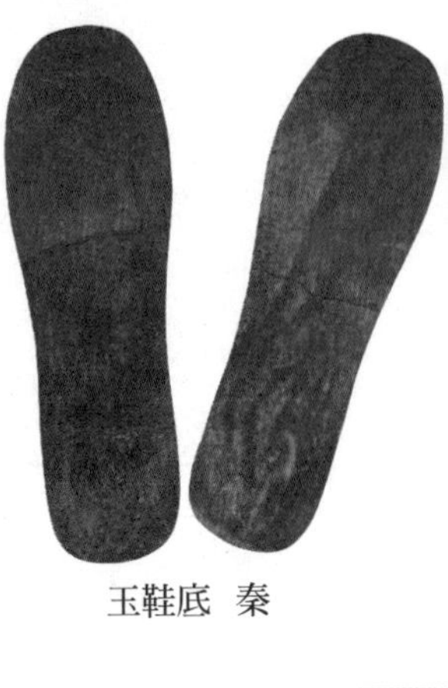

玉鞋底 秦

在漢軍層層包圍之下，項羽把二十八騎劃分成四隊，分別向四個方向突圍，約定衝到山的東邊，分三個地點會合。於是項羽呼嘯奔馳而下，漢軍都被殺得散亂後退。

這時候，郎中騎楊喜作為騎兵將領追擊項羽，項羽瞪著眼睛向他一聲怒吼，郎中騎連人帶馬嚇得躲出好幾里。

片刻之間，項羽就和騎士會聚成三處。漢軍不知項羽所在，於是兵分三路，重新包圍楚軍。

項羽在漢軍中縱橫衝殺，又斬殺了一名漢軍都尉，殺死了幾百名士卒，再次突出重圍，這時二十八騎僅損失了兩騎。

於是項羽對剩下的二十六騎說：「你們看怎麼樣？」騎士敬服說：「果真像大王說的。」

⊙烏江自刎

項羽帶著二十六騎又繼續向東南奔逃，想要渡過烏江。當時烏江亭長正把船划靠到岸邊等候項羽，對項羽說：「江東地區雖小，土地縱橫千里，民眾有幾十萬，也足夠成為一個王國了。希望大王快快渡江。現在只有我的渡船，漢軍到達，沒船可追。」

項羽大笑說道：「是上天要亡我。我為甚麼還要渡江呢！當年我曾帶江東八千名子弟兵渡江向西，如今沒有一人能夠回還，縱然江東父兄可憐我而擁立我為王，我又有甚麼臉面見到他們？縱使他們不說，難道我項羽就不心中慚愧嗎？」

於是對亭長說：「我知道您是一位長者。我騎的這匹馬有五年了，所向無敵，曾經日行千里，我不忍心殺掉牠，賞賜給您吧！」

這時，漢軍追兵趕到，項羽命令騎士全都下馬步行，手持短兵和漢軍交戰。項羽一個人獨自殺死的漢軍士卒有幾百人，身上也受了十幾處傷，血染征衣。

拚殺中，他回頭看見漢軍騎兵中的司馬呂馬童，說：「你難道不是我的故人嗎？」呂馬童審視他，指著他對王翳說：「這個人就是項羽。」

項羽就說：「我聽說漢王為購求我的人頭而出資千金，懸賞封萬戶侯，我把這個好處恩施給你吧！」說罷項羽揮劍自刎。

王翳割取了項羽的頭，其餘的漢軍騎士相互廝殺，爭奪項羽的屍身，自相殘殺的有幾十人。最終的結果是：郎中騎楊喜、騎司馬呂馬童、郎中呂勝、楊武各自奪得項羽的一部分屍身。五個人把所得的屍身合併一處，正好是項羽的全身。因此把懸賞的封地劃分為五份：封呂馬童為中水侯，王翳為杜衍侯，楊喜為赤泉侯，楊武為吳防侯，呂勝為涅陽侯。

項羽以八千子弟兵起家江東，成為秦末最具實力的武裝勢力，可是軍事上的才華無法掩蓋政治上失誤，他的成敗又豈是一句「天亡我也，非戰之罪」可以解釋的呢！

「漢併天下」瓦當

「漢併天下」瓦當是漢高祖劉邦為紀念戰勝項羽、統一天下、建立漢朝而作。漢代宮廷、官署使用的這種建築瓦當，多刻寫文字，並形成了一種獨具風格的瓦當文。

原中華書局古代編輯室主任 ■ 謝方編審

西元前二〇二～西元八年

西漢

漢代為漢高祖劉邦建立的中國第二個大一統的王朝。前期定都長安，又稱西漢、前漢，後期定都洛陽，又稱東漢、後漢。劉邦於秦末率義軍攻下咸陽，項羽封為「漢王」，又與項羽開展了長達四年多的「楚漢戰爭」。到漢五年（前二〇二年），垓下之戰取得了對項羽的決定性勝利，後即帝位，創立了漢朝，史稱西漢。

漢朝各種制度基本沿襲秦朝，但鑑於秦朝速亡，漢高祖廢秦苛法，實行與民休息政策，減輕租賦徭役，令軍吏士卒及流民各歸本土，給予田宅，有軍功的給予食邑封賞。又抑制富商大賈，限制商人的過度擴張。重新穩定統治秩序，恢復農業生產。

文帝和景帝繼續重視農業，輕徭薄賦，社會經濟從恢復走向發展，鹽、鐵等手工業及商業也漸有發展。

由於漢初大封諸侯王，地方諸侯王勢力膨脹，景帝時出現了「七國之亂」，平叛後諸侯王勢力大大削弱，逐漸走向中央集權制。

武帝是西漢的鼎盛時期，經濟繁榮，府庫充實。國家統一貨幣，鑄五銖錢，嚴禁私自鑄錢，鑄鐵業實行國家專營，實行均輸法、平準法，朝廷財政收入大增。

有了平穩的基礎，武帝採取了積極的對外政策。北方匈奴長期以來是中國主要邊患，武帝發動了三次戰役攻擊匈奴，使匈奴遠徙漠北，確保了河西走廊的安全。又在西北邊地屯田，修長城，築烽燧，並派張騫出使西域，打開了通往中亞的貿易通道。絲綢之路的開闢，大大促進了陸道上的中西文化交流。

武帝採用董仲舒建議，罷黜百家，獨尊儒

術，教授五經，使經學成為食祿的工具。又建立國家藏書庫，整理圖籍，發展文化事業。這一時期，傑出的史學家司馬遷寫下了中國第一部紀傳體通史《史記》。

昭帝、宣帝時，經濟持續發展，但已潛伏危機，出現外戚專政，豪強勢力增強，流民增多。

元帝以後，宦官外戚勢力更大，政治腐敗，社會問題尖銳化，地方糾紛不斷。

成帝時，太后的外戚王氏控制了政權，王氏兄弟四人和姪王莽相繼任大司馬、大將軍，家財億萬。

哀帝時，西漢王朝在地方亂事威脅下搖搖欲墜，王莽企圖用「再受命」的辦法解決危機，結果失勢。

平帝時，王莽復起，排除異己，樹立黨羽，收攬民心，籠絡儒生，準備篡位奪權。

平帝死，孺子嬰立，王莽居攝三年（西元八年），廢孺子嬰，自立為皇帝，改國號為「新」。西漢亡。

西漢是中華民族發展史上的一個重要時期，中華各民族的核心漢族，就是在這一時期出現的。自秦始皇統一中國後，原戰國時各國的文化便相互滲透融合。到西漢時，中華地區在典章制度、語言文字、文化教育、風俗習慣多方面都逐漸趨於統一，構成了共同的漢文化，從此中華地區各族就出現了統一的漢族。漢族和周邊各少數民族都是漢代中國多民族的成員，漢族由於文明程度較高，在各民族中一直處於主導地位。漢以後，歷代的朝代名稱雖有變換，但漢族作為中國主體民族的地位始終未變。

【功臣的宿命】

●時間：西漢初年

●人物：劉邦　呂后　韓信　彭越　黥布

「狡兔死，走狗烹；飛鳥盡，良弓藏；敵國破，謀臣亡」，也許真的就是開國功臣難以擺脫的宿命。把漢高祖劉邦扶上皇帝寶座的開國功臣，如韓信、彭越等，終不能免禍。

垓下決戰後，劉邦成為最終的勝利者，他於西元前二〇二年建立了漢朝，劉邦即位成為漢高祖。劉邦能登上天子寶座，一個重要原因就是能團結和任用了一批傑出的謀臣武將，為了讓他們拚死作戰，劉邦甚至不惜裂土封王。

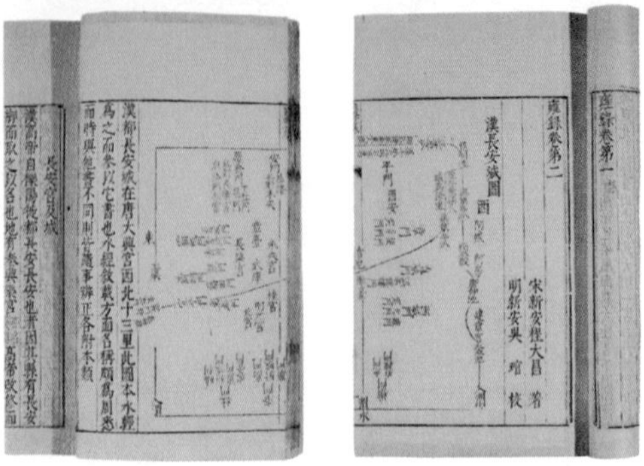

長安城圖　漢

宋代的程大昌（一一二三～一一九五年）著《雍錄》十卷，考證長安歷史地理沿革，共有地圖三十二幅，是現存最早的一部長安城歷史地圖集。

到了西漢初年，劉邦冊封的異姓王共有七個：楚王韓信、梁王彭越、淮南王黥布、趙王張耳、燕王臧荼、韓王信、衡山王（後改稱長沙王）吳芮。天下平定，劉邦開始後悔，覺得分封的代價太高，手握重兵的異姓王，簡直就是江山的隱憂，需想個法子解決。

⊙優柔寡斷

劉邦首先向兵力最多、功勞最大的楚王韓信開刀。韓信原是項羽部下，在漢弱楚強的形勢下，韓信背楚助漢，求賢若渴的劉邦拜為上將。韓信率領大軍奪取井陘（今河北石家莊西北），俘虜趙王，攻占了趙國。又以聲威鎮服燕國，平定安撫齊國，向南擊潰楚國軍隊二十萬，向東殺死楚將龍且。垓下十面埋伏，更是徹底消滅了項羽。連劉邦都誇讚韓信「統百萬之軍，戰必勝，攻必取」，為打敗項羽立下了不世之功。可是天下安定了，國內還有手握重兵的王爺悍將，實在讓劉邦如同芒刺在背，寢食難安。

其實，韓信對劉邦非常忠心。楚漢戰爭最艱苦的時候，韓信就是劉、項爭奪天下最重要的籌碼，韓信忠於劉邦，天下就是劉邦的，韓信倒向項羽，天下十有八九就姓了項。

為了拉攏韓信，項羽特意派謀士武涉策反韓信。武涉鼓動三寸不爛之舌，反覆陳說劉邦是無常的小人，即使將軍賣命作戰，最終難逃不幸。一旦消滅項王，下一個就是韓信了。武涉力勸韓信與楚聯合，三分天下自立為王，韓信卻感念劉邦的知遇之恩，拒絕了武涉的鼓動。

垂頭喪氣的武涉剛走，齊國人蒯通又來，以看相名義規勸韓信。蒯通說：「看您的面相，頂多也就是封侯的命，而且還要遭遇很多危險。而看您的背相，顯貴而不可言。」韓信一頭霧水，問道：「這話是甚麼意思呢？」

蒯通為分析了天下形勢，也勸韓信與劉、項三分天下，鼎足而立。可是蒯通還是沒有打動韓信，蒯通心急說：「古時候大夫文種、范蠡輔佐句踐稱霸諸侯，事成之後，文種被迫自殺，范蠡亡走天涯。以忠誠信義而論，您和漢王的交情仍比不上文種、范蠡與越王句踐。況且我聽說『勇略震主者身危，而功蓋天下者不賞』，您功高震主，處境實在太危險了。」

韓信猶豫再三，還是不忍心背叛劉邦，謝絕了蒯通。蒯通的規勸無用，從此只好假裝瘋癲以避禍。韓信怎麼也想不到，時隔不久，蒯通的話就應驗了。

⊙雲夢被擒

高祖六年（前二〇一年）十月，有人上書告韓信造反。這個消息讓朝廷頓時驚慌，大將紛紛表示應該出兵征討韓信。劉邦非常清楚，和韓信開戰不可能獲勝。這個時候，智謀多端的謀士陳平出了個主意，讓劉邦假意到雲夢澤（今洞庭湖）巡視，路上召見韓信，伺機擒拿。

劉邦快到韓信的封國——楚國的時候，韓信也懷疑劉邦真實目的，可是又覺得沒有過錯，猶豫不決。當時，項羽的將領鍾離眛正藏在韓信府內，有人說皇上痛恨鍾離眛，若獻給皇上，皇上一定高興。韓信也就不顧鍾離眛曾有救命之恩，告訴鍾離眛。鍾離眛恨恨說道：「你太不厚道！今

錯金博山爐　西漢

爐高二十六公分，出土於河北滿城陵山中山靖王劉勝墓中。爐下設圈足，爐柄鏤雕成三條騰出波濤的龍，以頭托承爐身。爐身上部和爐蓋合成層層上疊的重重峰巒，點綴樹木，神獸、虎、豹出沒其間，還有肩負弓弩追逐野豬的獵手，以及一些體態靈活的猴子，或高踞峰頂，或戲騎獸背，為作品增加了生趣。全爐紋飾均錯金，線條勁健流暢，粗細間有，細的近於髮絲，工藝極為精湛。

天我死，明天就輪到你了。」說完刎頸自殺。

韓信拿著好友的人頭，迎接劉邦。可是劉邦怎麼會放過這麼好的機會，他假意氣憤說：「有人告發你謀反，事情敗露了，你才自首，已經太晚了。」說完就命令武士捆綁韓信，押進囚車。

韓信長歎道：「果真像蒯通說的，現在天下已經平定，我這樣的人也早就該烹殺了。」

劉邦將韓信押解到洛陽，但又沒有明確的證據，便釋放了，但把韓信的爵位降成了淮陰侯。

韓信知道劉邦畏忌，常常託病不參加朝見，在家悶悶不樂，為與周勃、灌嬰等大臣同等地位感到羞恥。

一次韓信拜訪將軍樊噲，樊噲跪拜送迎，自稱臣子，說：「大王今天怎麼想光臨我家？」韓信出門後笑著說：「我這輩子竟然和樊噲這般人為伍了。」

樊噲也是劉邦的救命恩人，是皇后呂氏的妹夫，對韓信畢恭畢敬，卻先是不屑，後是出言譏諷，可見韓信居功自傲，四處樹敵，招來殺身之禍只是早晚的事。

高祖十一年（前一九六年），有人告發韓信與陳豨通謀欲反。呂后採用了蕭何的主意，將韓信誘騙入宮，最後在長樂宮的鐘室殺掉了韓信。

韓信臨死前說：「我後悔沒有聽從蒯通的計謀，以至於被婦女小子所欺騙，難道不是天意嗎？」隨後，誅殺韓信的三族。

彩繪陶指揮俑 西漢

泥質灰陶。此俑造型比例適中，形神兼備，神態威嚴，彩繪鮮豔，陶塑技法很高，成功塑造出一個沉著機敏的年輕指揮官形象。

⊙誅殺彭越

韓信死後，就輪到了梁王彭越。劉邦率軍親征造反的陳豨時，曾命彭越出兵。彭越沒親自帶兵，推說有病，命部下率領軍隊助陣。因此，劉邦很不高興，對彭越起了疑心。

這時又有告發彭越謀反，劉邦非常生氣，立即突襲彭越的駐地，擒拿了彭越。但是查無實據，劉邦只好將彭越廢為平民，押解到蜀地。

押解路上，彭越遇到了呂后，向她哭訴絕對沒有造反，並且要求搬回老家。呂后也是權力高手，比劉邦更加狠辣，裝作同情，答應向劉邦說好話，把彭越帶回了洛陽。彭越以為有了救星，感激萬分。

可是呂后一到洛陽，就在劉邦面前說彭越是個壯士，與其讓他心懷不滿處於江湖之間，不如斬草除根。劉邦動心，判彭越腰斬之刑，並滅三族。

劉邦殺了彭越之後，為了威脅警告其他將領和功臣，竟將彭越的屍體剁成肉醬，分賜各諸侯和功臣。單論殘忍，劉邦實在不比秦始皇差。

⊙最後掙扎

彭越死後，西漢的開國功臣更加膽戰心驚。同年七月，在收到彭越的肉餡之後，淮南王黥布自知難免一死，便起兵造反。黥布原來也是項羽大將，勇武過人，先後擊敗了荊王劉賈和楚王劉交的大軍。

劉邦不顧年老體弱，親自率領大軍前來平叛。雙方在淮河邊的壁庸城附近對陣，劉邦質問黥布造反原因，黥布心道還不是逼的嗎？不再廢話，直截回答說：「我想當皇帝！」

劉邦大怒，於是雙方展開大戰。黥布軍在數倍的漢軍面前漸感不支，兵敗逃至江南，後被長沙王誘殺。

石寨山型銅鼓　西漢

燕王盧綰是劉邦的同鄉，與劉邦同年同月同日生，盧、劉兩家更是世交，自劉邦浪跡市井之時，就成了患難與共的朋友。劉邦起兵後，盧綰一直是劉邦的親信心腹，燕王臧荼造反被滅之後，劉邦就封盧綰當了新的燕王。

在劉邦的大將樊噲最終平定陳豨之後，又有人告發陳豨和盧綰勾結。這時的盧綰對韓信、彭越的死也是心驚肉跳，無奈之下只好逃亡匈奴。

趙王張耳本是劉邦的女婿，劉邦以涉嫌謀反的罪名廢除王位，貶為宣平侯。

在漢朝建立的短短七年之內，除了地處偏遠南方而勢力弱小的長沙王吳芮以外，劉邦利用各種藉口，將所有異姓諸侯王相繼剷除。最後，為了確保漢朝萬世江山都是劉姓一家天下，劉邦宰殺白馬，與群臣歃血為盟：從今以後，非劉姓者不能稱王，若違背此約，天下可共起而擊之！劉邦終於用他鋒利的屠刀，解決了功臣的問題，可以安心傳位給子孫後世了。

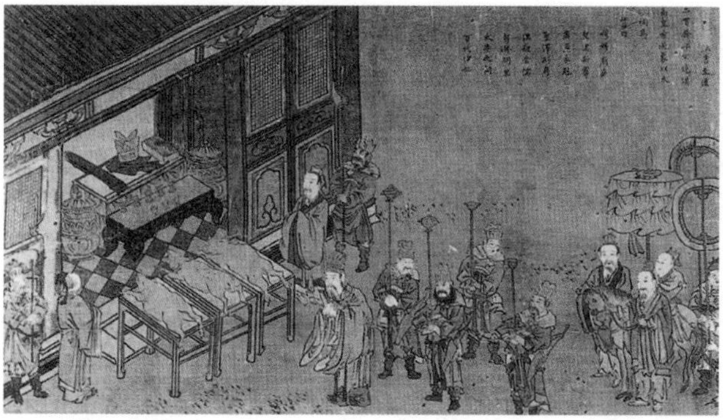

《劉邦祭孔圖》

高祖十二年（前一九五年），漢高祖劉邦經過魯地，開皇帝祭孔的先河。

蕭規曹隨

●時間：西漢初年
●人物：曹參　蕭何　漢惠帝

俗話說「新官上任三把火」，新上任的官員總要有所革新，有所建樹，才能展現自己的才能。可是西漢的第二任相國曹參卻反其道而行，仍舊遵循前任相國蕭何所定的法令制度行事，用無為而治的方法把國家治理得井井有條。蕭規曹隨，堪稱西漢初年的一段佳話。

⊙繼任相國

漢惠帝二年（前一九三年），老相國蕭何去世。平陽侯曹參此時在齊國任丞相，聽到消息後，就讓家人整理行裝，說：「我要入朝當相國了。」沒過多久，朝廷果然召來曹參。

曹參和蕭何都是沛縣人，在追隨劉邦之前，兩人都在縣裡當佐官，彼此關係很好。

劉邦統一天下之後，分封功臣，因為功臣太多，爭論了一年多也不能平息，最後劉邦大筆一揮，定蕭何為第一功臣。其他文臣武將心都不服，以為披堅執銳，攻城掠地，而蕭何只是舞文弄墨，在後方指手畫腳，怎能排在首位呢？

劉邦就問：「諸位懂得打獵嗎？」群臣回答：「懂得。」劉邦說：「打獵時，追咬野獸的是獵狗，但發現野獸蹤跡，指出野獸所在地方的是獵人。現在各位只是屬於追殺野獸的，是功狗；至於蕭何，發現蹤跡，指示進攻方向，是功人。」於是眾人無話可說。

到了封賞次序的時候，劉邦還是想把蕭何排在第一位。群臣就把曹參抬出來說：「平陽侯曹參身受七十處創傷，攻城略地，功勞最多，應該優先獎賞。」

也有向著蕭何的大臣說：「曹參雖然有轉戰各處、奪取地盤的一時之功，但蕭何一直保全關中，支援前方，這是萬世不朽的功勳。即使失去一百個曹參，漢室也不會受到致命的損失，而少了一個蕭何，我們今天就不能站在大殿裡了。應該是蕭何排第一位。」

話正合劉邦心意，於是蕭何第一個封賞，接下來才是曹參。曹參當時肯定在場，列為功狗也就罷了，可是一百個曹參也抵不了一個蕭何，曹參的尷尬不用言表。

犀牛尊　西漢

尊高三十四．一公分，長五十八．一公分，陝西興平豆馬村出土。犀牛形像極為寫實，鼻生雙角，小耳圓眼，昂首挺立。在背上開口，裝有可啓合的蓋，體腔中空，可容酒漿。

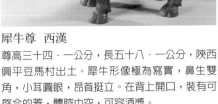

此後，原來無話不說的蕭、曹兩人，有了很深的隔閡。可是蕭何臨終時向惠帝推薦的相國人選卻是曹參，這位大政治家的胸懷果然非同凡響。

⊙無為而治

曹參上任之後，原該全盤推翻蕭何立下的制度，為自己出口氣吧？可是恰恰相反，只要蕭何立下的法度規範，曹參沒有任何變更，一概遵循蕭何的舊法。此外，曹參從各郡和諸侯王國的官員中，挑選了一批不善辭令但穩重忠厚的人，擔任丞相的屬吏。斥退了言語文字苛求細枝末節，一味追求聲譽的官員。

漢殿論功圖　明

此圖取材於「漢殿論功」的典故。全圖用精謹的筆法描繪植滿奇花珍木的宮院裡，漢高祖劉邦端坐於巨大屏風前，威嚴的武士守候一側，大臣進諫聽朝，井然有序。

在相府中，曹參常常不分日夜暢飲美酒，卿大夫以下的官吏和賓客看到曹參不理政事，都想勸他。可是一到相府，曹參立即美酒相待，直到客人醉後離去，始終沒有勸諫機會。

曹參這種做法，惠帝很不理解，暗地埋怨曹相國不理政事，以為相國看不起自己。曹參的兒子曹窋官居中大夫，惠帝就對曹窋說：「你回家後，試著替我問：『高帝剛剛辭世，新皇又很年輕，您身為相國，整天喝酒，遇事也不向皇上請示報告，怎麼管理國家大事呢？』但不要說明是我問的。」

曹窋回家，閒聊時把惠帝的意思規勸曹參。曹參聽了大怒，狠狠打了曹窋一頓板子，說：「快點兒進宮侍奉皇上，國家大事不是你該管的。」

第二天上朝，惠帝責備曹參說：「為甚麼要懲治曹窋？那是我讓他規勸的。」

曹參聽了，趕緊脫帽謝罪，問惠帝：「陛下覺得，論聖明英武，您和高帝誰強？」惠帝說：「我怎麼敢跟先帝相比呢！」曹參說：「陛下看我和蕭何比，誰更賢能？」惠帝微笑著說：「您好像不如蕭何。」

曹參說：「陛下說的很對。高帝與蕭何平定了天下，法令已經明確，如今陛下垂衣拱手，我等謹守職責，遵循原有的法度，不隨意更改，不就行了嗎？」惠帝這才明白了曹參的用心，釋去了心中的疑問。

曹參做了三年相國，病死任上。曹參死了以後，諡為懿侯，曹參的兒子曹窋襲了侯爵。百姓歌頌曹參的事蹟說：「蕭何制定法令，明確劃一。曹參接替蕭何為相，遵守蕭何制定的法度而不改變。曹參施行清淨無為的做法，百姓因而得以安寧。」

【呂后稱制】

●時間：西元前一九五～前一八〇年
●人物：呂雉

上下五千年，男性最高統治者數不勝數，而女性主宰者卻寥寥無幾。正因為如此，才凸顯了呂后的不尋常。呂后先後掌權達十六年，擁立了惠帝、少帝，是中國歷史上三大女性統治者的第一個。

漢代貴族婦女擁有較高的社會地位，社會生活中有較大影響。漢宣帝時，大臣王吉曾上疏評論政治得失，認為「使男事女，夫拙於婦，逆陰陽之位，故多女亂」，將所謂的「女亂」即政治生活中婦女專權現象的原因，歸結為社會中女子地位尊貴的現象。

⊙太子保位

呂后專權可以算是當時後宮專權的一個典型例子。呂后，姓呂名雉，是高祖劉邦的結髮妻子。為人剛強堅毅，政治手段狠辣，和劉邦曾經同生死，共患難，輔佐劉邦奪取天下，建漢後誅殺韓信、彭越等大臣時都曾積極參與。

呂后生有一個皇子和一個公主，皇子名叫劉盈，依照立嫡的傳統冊立為了太子。劉盈天性仁厚，沒有劉邦的狠辣和奸詐，雖然立為太子，但不得劉邦歡心。

在眾多的姬妾中，劉邦最寵愛的是戚夫人。戚夫人也是個有心計的女人，知道眼前幸福雖然享用不盡，但日後一旦劉邦離世，太子劉盈即位，厲害的呂后豈能放過？於是，戚夫人就跟隨高祖南征北戰，日夜侍從左右，憑著劉邦的寵愛，哭鬧要求劉邦改立兒子如意為太子。

劉邦這麼鬧騰，就答應先封如意為趙王。可是蕭何、張良為首的大臣都屬意仁厚的劉盈，極力諍諫，劉盈才勉強保住了太子的位置。

⊙「人彘」的由來

高祖十二年（前一九五年），劉邦逝於長安長樂宮，太子劉盈繼位，即漢惠帝。懦弱的兒子當了皇帝，呂后總算出頭了。呂后囚禁戚夫人，同時召趙王如意進京。

趙相建平侯周昌對使者說：「高帝託付趙王，趙王年齡還小。聽說太

銀女坐俑　西漢

此俑為一女奴，上身挺直，雙膝著地，《史記》稱為「跽」，是一種合乎傳統禮制的坐法。膝前有圓形筒，雙手原應握有燈桿之類的器物。銀俑髮髻上綰，表現出沉默拘謹的神情。俑多為陶質，銅、鉛製作的尚不多見，像此件比例適度、製作精緻的銀製品則更為珍貴。

長信宮燈　西漢

燈高四十八公分，出土於中山靖王劉勝妻子竇綰墓中。燈的外貌是一位端坐的宮女，她左手持燈盤，右臂上舉，使袖口下垂形成燈罩，燈盤中心有燭釬，又在側旁附有短柄可以隨意轉動，並在盤上安有兩片弧形屏板可以推動開合，以調節燈光亮度和照射方向。宮女體內是空腔，燈燭燃燒後的煙氣灰炱通過她的右袖和右臂而容納體腔內，以保持室內清潔。燈座、燈盤、屏板、燈罩及宮女頭部都能拆開，便於清除煙灰和擦洗。宮女的面相頗為生動傳神，有人認為她那端莊的外貌掩遮下透露出一絲少女的哀怨，也有人以為那只是呈現出專心執燈侍奉的恭敬神情。又由於通體鎏金，更增華貴之姿。

后怨恨戚夫人，我不敢遣送趙王。況且趙王病了，不能奉詔前往。」

呂后大怒，就先召周昌到都城長安，然後再召趙王。趙王不得不來，可是本性善良的惠帝顧念手足情誼，親自到灞上迎接趙王，伴同回到宮中，一起飲食，一同起居。呂后想要殺害趙王，卻得不到機會。

惠帝元年（前一九四年）十二月的一天清晨，惠帝出門打獵。趙王如意年紀小，惠帝就沒叫醒弟弟，獨自打獵。呂后得知趙王單獨留在宮中，便以毒酒逼趙王喝下。等到惠帝回到宮中，趙王已經毒死了。惠帝撫著弟弟的屍體號啕大哭，充滿了失望又無可奈何。

呂后除掉趙王後，並沒有罷手，命人砍斷了戚夫人的手腳，挖去眼睛，薰聾耳朵，灌了啞藥，置於廁所，呼為「人彘」（即豬的意思），呂后堆積了多年的怨恨徹底發洩出來。

幾天後，呂后叫惠帝前往觀看。惠帝看到這般情景，嚇得心驚膽戰，得知這就是昔日的戚夫人，當場大哭。

惠帝受了這場驚嚇，得了一場大病，他不願再見母親，間接向呂后說：「這不是人的行為，我作為太后的兒子，再也無臉治理天下了。」

惠帝從此飲酒作樂，放縱無度，不問朝政。

⊙呂氏封王

惠帝七年（前一八八年）八月，滿心怨憤的惠帝去世。呂后立張皇后的養子為帝，稱為少帝，呂后臨朝稱制。張皇后就是惠帝姐姐魯元的女兒，嫁給親舅舅的皇后沒有兒子，呂后便將後宮妃子的小孩認作皇后所生。

呂后大權在握，立即召集大臣商議，預備立呂姓家人為王。呂后先問右丞相王陵，執拗倔強的王陵高聲回答：「高帝曾殺白馬，和大臣立下誓約：『非劉氏而王，天下共擊之。』現在如果封呂氏為王，便違背誓約。」

呂后很不高興，又問右丞相陳平和絳侯周勃。陳平、周勃異口同聲回答：「高帝平定天下，封劉氏子弟為王。如今太后代行天子之職，封呂氏諸兄弟為王，未嘗不可。」呂后大喜。

下了朝堂，王陵揪著陳平、周勃的衣袖，責備說：「當初和高帝歃血盟誓時，你們難道不在嗎？如今高帝去世，太后臨朝執政，卻要封呂氏子弟為王。你們竟然縱容她的私慾，迎合她的心願，違背與高帝立下的誓約，將來還能見高帝於黃泉之下嗎？」

玉角形杯　西漢

陳平、周勃則笑著說：「如今朝廷上當面反駁，據理力爭，我們比不上。但要保全大漢天下，安定劉氏後代，您比不上我們。」王陵便沒再爭辯。

不久，呂后讓王陵回鄉養老，以親信審食其為左丞相，控制朝政。之後，呂后先將劉家有功勳的人封為王侯，以緩和劉氏家族對呂氏的對立情緒。然後就大封呂氏家族，呂臺、呂產、呂祿、呂通等六人列為王侯。同時，呂后陸續害死了劉氏諸王中的趙王劉友、燕靈王劉建，劉氏和呂氏從此結下深仇。

⊙毒殺少帝

經過呂后的苦心經營，呂氏的勢力已經盤根錯節，從中央伸到地方，牢牢控制了國家的命脈。在地方上，呂家男子占據了各級官吏的位置，呂氏女子透過聯姻，監視並控制著丈夫。在中央，全國最重要的兩支軍隊——南軍、北軍掌握在呂家手中。這兩支軍隊是京師的衛戍部隊，就等於把滿朝文武掌握手中。

薰爐　西漢
將香藥置於薰爐中燃燒，所發出的香氣可淨化空氣，殺滅空氣中的細菌，有一定的預防疾病作用。

這時漢少帝慢慢懂事了，偶然聽人說起身世，童言無忌的少帝便說：「皇后怎麼能殺死我的母親，卻把我說成是自己的兒子呢？等我長大後，她怎麼對待我母親，我就怎麼對待她。」

呂后聽到後害怕少帝報復，就囚禁在永巷宮中，聲稱得了重病，不讓大臣見到。呂后又以小皇帝神志昏亂，不能治理天下為名義，想立新君。群臣哪敢異議。

高后四年（前一八四年），呂后殺

了少帝，另立常山王劉義為少帝，改名為劉弘。

殺了少帝後，呂后越加信任家族，封姪子呂產為梁王，把原梁王劉恢改封為趙王。當時無論是人口、土地，還是財富，梁國都遠勝一片凋零的趙國，梁王劉恢十分不滿，又不敢反抗，只得含恨搬到了趙國。

呂后為了緩和情緒，就把呂產的女兒嫁給劉恢，作了趙王妃。這位新任趙王妃很有呂后的風采，不但欺壓劉恢，並任意虐殺劉恢的姬妾。老實的劉恢無法保護心愛的女人，就寫了幾首詩歌，譜曲之後讓樂工試唱。不知道是歌詞悽慘，還是樂工唱得哀怨，劉恢忽然拔劍自殺了。

呂后知道後非常生氣，就奪了劉恢子孫的王爵。

跪式甲俑　西漢

西漢軍服主要有冠、幘類、袍類、鎧甲類。武官戴冠，士兵以布束髮，稱幘。均穿緊身窄袍，足蹬靴。鐵甲稱作「玄甲」，並由札甲向魚鱗甲發展。西漢跪式甲俑，為徐州獅子山出土，頭戴風冑，內穿長袍，外罩甲衣。

⊙呂后病死

高后八年（前一八〇年）三月，呂后在長安城外舉行祭天儀式，祈求國泰民安，呂氏永享富貴。從祭壇回宮的路上，朦朧中呂后看到一條黑狗撞到了腋下，轉眼就不見了。強悍的呂后連忙找人占卜，可能卦師也對呂后不滿，就說是趙王如意的鬼魂作祟。儘管呂后強悍，可是鬼魂還是讓她害怕。驚嚇之後，呂后就得了重病。

七月中旬，呂后病情嚴重。為了保護呂氏家族的富貴，病中的呂后任命趙王呂祿為上將軍，掌控北軍，呂產掌握南軍。

呂后在病床上喘息著告訴二呂說：「高皇帝和大臣約定『非劉氏王者，天下共擊之』。現在我們呂氏一族封王無數，大臣肯定有怨氣。我死了之後，皇帝仍小，你們要以兵馬守衛皇宮，不要送葬，以免大臣作亂。」不久，呂后就病死宮中。

漢高祖死後，呂后執掌朝政十六年，臨朝稱制八年。為了加強呂氏統治，不惜殘害高祖後代，殘殺開國功臣，釀成諸呂之亂，幾乎斷送了劉氏天下。但不可否認，呂后在社會經濟方面仍奉行黃老無為的思想，與民休養生息，鼓勵耕織。因此社會安定，經濟生產得到了恢復。

呂后在世時，沒有人敢抗衡，也沒有人能抗衡。可是呂后歸天，周勃、陳平等人就起兵發難，誅殺諸呂，呂氏徹底滅族，恐怕是呂后始料不及的。

周勃安劉

●時間：西元前一八〇年
●人物：周勃　陳平　漢文帝

周勃在西漢政權生死存亡的關鍵時刻，挺身而出，聯合大臣陳平，誅滅心懷不軌的呂氏一族，捍衛了劉氏江山，可說是立下了蓋世奇功。更難能可貴的是周勃有自知之明，不貪圖權位，主動把相位讓給了政治才能更卓越的陳平，讓西漢政權得以鞏固和發展。

⊙剷滅諸呂

漢高后八年（前一八〇年）七月，呂后病死，遺詔任命呂產為相國，封呂祿的女兒為皇后。諸呂依照呂后遺言，把持南、北二軍，占據宮殿，挾天子以令諸侯，獨攬大權。

早就防備呂氏作亂的太尉周勃與右丞相陳平，已經暗中聯絡，準備聯合反呂。

彩繪四神陶壺　西漢

雖然周勃任太尉之職，但是沒有權力發兵。為了奪取兵權，周勃與陳平合謀劫持了呂后寵信的大臣酈寄的父親，脅迫酈寄誘使呂祿把軍權交給周勃。酈寄對呂祿動之以情，曉之以理，勸呂祿避禍自保，交出兵權。呂祿本是個無能之輩，思慮再三，就把兵符、將印全都交給周勃。

周勃佩帶將印，手持兵符，闖入北軍軍門，振臂一呼：「為呂氏右袒，為劉氏左袒！」當時的風俗有罪等待發落才袒露右臂，漢軍將士全都袒露左臂，擁護劉氏，周勃順利控制了精銳的北軍。

但是南軍還在呂產手中，為了避免戰鬥，周勃派人守住南軍軍門，命令曹窋通知未央宮衛官：「不准放相國呂產進入殿門。」呂產不知道呂祿已離開北軍，進入未央宮時被衛官攔在殿門外。呂產一時不知所措，在殿外徘徊不定。

周勃得到報告，命令軍隊迅速進入未央宮，殺死呂產諸人。隨後，分頭把呂氏男女全部抓來，誅滅全族。

在周勃、陳平主持下，驅逐呂后所立的小皇帝，擁戴代王劉恆為帝，是為漢文帝。

當劉邦臨死前，呂后問起朝廷人事安排。劉邦就提到陳平、周勃，說陳平智慧有餘，然而難以獨自擔當重任，周勃深沉厚道，缺少文才，但是安定劉氏天下的一定是周勃。果不其然，最後是陳平和周勃合謀，保全了劉氏，卻滅絕了呂后家人。

⊙辭去相位

光復劉氏政權後，漢文帝特別看重周勃，覺得周勃指揮得力，祖先的江山才得以保全。陳平是聰明人，主動要求辭去宰相一職，對文帝說：「高祖皇帝開國，周勃功不如臣，所以臣做宰相。今誅殺呂氏，臣功不如周勃，願將右丞相一職讓於周勃。」

文帝於是任命周勃為右丞相（正相），賜給黃金五千斤，食邑一萬戶。改任陳平為左丞相（副相），賞賜黃金千斤，封戶三千。

一天，文帝向周勃問起，國家一年有多少起案子。周勃向文帝謝罪，說實在不知。文帝又問一年錢糧收入支出多少，周勃又謝罪直說不知。

文帝回頭問陳平，陳平也不知詳細，說：「兩事各有專職官員負責，陛下不必問臣。」文帝問何人專管？陳平回答說：「陛下若問國家一年審結案件多少，請問廷尉。錢糧出入，請問治粟內史便可！」

文帝不高興了，就說：「這麼說來，凡事都各有主管官，那你又做甚麼事？」陳平說：「我就專門管那些大臣。陛下不嫌棄我愚鈍，讓我擔任這麼重要的職位，宰相的職責是上佐天子，理陰陽，順四時，下撫萬民，外鎮四方諸侯，內使卿大夫各盡職守，奉公守法，做的都是大事啊！」文帝聽後點頭稱贊。周勃見陳平對答如流，自知才能不如陳平，更覺慚愧。

退朝後，周勃對門客談起此事，門客說：「您誅殺呂氏，立皇帝，功勞太大，時間一長，早晚得有災禍。」

周勃於是上書稱病，辭去右丞相。文帝批准，專任陳平為相。

陳平獨任宰相數月，患病謝世，文帝又起用周勃為相。可見當時除周勃外，陳平一職卻也無人能替。

經過一年多，周勃就捲入皇室兄弟封王一事，成為皇室內部權力爭奪的犧牲品。為了讓周勃安然引退，文帝溫和說：「前些天我下令讓列侯回到封地，多人還未動身。丞相是我最器重的人，希望能帶頭作為榜樣！」於是免去周勃的相位，回到封地。

後來，文帝每與大臣談起周勃，都說周勃是忠厚長者，一心做事，只是拙於言辭，功勞與陳平相當，兩人各有所長。

鎏金銀銅竹節柄薰爐

陝西興平縣茂陵一號無名塚出土，通高五十八公分，口徑九公分。

八龍紋金帶扣　西漢

在薄金片上壓製出八條形態各異的龍。其中以一條龍為主紋，龍體起伏蟠繞於全器，四周圍以七條小龍。龍身上的花紋及水波紋由纖細如髮的金絲焊接而成，其間嵌以極細小的金珠，龍身多處鑲嵌綠松石。帶扣的四周亦用金絲圍邊。八條龍游動自如，栩栩如生。

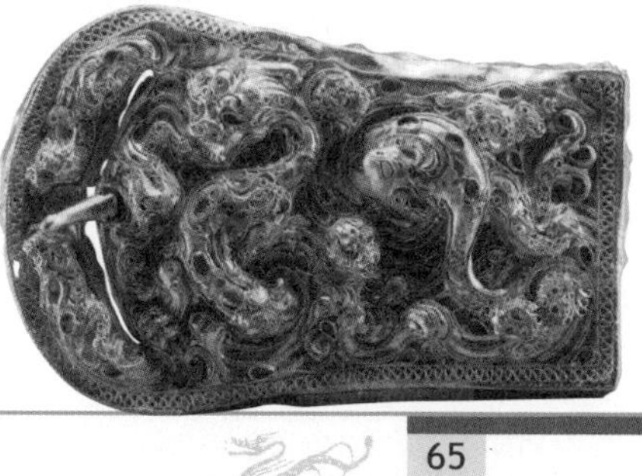

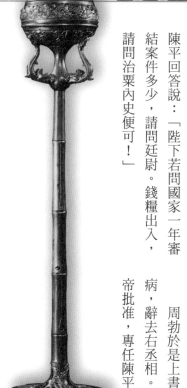

文景之治

●時間：西漢初期
●人物：漢文帝　漢景帝

經過長期的休養生息政策，漢朝建立初期凋敝的經濟形勢，在呂后執政期間逐漸恢復。到漢文帝、景帝在位時，朝廷又推行了一系列輕徭薄賦、獎勵生產的政策，整個社會經濟走向繁榮，出現了安居樂業的局面，史稱「文景之治」。

⊙經濟恢復

秦朝十五年的殘酷統治，和秦末戰爭的巨大破壞，造成了整個社會經濟癱瘓。漢朝建立之初，面臨的是一個內外交困的局面，全國人口死亡大半，農民大量逃離鄉里，成為流民或者奴僕，土地多數拋荒。糧食供應短缺，每石糧食高到四五千錢，地方甚至出現了「人食人」的慘景。社會財富極其缺乏，連天子出行的馬車，也無法配齊四匹顏色一樣的馬，整個國家的經濟形勢非常嚴峻。

漢高祖劉邦建立漢朝之初，就定下十五稅一的輕稅率，大力發展農業生產。劉邦死後呂后執政，雖然政權爭奪，但百姓並沒受到影響，在黃老無為之治的施政下，天下安然無事，社會經濟漸漸恢復。

到前元元年（前一七九年）文帝即位時，整個社會經濟基本上已經從秦末戰亂中恢復，一切為文景時代經濟的繁榮建立了良好基礎。

⊙文帝仁政

文帝是漢高祖的庶子，不受父親寵愛，安排到北方偏遠的代地邊境為王。高祖死後，呂后不斷藉機誅殺劉氏諸王，以便轉移劉氏諸王的封國給呂氏親屬。代國地處偏遠荒涼，沒有受到呂氏覬覦，文帝得以保全了性命和封地。

呂后死後，大臣陳平、周勃起兵誅滅呂氏，廢掉呂氏所立的少帝，迎立文帝即位。在偏遠荒涼的代國當了十六年代國王，文帝得以回到長安。文帝深知皇位得來不易，即位之後兢兢業業力行仁政，不敢有絲毫懈怠。

前元元年（前一七九年）三月起，文帝連續下詔督促地方官員勸課農

三羊盤　西漢

桑，減輕農民負擔。

文帝十二年（前一六八年）春耕時節，文帝親自到京城籍田舉行耕田儀式，向天下表示發展農業的決心。在朝廷的大力鼓勵下，糧食問題逐漸紓解，糧價大大降低，最低時一石只需十餘錢，僅是西漢開國時期的幾百分之一。糧食生產的發展也帶來了財政收入的大增，公家倉庫存滿糧食的情況下，漢文帝於十二年（前一六八年）下詔減免全國田賦一半，次年更進一步免去全部田賦。

見日之光透光鏡　西漢

文帝一生儉約自任，在位二十三年，全國物質財富不斷增加，唯一不變的是文帝的物品，無論宮室，苑囿，車馬，服御，沒有絲毫增加。文帝曾想修建露臺，工匠核計開銷，需要一百兩黃金，但文帝認為已是中等人家一年的開銷，還是沒捨得修建。文帝對錦衣華服也是避而遠之，平日只穿黑色粗厚布衣，寵愛的慎夫人身穿的長裙裙裾短得拖不到地上，在以長裙為美的漢代極為不易。

⊙盛世景象

文帝去世後，景帝即位。景帝的自律遠不如文帝，在位時大造苑囿，多養廄馬，宮殿、列觀、車馬等也大量增修。

景帝對待百姓，仍堅持文帝時的輕徭薄賦方針，不失為守成之主。景帝將十五稅一的農田稅率減為三十稅一，加上景帝時匈奴外患緩解，七國之亂掃平後，整個國家的政局趨向穩定，國家進入了經濟繁榮期，社會出現了一片昇平景象。

當時社會安定，百姓人人豐足，地方糧倉堆得滿滿，少府倉庫還有許多布帛等貨材。京城積聚的錢幣千千萬萬，長期擱置不動，以致穿錢的繩子朽爛了，無法計數。太倉中的糧食囤積如兵陣相連，部分露積在外，以至腐爛。從前公卿未必能擁有的馬匹，現在已經走入了普通市民的家庭，田野中的馬匹更是成群結隊，以致看不起騎乘年輕母馬的人，不允許參加高級聚會。

漢朝以道家思想治國，刑罰極輕，百姓也知道節身自愛，崇尚行義，社會出現了無為而治的景象。但經濟上放任自流的政策，也使農村土地問題嚴重，各地出現了大地主、大商人，欺壓百姓，稱霸一方，地方官員不易節制，在文景時代的盛世景象中埋下了變數。

英年早逝的賈誼

●時間：西元前二〇〇～前一六八年
●人物：賈誼　漢文帝

賈誼少年得志，卻因政治上過於激進，受到主張黃老無為之治的傳統老臣抵制，最終貶竄長沙，一生未得大用。

⊙少年得志

西漢初年採取了國家較少通過政令影響社會的統治方針，實行以道家思想為本的「黃老之治」。十多年時間裡，制度法令沿襲秦朝體制，選任官吏則看重質樸鈍拙的老年人，取其心地寬厚與人為善的好處，謂之「長者」。這種治國方針恰好適應了長年戰爭之後民間要求休養生息的呼聲，社會經濟也漸漸恢復發展。

桶形蓋杯　西漢

到漢文帝即位時，漢朝開國已經二十餘年，出生於漢朝的新一代知識分子已經成長，開始對體制提出修改意見，其中最傑出的代表就是青年政論家賈誼。

賈誼是洛陽（今屬河南）人，洛陽位處天下中心，自古是商旅輻輳之地，普遍經營商業的洛陽人，大多頭腦靈活，能言善辯，戰國時配七國相印的蘇秦就是其中佼佼者。賈誼從小也有很好的口才，十八歲就通讀《詩經》《尚書》，遠近聞名。河南太守吳公治郡成績為天下第一，召往朝廷為官。吳公一到長安，就向文帝推薦了賈誼，於是文帝任命賈誼為博士。

博士是供朝廷諮詢國策的官員，歷來都是選用全國著名的飽學之士，像賈誼僅僅二十多歲就做了博士的，可謂是絕無僅有。更令人吃驚的是，年紀輕輕的賈誼也很快便後來居上，每當議論國家大政，賈誼都能口若懸河滔滔不絕。文帝也很欣賞，一年內兩次提拔，破格任命賈誼為太中大夫。

⊙貶竄長沙

賈誼一介洛陽布衣，年紀輕輕就做到了太中大夫，文帝的知遇自然銘記於心。他向文帝陳述了對漢朝開國體制的重整計畫，要求全面修改沿襲秦朝的正朔、服色、禮儀、刑律。

這時無為之治的黃老思想為時已久，人心思靜，都議論紛紛。文帝知道改制時機尚未成熟，除了肉刑等過於殘酷的法令外，並未採納賈誼的意見，但對於他的才華和氣魄還是大加讚賞，準備置之公卿。

但周勃等開國功臣反對任用賈誼，說：「賈誼一個洛陽少年，學了點東西，就想淆亂祖宗制度。」迫於無奈，文帝只好疏遠賈誼，外放為長沙王太傅。

⊙改任梁國

賈誼是漢朝初年眾多質樸鈍拙的「長者」中的異類，在當時選官重「長者」的背景下，不受以口不能言著稱的周勃喜歡，也是意料中事。賈誼在黃老思想影響下，提出推倒舊制改以儒家思想定制，可行性實在太低。遭到竄貶的賈誼，心情低落，開始反思自己。

椒林明堂豆形銅燈　西漢

燈盤直壁，平底。細座把上部呈圓柱形，中部隆起，向下漸細。喇叭形底座，圈足。盤和座把分鑄，盤下有小柱插入把腔內，用銅釘鉚合。盤壁外側刻有銘文「椒林明堂銅錠」等字樣。

一年以後，文帝召賈誼進京，談論一宿，不禁感歎道：「我很久不見賈生，原以為見識已經超過他，誰知道差得更遠了！」

於是文帝改命賈誼為梁王太傅。梁國是東方大國，離長安也最近，比之遠在南方開化程度不高的長沙國，不啻天壤之別。賈誼受此鼓舞，先後進呈了〈治安策〉、〈諫立淮南諸子疏〉、〈論積貯疏〉等政論，對強化農業生產、削藩這些切近現實政治的問題提出了見解，並受到文帝採納。

⊙英年早逝

在重回中樞的路上，逐漸看到曙光的賈誼，卻遭遇意外——梁王劉勝不慎騎馬摔死，作為梁王太傅的賈誼因為失職而痛切自責。另一方面，賈誼也深感政治前途黑暗。在痛苦心情的折磨下，賈誼不幸病死了，年僅三十三歲。

賈誼一生留下多篇優秀政論文章，〈過秦論〉是代表作，也是漢初散文的典範之作。〈過秦論〉全文分上中下三篇，是一組見解深刻而又極富藝術感染力的文章。全文在肯定秦的統一結束分裂戰亂的局面，得到人民的擁護的基礎上，分析了秦朝二世而亡的經驗，歸之於「仁義不施，而攻守之勢異也」。意思是，秦統一前後的形勢不同，統一之前處於攻勢，可以憑藉武力，統一之後已處於守勢，就應該施行仁義，而秦朝卻暴虐依舊，所以導致國家滅亡。既總結前朝興亡的經驗教訓，也是對於漢初政治休養生息政策，提供有力的歷史論據。

銅手爐
西漢

劉氏安，鼂氏危

●時間：西元前一五四年
●人物：鼂錯　漢景帝

為了鞏固漢王朝的千秋大業，鼂錯一心推動漢景帝進行削藩。可是精於國政的鼂錯卻實在不是個善於謀身的人，《史記．鼂錯傳》中認為鼂錯「峭直刻深」，就是說鼂錯性格剛正，對同僚刻薄而不留情面。當七國之亂驟起，在政敵的構陷之下，漢景帝最終還是把鼂錯當成了替罪羔羊，一代名臣，名傳而身滅，實在令人感歎。

漢文帝、景帝的時候，劉姓諸侯王勢力強大，土地廣博，有些擁有的權力可與皇帝匹敵，野心勃勃的諸侯王也憑藉財力和軍力挑釁著皇帝的權威。

當時最囂張的要數吳王劉濞，封國靠近大海，不但擁有銅礦山，還有鹽場，兩大財源都握在手裡。劉濞私下採銅鑄錢，煮海水製鹽，國內富足殷實，不但不徵賦稅，更實行了許多福利措施，得到百姓的擁戴。

劉濞的兒子與景帝小時因遊戲爭執而被失手打死，所以劉濞從來不到長安朝見皇帝，使吳國成為一個獨立王國。

⊙鼂錯得寵

漢文帝的時候，鼂錯連續十幾次上書指責劉濞的罪行，建議削減勢力。漢文帝沒有採納鼂錯的意見，卻欣賞鼂錯在奏章中洋洋灑灑的文才，就任命鼂錯為太子舍人、門大夫、家令，輔佐太子劉啟。

鼂錯雖然不精通人情世故，可是明白太子就是明天的皇帝，於是竭盡所能，用才華和知識教導太子。太子劉啟聰明好學，把鼂錯當作智囊對待。看到皇帝和太子都看重鼂錯這個書生，以袁盎為首的大臣都心懷不滿。

漢文帝後元七年（前一五七年），文帝去世，太子劉啟即位，是為景帝。景帝即位後立刻任命鼂錯為內史，對鼂錯的寵信和依賴遠遠超過了朝中的九卿，許多法令和國策都出自鼂錯的手筆。

丞相申屠嘉心裡充滿了對鼂錯的恨意，可是又沒有足夠理由攻擊鼂錯，只好暗中尋找機會。當時鼂錯的內史府建在太廟圍牆裡的空地上，府

萬歲瓦當　西漢
出土於武夷山閩越王城。閩越王城又稱為「古漢城」，始建於高祖五年（前二〇二年），係閩越王無諸受封於漢高祖劉邦時所建的一座王城。

門朝東，鼂錯每天上朝要繞路，很不方便，就讓人在太廟的南邊圍牆上開了兩扇門出入。申屠嘉聽到，氣得暴跳如雷，心想太廟是供奉先帝的地方，鼂錯不過是個「佞臣」，連太廟的牆都敢動？申屠嘉寫就奏章，請求誅殺鼂錯。鼂錯聽到消息後，連夜單獨覲見皇帝，詳細向景帝說明了。

第二天，申屠嘉上朝奏事，稟告鼂錯擅自鑿開太廟的圍牆，請求把鼂錯交給廷尉處死。景帝笑著解釋說：「鼂錯所鑿的不是太廟的牆，而是廟外空地上的圍牆，不致於觸犯法令。」

退朝之後，無功而返的申屠嘉生氣對左右說：「我本當先殺了鼂錯再報告皇上，卻錯誤行事，反而被占了先機，真是一著錯滿盤輸。」沒過多久，鬱悶於心的申屠嘉發病死了，鼂錯也更加得寵。

⊙削藩計定

申屠嘉死後不久，鼂錯提升為御史大夫，專門負責彈劾百官的不法行

伏生授經圖　明　崔子忠

此圖描繪的即是伏勝於漢初時將《尚書》傳授弟子鼂錯的故事。據《史記》載：「教文帝時，除了做過秦博士的伏勝外，沒有人專研《尚書》，但伏勝年已九十，不能徵致京師，於是太常派鼂錯到其家裡學習。」圖繪大樹如華蓋，樹下伏生坐於矮椅上，全神貫注注視著伏在石几上記寫《尚書》內容的鼂錯。其間有一侍女似是伏生的助手，亦關注著鼂錯的學習狀況。圖中人物衣褶纖細而勁挺，於流暢中略有方折，頗有風骨。而配景的用筆較為放達，近處兩組湖石一有勾有皴，一僅勾無皴，似未完成。

伏虎紋銅牌　西漢

為。鼂錯充分利用權力，尋找諸侯王的過錯，奏請景帝削減諸侯王的封地，收回諸侯國邊境的郡城。諸侯王都跳腳反對，大罵鼂錯。

鼂錯的父親聽到了消息，就從老家潁川（郡治在今河南禹縣）趕到京城，責備鼂錯說：「你執掌政權，削弱諸侯的力量，疏遠劉氏的骨肉，人們紛紛議論怨恨，這是何苦呢？」鼂錯對父親說：「事情本來就應該這樣，如果不這樣，天子不會受到尊崇，國家不會得到安寧。」

父親又勸說：「這樣下去，劉家的天下安寧了，而我們鼂家卻危險了，我勸你趕快辭官回家吧！」

鼂錯不聽，父親氣得服毒藥自殺，死前還說：「我不忍心看到禍患連累自己，還是自己了斷了吧！」

⊙棄車保帥

鼂錯的父親死後十幾天，吳、楚等七國果然以「誅鼂錯，清君側」為名，發動大規模的叛亂。聽到叛亂的消息，景帝和滿朝大臣都不知所措。

大臣袁盎原來是吳國的丞相，總是認為吳國不會造反，鼂錯懷疑他接受了吳王的賄賂，藉口將他罷官。現在吳國造反，鼂錯立即想要趁機除掉袁盎。袁盎得到消息後，找到權臣竇嬰，安排求見景帝。

當漢景帝召見袁盎時，景帝正和鼂錯議事，景帝問袁盎說：「你曾作過吳王的丞相，知道吳國的情況，吳、楚反叛，你的看法如何？」袁盎回答說：「這事不值得憂慮，朝廷馬上就能打敗他們。」

漢景帝看袁盎這麼樂觀，就說：「吳王開礦鑄錢，煮海製鹽，天下豪傑都跑去他那裡，在頭髮白了的時候舉兵作亂，肯定考慮周全才發動叛變呢，你為甚麼說他不能有所作為呢？」袁盎回答說：「吳國有銅礦煮鹽之利，可是他哪裡能得到豪傑，吳王手下都是無賴子弟，亡命之徒，所以才互相勾引反叛。」

漢景帝問袁盎有無破敵之策，袁盎說：「希望屏退左右人等。」景帝讓身邊人退下，只有鼂錯還在，袁盎卻說：「我所說的，為人臣的也不能知道。」於是景帝讓鼂錯也退下了。

看到鼂錯走遠了，袁盎就悄悄對景帝說：「吳王造反的目的就是討伐鼂錯，恢復原來的封地。為今之計只有斬殺鼂錯，赦免吳、楚七國的罪過，恢復原來削減的封地，那就能兵不血刃結束戰事。」

漢景帝聽了沉默良久，問道：「還有別的辦法嗎？」袁盎說：「可能沒有更好的選擇了，希望陛下慎重考慮。」景帝最終說：「如果只愧對一人可以安天下，我是願意的。」

於是漢景帝任命袁盎做了太常，準備祕密出使吳、楚等七國。接著又授意大臣上奏章彈劾鼂錯，說他大逆不道，罪大惡極，應該腰斬滅族，漢景帝也批准了奏章。

此時的鼂錯還蒙在鼓裡。一天，景帝派中尉官召鼂錯，鼂錯立刻穿上朝服，跟著中尉上了馬車。車到了東市，中尉官忽然拿出詔書，要鼂錯下車聽詔。中尉宣布了漢景帝的命令，武士一擁而上，把茫然不知所措的鼂錯捆綁起來，當眾腰斬。可憐的鼂錯，被他的好學生景帝當成了犧牲品。

彩繪神人紋龜盾　西漢

⊙悔之晚矣

鼂錯死後，校尉鄧公回長安述職，向景帝報告前線的軍事情況。急於知道叛軍動向的景帝就問鄧公：「你從前線回來，吳、楚的軍隊撤退了沒有？」

鄧公回答：「吳王蓄意謀反已經有幾十年了，誅殺鼂錯不過是個好聽的藉口罷了，他的目標怎麼會是鼂錯啊！陛下殺了鼂錯，我怕天下人從此都將閉口，沒有人再敢進言了。」

景帝問：「為甚麼會這樣呢？」鄧公解釋說：「鼂錯擔心諸侯強大了不能夠制服，所以建議削減諸侯的封地，這實在是關乎萬世的好事啊！現在計畫才開始實行，就遭到殺戮，對內阻塞了忠臣的口，對外卻替野心勃勃的諸侯報了仇。」景帝沉默了好久，回答說：「你的話很對，我也悔恨這件事。」

可憐鼂錯白白被殺，卻沒有換來七國的退兵。

泥質陶支座　西漢

功高震主的周亞夫

●時間：？～西元前一四三年
●人物：周亞夫

周亞夫因治軍嚴整，善於用兵，受到皇帝重用，高居丞相之位。可是他生性耿直，傲岸不屈，不懂得退位以求自保，結果朝堂不容。最後周亞夫被強加「想在死後謀反」的罪名而下獄，絕食而死，實在令人歎息。

⊙細柳軍營

漢景帝忍痛殺了鼂錯，希望能夠使七國罷兵。但吳王劉濞根本不予理會，攻勢更加凌厲，席捲淮河南北，景帝的江山岌岌可危。

干欄式陶屋（模型） 西漢
西南地區典型的干欄式建築模型。簷下中柱的「斗拱」，是漢式建築的特點，說明在西漢時期，少數民族文化和漢文化已有交流、融合。

在這危急關頭，景帝想起父親漢文帝的臨終遺言，還有個王牌猛將周亞夫。周亞夫是開國功臣周勃的兒子，因為哥哥周勝犯法，被剝奪了爵位，所以封其弟河內太守，周亞夫為條侯。文帝為甚麼會對年輕的周亞夫有這麼深的印象呢？事情還要從漢文帝後元六年（前一五八年）說起。

當時匈奴大舉入侵漢朝邊境，朝廷急忙委派宗正劉禮為將軍，屯軍灞上，祝茲侯徐厲為將軍，屯軍棘門，河內郡太守周亞夫為將軍，屯軍細柳（今陝西咸陽西南），防備匈奴侵擾。

為了鼓舞士氣，文帝親自到軍營犒勞慰問。文帝到了灞上和棘門的軍營，都是長驅直入，將士也都恭恭敬敬列隊迎送，儀式極為隆重。可是來到細柳營，卻是另一番境況。

軍營的前哨見遠處人馬過來，立刻報告周亞夫，營中將士披堅執銳，準備戰鬥，沒有迎接的意思。

文帝的先行衛隊到達營前，守門崗哨立即攔住。先遣官員怒喝道：「皇上馬上駕到！」軍門都尉卻鎮定自若回答說：「軍中只聽將軍的軍令。將軍沒有下令，不能放行。」

這時，文帝的車駕已經到了，守營將士照樣阻擋。漢文帝只好命令侍從拿出皇帝的符節，派人向周亞夫傳

中山內府銅鑊 西漢

話：「天子要進營勞軍。」周亞夫才下令讓文帝車駕入營。到了中軍大帳，周亞夫披戴盔甲，手執兵器，威風凜凜站在漢文帝面前，拱手作揖說：「臣盔甲在身，不能下拜，請允許依照軍禮朝見。」文帝大為感動，也扶著車前橫木欠了欠身，向周亞夫表示答禮。

勞軍完畢後，文帝一離開細柳營，就感歎說：「周亞夫真是位好將軍！灞上、棘門兩支部隊，哪裡像是能打仗的樣子。至於周亞夫，誰敢輕易進犯他的軍隊呀！」

一個月之後，邊境警報解除，三支軍隊都回到駐地。文帝念念不忘治軍嚴謹的周亞夫，提升為中尉（負責京城治安的軍事長官）。

文帝臨終時囑咐太子說：「如果將來國家發生動亂，命周亞夫統率軍隊，絕對不錯。」

⊙平叛立功

面臨著聲勢浩大的七國之亂，漢景帝決定任用周亞夫為太尉，作為最高軍事統帥，平定叛亂。周亞夫也沒有託辭，毅然接過了平叛的任務，並且向景帝建議：「楚兵驍勇善戰，正面交鋒我們不是對手。應該先讓梁王守住梁國，然後用騎兵斷絕叛軍的糧道，必然獲得全勝。」景帝覺得有道理，就同意實行。

周亞夫帶著各路大軍趕到滎陽（今屬河南）。當時劉濞的吳軍正猛攻梁國，梁國形勢危急，梁王劉武向

歷史詞典

長安城建成

漢都城長安的營建開始於漢高祖五年（前二〇二年），經三十多萬人前後五次修建，至漢惠帝五年（前一九〇年）九月，始建成。長安城城牆又高又厚，雄偉壯觀，規模空前。城牆高達八公尺，基底厚十六公尺，土質純淨，逐層夯實。城牆四周共開城門十二座。城內有九條主要街道幹線互為經緯，建設規模達到了當時的頂峰。

漢元帝以後，外戚貴族競相在城內興建住宅和池苑，使城內建築擁擠，官辦的冶煉、鑄造作坊被壓縮在城內西北一角和城西南部。

王莽當政時期，鼓吹復古主義，拆毀建章宮和上林苑中一批宮觀建築，並於城南大建明宮、辟雍和宗廟等禮制建築，大規模擴建太學。但漢長安城基本面貌沒有很大改變。

漢長安城平面近似正方形，長寬幾乎相等，方向基本上成正南北向。城內道路相當整齊，街道筆直，或東西向，或南北向，在城內交叉，匯合成八個丁字路口和二個十字路口。城內給水、排水系統規畫嚴密。市區規畫大致可分為宮殿、市場、作坊和居民區等，市場在城西北的橫門附近，手工作坊部分設在皇宮之中，或分佈在城內西北角，居民區多分佈在城的北部和東北部。此外，在未央宮北闕附近設有「蠻夷邸」，是外國、少數民族的首領、使者和商人居住的地方。

「布」銘銅筒　西漢

景帝求援。周亞夫卻引兵東北至昌邑，深溝高壘堅守不出。梁王劉武天天派使者向周亞夫求救，淒涼哀求，可是周亞夫認為時機不到，就是不出兵。

劉武實在逼急了，就上書哥哥景帝上書說明情況。景帝隨即下詔命周亞夫援救梁國，周亞夫卻回說「將在外君命有所不受」，仍是堅守營壘不肯出兵，只是派遣了精銳輕騎兵斷絕吳、楚叛軍的糧道。

吳國軍隊前有堅城，內無糧草，軍心渙散，只好全軍撤退。周亞夫利用時機，派遣精兵追擊，大敗吳軍，吳王劉濞和幾千名精壯士卒逃到了丹徒（今江蘇鎮江東），其餘的十幾萬叛軍全部被周亞夫消滅。

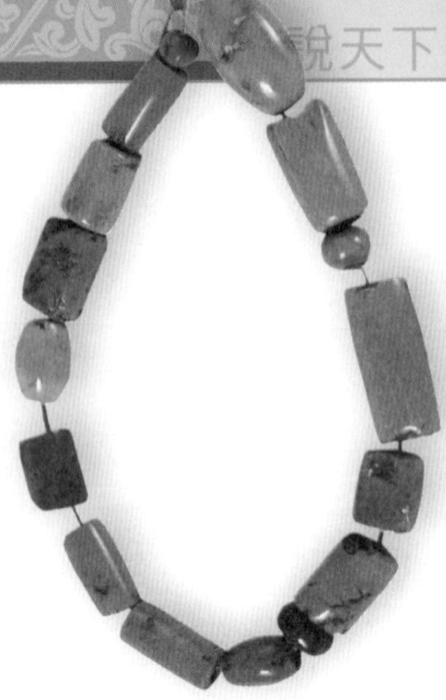

綠玉珠　西漢

隨後周亞夫懸賞千金邀買吳王的人頭。過了一個多月，就有南越人斬了吳王的頭。

整個七國之亂只三個月，就被周亞夫平定了，將領這時才知道到周亞夫按兵不動的原因，十分佩服。梁王劉武也明白被當成了香餌，恨透了周亞夫。

⊙君臣反目

七國之亂平定後，漢景帝十分器重力挽狂瀾的周亞夫。景帝前元七年（前一五〇年），升周亞夫為丞相。周亞夫有勇有謀，可是政治上的縱橫捭闔卻不是他的專長，這個位置讓他在國家大政上和景帝產生了分歧，直接影響了君臣關係。

周亞夫任丞相時，正遇上景帝想要廢掉太子劉榮，周亞夫極力反對，惹得景帝很不高興。

後來，景帝的生母竇太后想封景帝皇后王氏的兄長王信為侯，景帝就和周亞夫商議，想讓丞相通過。周亞夫絲毫不體會皇帝的「心情」，扳著面孔說：「當初高皇帝規定：『不是劉氏家族的人不能封王，不是立功的人不能封侯，若不遵守規定，天下人共同攻擊』。如今王信雖然是皇后的哥哥，但沒有立功，封侯是違背規定的。」景帝聽了默默無言，只好作罷。

周亞夫一下子得罪了太后、皇后、國舅，加上梁王劉武，景帝對周亞夫的印象也惡劣了。

匈奴王唯徐盧等五人投降漢朝，景帝想封為侯以鼓勵效法。周亞夫再次反對說：「這些人背叛君主投降陛下，陛下如果封侯，那還怎麼責備不

豹紋銅牌　西漢

守節操的臣子呢？」景帝不高興說：「你也太迂腐了吧！」於是把唯徐盧等人全都封為列侯。

周亞夫心中不快，託病辭職。景帝便批准了。

不久，景帝想試探周亞夫耿直、狂傲的脾氣是否改正，就請入宮飲宴。宴席上，景帝故意給周亞夫一大塊沒切開的肉，卻沒擺放筷子。周亞夫不滿，扭頭就叫取筷。

羽人　西漢

陝西西安出土。羽人高十五．三公分，呈坐姿，長耳上聳，赤膊，肩生毛羽。漢朝時人認為人升仙得道，即體生毛羽，且髮短耳長，耳朵要出乎頭巔，所謂羽化升仙，故仙人也稱羽人。因此這件西漢銅羽人像，正是漢代仙人之生動寫照。

景帝語帶雙關地說：「這些還滿足不了你嗎？」周亞夫羞憤不已，不情願摘下帽子，跪下向景帝謝罪。景帝冷冷說：「起來吧！」周亞夫馬上站了起來，氣沖沖走了。望著周亞夫的背影，景帝歎息著說：「此人這麼狂傲，我死之後，他怎會安分呢？」這時的景帝大概已經在暗暗算計除掉周亞夫了。

⊙餓死獄中

景帝後元元年（前一四三年），周亞夫的兒子從專做皇家用品的店裡，為父親買了五百件陪葬用的盔甲盾牌。因為苛待搬運的雇工，沒有及時支付工錢，雇工知道這是偷買天子用的器物，一怒之下就告發周亞夫的兒子，自然牽連到周亞夫。

景帝追查此事，負責調查的人詢問原因，周亞夫三緘其口，一律不答。負責的人以為他在賭氣，便向景帝報告。景帝非常生氣，將周亞夫交給最高司法官廷尉審理。

廷尉問是不是要謀反，周亞夫理直氣壯說：「我所買的器物都是陪葬用的，怎麼是要謀反呢？」廷尉無言以對，竟然說：「你即使不是想活著的時候謀反，也是想死後到地下謀反！」真是欲加之罪，何患無詞。

周亞夫關進監獄後，自知伸冤無望，不堪受辱，絕食五天，嘔血而死，一代名將就此隕落。

司馬遷寫到《史記．周勃世家》時，也感歎說周亞夫：「足己而不學，守節不遜，終以窮困。悲夫！」意思是立下大功之後，周亞夫驕傲自滿而不虛心學習，恪守節操但不知道對皇帝恭順，最後以窮途末路告終，實在令人感傷！

石硯　西漢

國之蒼鷹郅都

●時間：景帝時期
●人物：郅都

郅都公忠清廉，對內不畏強權，敢於懲治豪強權貴，對外積極抵禦外侮，使匈奴聞名喪膽，可謂「國之爪牙」。郅都因為行法峻刻而被稱為「蒼鷹」，最終也因此得罪權貴而被殺。

⊙侍從宮廷

西漢初期推行黃老無為之治，刑罰從輕從省。在政策的保護下，社會經濟很快從凋敝中恢復。然而，經濟發展的同時，地方豪強勢力也逐漸壯大，巧取豪奪農地，又將大量資金投入市場，控制市價，豐年則賤價收購，荒年則囤積居奇。更有甚者，依靠財力交接貪官，稱霸一方。

銅馬和坐俑
西漢

漢景帝中期以後，控制豪強勢力逐漸成為漢朝政治的重要問題，一群官吏應運而生，放棄了漢朝初年刑罰從輕的原則，開始以嚴刑峻法處理各地豪強，司馬遷在《史記》中稱之為「酷吏」，早期「酷吏」的代表人物就是郅都。

郅都是河東大陽（今山西平陸）人，文帝時以郎官入仕，長期在宮廷護衛皇帝，景帝時遷為中郎將，以直言敢諫聞名。

一次郅都扈從景帝到上林苑，景帝的寵妃入廁時，一頭野豬也鑽了進去。景帝示意郅都進廁所救妃子，郅都因為男女有別而沒有行動。

景帝非常著急，拿了兵器準備衝進去，郅都勸說：「少了一個妃子，還有其他妃子。皇上身負重任，怎麼能把宗廟社稷不放在心上呢？」於是景帝止步，寵妃也沒被野豬傷害。

太后聽說，特意賜金一百斤獎勵郅都。

⊙號為「蒼鷹」

當時濟南豪強瞯氏勢力很大，稱霸一方，使濟南郡（郡治在今山東章丘西北）烏煙瘴氣。景帝任郅都為濟南太守，抑制瞯氏。

郅都針對豪強目無國法，肆行無忌的情況，決定採取以暴制暴的酷烈手段。上任伊始，郅都就下令捕殺瞯氏首領，開西漢以嚴刑峻法對付豪強的先河。這一手段，把瞯氏宗族鎮住了，再也不敢肆行無忌。

不到一年時間，號稱難治的濟南郡就成了路不拾遺、夜不閉戶的良好治安。

當時秦國滅亡不過幾十年，秦朝因嚴刑酷法亡國的教訓仍歷歷在目，因此地方官員都遵行漢初定下的輕刑原則，生怕重蹈亡秦覆轍。郅都用嚴法對付豪強，立刻遠近震動，人人側目。

前元七年（前一五〇年），景帝遷郅都為中尉，率領北軍維護京師地區治安。京師地區權貴子弟雲集，是歷代最難治理的地區。

郅都到任後，依然依照在濟南時的方法行事。絲毫不為違法者的權勢所動，凡犯法違禁者，不論身分，一律以法懲之。列侯宗室對於郅都又恨又怕，背後稱為「蒼鷹」，比喻其行法之凶猛。

但京師貴臣的權勢遠非濟南豪強可比，郅都的嚴刻手段出現問題。當時景帝太子劉榮被廢為臨江王，在修建宮室時竟然侵占宗廟土地，因此傳往中尉府審訊。劉榮請求寫信直接向景帝謝罪，遭郅都拒絕。

竇太后的姪子竇嬰聽到，悄悄給了劉榮筆墨，於是劉榮寫信謝罪之後自殺。竇嬰把事情告訴竇太后，竇太后認為是郅都逼死了臨江王，將其免官放回鄉里。

⊙揚名邊境

景帝知道郅都冤枉，重新起用為雁門太守。為了避免與竇太后見面，命令不必赴朝面謝，直接前往雁門郡（郡治在今山西左雲西）。雁門郡地處北方邊境，與匈奴相接。

當時匈奴雖與漢朝和親，卻不滿足漢朝提供的財物，不時入塞掠奪，所過之處，搶掠一空。他們早就聽到郅都威名，得知就任雁門太守，驚恐萬分。郅都才抵達雁門郡，匈奴騎兵便全軍後撤，遠離雁門。至郅都死，匈奴仍不敢靠近雁門郡。

匈奴甚至用木頭刻成郅都的模樣，立為箭靶，令騎兵飛馬射擊。可是匈奴騎兵實在畏懼郅都，竟無一人能夠射中木像。

匈奴無奈之下，派遣間諜到西漢內地，四處散布不利於郅都的謠言。竇太后早就不滿郅都，立刻下令將郅都逮捕下獄。景帝爭辯說：「郅都是忠臣。」竇太后反問：「這麼說臨江王就不是忠臣了？」在竇太后的堅持下，郅都最終處斬。

郅都一生公忠清廉，後人也給予很高評價。司馬遷的《史記》和班固的《漢書》都對郅都讚譽有加。成帝時，大臣谷永更是把郅都與戰國趙國的廉頗、趙奢等名將並列，譽為「戰克之將，國之爪牙」。後人的這些讚譽，算是還了郅都一個公道。

漢長城殘垣

漢朝是中國歷史上修築長城最長的一個朝代。

不死不休的國舅內鬥

●時間：漢武帝時期
●人物：竇嬰　田蚡

王太后兄弟田蚡在竇太后死後，權勢逐漸壓過竇太后姪兒竇嬰，兩人終於以灌夫罵座為導火線爆發內鬥，最終田蚡依靠王太后，處死了竇嬰，但不久後也重病而死。

⊙共同輔政

漢朝制度非常注重利用天子外家扶翼皇權，如果天子年幼不能理政，往往由太后臨朝稱制，呂太后在漢高祖劉邦死後制斷朝政十餘年，就是典型的例子。

漢武帝初即位時年方十六歲，年紀尚輕。雖然漢景帝為了讓武帝能夠親政，在死前特意提前舉行了成人禮——冠禮，但武帝的能力和經驗還不能讓大臣放心，朝中的重大事件交由兩位太后斟酌決斷。漢武帝的母親王太后卻不像呂后大權獨攬，因為景帝的母親竇太后仍然健在。

兩個太后主政的結果是兩個外戚分享了朝政，一個是竇太后的姪兒竇嬰，為丞相，一個是王太后的同母異父哥哥田蚡，為太尉。

竇嬰早在景帝時就已經進入權力中樞，在吳楚七國之亂時，以竇太后親屬的身分為大將軍領軍平叛，立有大功，因此受封為魏其侯。雖然很大原因是竇太后的緣故，但他並不一味順從竇太后。當年竇太后寵愛景帝弟弟梁孝王，希望景帝傳帝位給梁孝王，竇嬰就敢當面頂撞竇太后，並因此一度被竇太后從竇氏籍中除名。此時竇嬰為丞相，依然不改變行事風格。

竇太后好道家無為而治，最恨儒家改定制度，而竇嬰尊尚儒家，成天和儒生談論禮樂，惹得竇太后很不高興。

田蚡也好儒家學說，正與竇嬰興趣相投，所以雖然進身遠遠落後竇嬰，竇嬰並不因此輕慢。兩人共事之初，相處還算融洽，共同推薦魯地大儒申公的弟子王臧為郎中令，趙綰為御史大夫，又迎接申公入京，指導建立明堂制度。

後來兩人又重申賈誼舊論，想改定制度制禮作樂以興太平。竇太后聽後不滿，竇嬰和田蚡也知道竇太后的心思，怕阻撓改制大計，便想辦法使竇太后不再參與朝政。

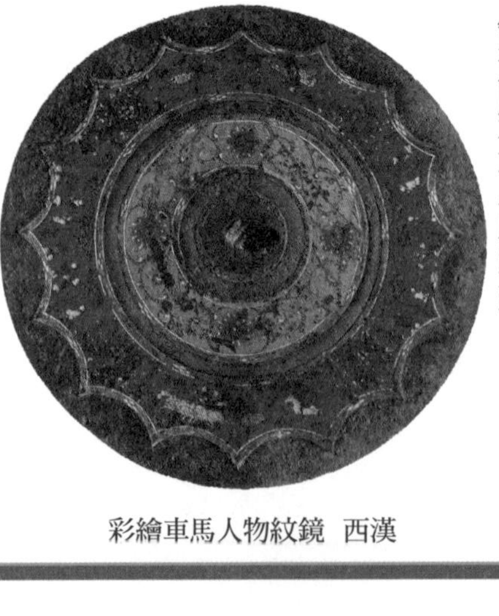

彩繪車馬人物紋鏡　西漢

建元二年（前一三九年）十月，正是年初大朝會的時候，御史大夫趙綰提出天子即位已有一年，政務已經熟悉，大事不必再預先告知太后。竇太后知道是竇嬰和田蚡的計策，竇嬰是自己的姪兒，居然也和外人串通一氣，不禁怒火中燒，將竇嬰、田蚡罷官，王臧、趙綰則下獄自殺。

⊙竇田交惡

竇嬰罷相以列侯身分家居，無人援引，勢力日漸衰落。田蚡雖然同樣免職，但因為有王太后在宮中維護，凡是有所請託都能得到允許，所以貴幸如故。賓客遊士都漸漸離開竇嬰而跟從田蚡，田蚡聲望日益淩駕竇嬰之上。

建元六年（前一三五年），竇太后病死，田蚡重新起用為丞相，以王太后兄長的身分尊貴用事，權傾天下。田蚡每次入宮與武帝議事，總是提出一串名單要武帝任用，甚至直接推薦布衣之士為官秩二千石的高官。

時間久了，武帝也不勝其煩，最後責問田蚡說：「你用人用完沒有，我自己也要用幾個人呢！」

田蚡在位時憑藉權勢收受請託，貪污狼藉，宅第規模奢華程度遠超當時權貴。田蚡尚嫌太小，向武帝請求朝廷官署的土地，武帝生氣回答說：「你乾脆把我的武庫也拿去吧！」田蚡這才快快退去。

田蚡愈加尊貴，只有灌夫與竇嬰交好更勝從前。灌夫是竇嬰做大將軍時的舊部，在吳楚七國之亂時立有大功，以勇力聞名天下。灌夫是個直脾氣的武夫，不喜歡溜鬚拍馬，醉酒的時候更是想到就說，不顧後果。因此得罪了不少人，甚至醉後打了竇太后的兄弟竇昆，差點被竇太后殺了。但灌夫總是不改本性，依舊我行我素，看不慣眾人趨炎附勢，總想為竇嬰出頭。

恰好田蚡看中了竇嬰的幾塊地，向竇嬰索取。竇嬰聽後，不禁大為惱恨，從前田蚡為郎官時卑躬屈膝，現在一朝得勢，居然就翻臉不認人。於

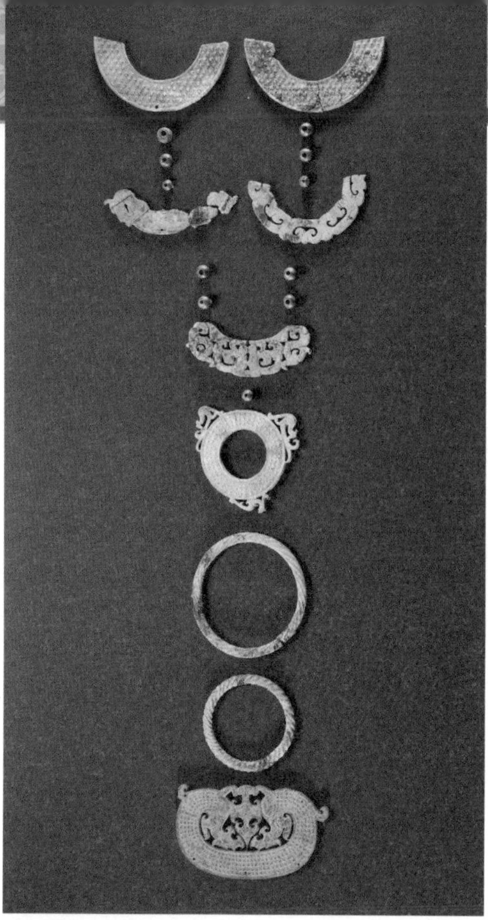

組玉珮　西漢

這組成組合的組玉珮，出土於南越王墓的東側室中。東側室內葬有南越王的四位夫人，這組玉珮發現於「右夫人璽」和「趙藍印」旁，故應屬右夫人趙藍所佩帶。組玉珮自上至下由一件連體雙龍玉珮、兩件玉環、一件三鳳渦紋玉珮和五件玉璜組成。

是竇嬰回絕了田蚡的要求，灌夫剛好在場，也破口大罵。田蚡索地不得，惱羞成怒，開始尋找竇嬰和灌夫的毛病。

元光四年（前一三一年），田蚡以灌夫家族在鄉里橫行不法，欺壓一方，查辦灌夫。灌夫也知道田蚡收受淮南王劉安賄賂，要在武帝死後立劉安為帝，就以此為藉口，威脅向武帝揭發。田蚡無奈，讓賓客居中調解，與灌夫和解。

⊙先後身死

當年夏天，田蚡娶燕王的女兒為夫人，家中大擺筵席慶喜，王太后下詔令列侯宗室前往祝賀，竇嬰和灌夫也都在座。筵席上田蚡起身勸酒之時，賓客都離開坐席伏在地上表示不敢當。但竇嬰起身勸酒時，除了幾個老朋友之外，大多數都只是跪直身子而已。

當時灌夫已經半醉，看在眼裡，非常不滿，恰好到大臣灌賢面前，灌賢正和武將陳不識附耳說話，不起身避席。於是灌夫乘機發怒指桑罵槐說：「你平時把陳不識說得一錢不值，現在長者敬酒，你卻像女人一樣附耳說話，大模大樣坐著不起。」

田蚡一看灌夫又找麻煩，就怒喝說：「陳不識和李廣分為東、西宮衛尉，你這樣當眾辱罵，難道就不給你尊敬的李廣留點餘地嗎？」

灌夫卻不依不饒，大叫道：「今天就是殺了我的頭，穿了我的胸，我也不怕，管他甚麼李廣、陳不識。」

賓客見灌夫藉著酒勁罵座，都藉口離開了，一場筵席不歡而散。

田蚡大怒，命騎士逮捕灌夫，以他在太后下詔舉行的酒宴上蓄意搗亂，犯了不敬大罪，應當斬首。田蚡又派人四出逮捕灌夫家族，以橫行不法、欺壓百姓的罪名處死，不給灌夫告發私通淮南王的機會。

竇嬰見灌夫為自己打抱不平而獲罪，就四處想辦法，營救灌夫。竇嬰的夫人勸他不要惹田蚡，免得身陷其中。竇嬰卻回答說：「這個列侯自我得到，再從我失去，算不得甚麼。我絕不能讓灌夫死去，自己活著。」

於是竇嬰暗自上書武帝，陳述事情前後緣由，請求赦免灌夫死罪。武帝同意竇嬰，決定在王太后住的長樂宮裡讓朝臣共同辯論這件事。

竇嬰到了長樂宮後，詳細敘述前後曲折，為灌夫辯護，說灌夫不過是因為杯酒之過而被田蚡尋事陷害，指責田蚡做丞相以來驕奢淫逸。

田蚡則反唇相譏說：「現在天下安樂無事，我才得以用音樂犬馬自娛，我喜歡的不過是倡優巧匠，比不得竇嬰、灌夫日夜召聚豪傑計議，腹誹心謗，離間天子和太后的關係。平日只希望天下出事，好以軍功取官。」

武帝問朝臣意見，朝臣都明白灌夫罪不至死，但知道田蚡有王太后支持，因此不敢隨便說話。只有御史大夫韓安國說：「竇嬰說灌夫有大功，不應當追究醉酒的過失，這話確實有道理。丞相說灌夫橫行一方，欺壓宗室，不殺不足以平民憤，也有道理。一切交由聖天子裁決。」

內史鄭當時原先支持竇嬰，見此形勢也不敢再堅持了。武帝見大家都害怕太后，唯唯諾諾不敢說話，勃然大怒，罵鄭當時說：「你平時說起竇嬰和田蚡優劣，滔滔不絕。現在當廷辯論，你卻畏首畏尾。」於是武帝起身罷朝。

王太后一直窺伺朝廷上辯論的情況，聽後不肯吃飯，哀怨嘮叨說：「我還在，已經欺壓我弟弟了，將來我死了，還有他的活路麼？」武帝無奈，只好將竇嬰下獄論罪。

當時竇嬰家中藏有景帝的詔書，詔書說：「假如發現事情處理不對，可以隨機應變，把意見呈報皇帝。」

至此灌夫定罪滅族，竇嬰便讓姪子上書向皇帝報告接受遺詔的事，希望再次得到皇上召見。可是宮中官員查對檔案，卻沒有景帝臨終的這份遺詔的副本。

於是田蚡又彈劾竇嬰偽造先帝詔書，應該處斬。元光五年（前一三〇年）十月間，灌夫族滅。兩個月後，竇嬰也處死。

終於出了一口惡氣的田蚡，最終也沒能得意多久。第二年，田蚡就得了怪病，一身盡痛。旁人看見田蚡向空中跪拜，大聲認罪。巫師看後，認為田蚡是被竇嬰和灌夫的冤魂纏上了，無法可救，果然不久田蚡就病死了。雖是迷信，也反映了人們對田蚡的不滿。

田蚡死後，淮南王劉安謀反事敗，從前田蚡私交劉安的事也洩漏了，當時王太后已死，漢武帝憤憤說：「如果田蚡今日還在，就要滅族了。」至此，歷時數年的西漢國舅內鬥才告結束。

上林苑鬥獸圖　西漢

漢武帝的雄心偉業

●時間：西元前一五六～前八七年
●人物：漢武帝

關於漢武帝功過是非的爭論，漢朝就已經非常激烈。士人批評漢武帝勞民傷財，司馬遷寫《史記》，就隱諱說了很多諷刺時政的話。漢宣帝為漢武帝議廟號，儒者夏侯勝更是直斥漢武帝雖有拓疆戰勝之功，但致使天下虛耗，百姓流離，不當立廟。

西漢的歷史，走過平靜的高祖、呂后時期，走過富足的文帝、景帝時期，一切故事在漢武帝的時代發展到了高潮。

幾十年時間，開拓進取的氣息在激盪，在內則是主父偃策劃推恩削藩，公孫弘、董仲舒推動獨尊儒術，確立了中國傳統政治體制中央集權和尊崇儒家這兩個主題，餘風流被兩千年，按照古人的話，就是制度文章冠於百王。

在外則是衛青、霍去病出擊匈奴，張騫經略西域，唐蒙、司馬相如出使西南，楊僕、韓說討伐南越，加強了漢朝對這些地區的交往和影響，國家的規模也進一步擴大。

在漢武帝執政的十年裡，西漢朝廷建樹不可謂不巨大，影響也不可謂不深遠，然而當人們重新審視這段歷史時，卻很難給武帝一個毫無爭議的評價。

⊙推恩令

景帝平定「七國之亂」，雖然削弱了諸侯王的勢力，但仍有王國連城數十，地方千里，對中央政府構成威脅。武帝為了維護國家，加強中央對地方的統治，採取了許多措施。

元朔二年（前一二七年），武帝採納大臣主父偃的建議，實行「推恩令」。所謂推恩，就是諸侯王可將封地分封給繼承王位的嫡長子以外的子弟，建立侯國，並上報朝廷，由皇帝制定侯國名號。依定制，侯國由郡管理。結果王國的面積不斷縮小，再也無力與中央政府抗衡。

元狩元年（前一二二年），武帝頒布「左官律」和「附益之法」。前者規定王國官為「左官」，以示其等級低下，壓制諸侯王屬下官吏的地位，嚴厲懲罰為諸侯王服務的犯罪官吏。後者嚴格限制士人、賓客與諸侯王的交往，以防範諸侯王結黨營私。自此

銅羊尊燈　西漢

玉舞人　西漢

器高三．五公分至四．八公分，廣東廣州象崗南越王墓出土。南越王墓中共出土十件玉舞人，這是其中兩件。舞人均著長袖舞衣，翩然起舞。與其他地方西漢墓出土的玉舞人不同，舞姿動作較大，身體扭曲呈斜體「S」形，甚至腿呈跪姿，呈現出極為熱烈的舞蹈氣氛。

之後，諸侯王只能衣食租稅，不得參與政事，漢初以來諸侯王尾大不掉的局面得以改變。

⊙任酷吏，嚴刑法

漢初君臣居安思危，反思秦亡的教訓，以黃老「清靜無為」、「與民休息」等宗旨為治國方略，先是「約法三章」，後有蕭何定律，以求扭轉秦朝法重之弊。

至武帝時，漢初以來的「法治」局面發生重大改變，酷吏政治興起。武帝任用張湯、杜周等為代表的一批執法官吏，借他們之手，達到加強皇權、推行政令、安定地方等目的。這些人善於揣摩武帝心意，舞文弄法，對於皇帝要釋放的人，就法外開恩，為其開脫，對於皇帝要嚴厲懲罰的人，則嚴刑逼供，陷之死地。

但酷吏政治並非一無是處。在「盜鑄錢」問題上，或有奉行法律、嚴厲打擊盜鑄行為之吏。在打擊強宗豪族方面，其間或有不畏強暴、秉公執法之人。

酷吏之弊在於重刑任法，過於血腥殘酷。諸多酷吏深文周納，陷人於死地，株連達數千家之多。所以任酷吏，嚴刑法，勢必激化社會問題。

⊙罷黜百家，表章六經

武帝時代，影響最為深遠的文化政策，就是確定儒學在諸子百家之學中的主導地位。武帝貶斥黃老刑名等百家之學，起用文學儒術之士。齊地儒生公孫弘以精通《春秋》之學，封侯拜相，成為天子信用的重臣，於是「天下之士靡然向風矣」。

著名儒學大師董仲舒以賢良文學身分，就武帝提出的命題發表對策，討論治世策略。他直言不諱，揭露時弊，指出漢朝自建立迄今，之所以未能「善治」，是因為應當「更化」而不「更化」。他提出「更化」主張時，特別強調「教化」的作用，主張推行文化體制的改革。其文化體制改革理論的核心，是要確立儒學獨尊的地位。

這種觀點得到最高統治者的認可，於是確定了「獨尊儒術」的文化政策原則，完成了「罷黜百家，表章六經」的文化體制轉變。

⊙興立太學

漢代「尊」儒，最主要的手段就是將儒家經術作為培養和選拔人才的

四猴紋鏡　西漢
古人認為猴子長壽，有「猴壽八百歲」之說。漢代銅鏡上的獸紋種類繁多，有鳳凰、四神等神獸，還有羊、鹿等動物，唯獨少見猴紋。這枚四猴紋鏡乃是為數不多的漢代猴鏡中的珍稀品。

基本內容。建元五年（前一三六年），武帝接受丞相公孫弘的擬議，設立《詩》《書》《禮》《易》《春秋》等五經博士，使儒學以外的諸子百家之學失去在官學中的合法地位，五經博士幾乎獨占官學權威。

武帝又接受董仲舒的獻策，於元朔五年（前一二四年），創建太學，為「五經博士」配置弟子，建立博士弟子員制度。這是漢代官方教育的開始，儒學作為學校教育的主要內容自此確立。

太學的興立，進一步推動民間積極向學的風氣，也推動以儒學為主體的文化傳播。同時，高門子嗣壟斷官位的情形得到改變，中下層家庭的子弟入仕門徑拓寬，而少數寒賤出身的人也得以儕身官場。

⊙北抗匈奴

漢初，匈奴鐵騎屢侵中原，擄掠不已，延續十多年之久。武帝登基後，出兵抗擊，其中影響最大的戰役有三次。

元朔二年（前一二七年），漢軍將領衛青採用遠程奔襲戰術，發動河南之役，收復秦末陷入匈奴的河南地，解除匈奴對都城長安的威脅。

元狩二年（前一二一年），漢軍將領霍去病採用大迂迴側擊戰術，發動河西之役，一舉盪平河西地區的匈奴各部，奪回河西走廊，設立酒泉、武威、張掖、敦煌四郡，漢朝與西域的通路由此得以打通。

元狩四年（前一一九年），衛青、霍去病又採用快速連續攻擊戰術，發動漠北之役，深入匈奴腹地兩千餘里，匈奴左賢王部完全擊潰，全軍覆沒。此後相當長的時間內，漢與匈奴衝突的重心地域，也由東而西，轉向西域地區。

⊙南定百越

「越人」，又統稱「百越」，是廣泛分佈於南方的少數民族，支系繁多，各有種姓，互不統屬，存在揚越、句吳、閩越、東甌、南越等支。百越族以越語作為交流語言，小篆已經相當普及。百越人以種植水稻為生，生產方式及生活習俗、宗教信仰等，都有本民族的獨特風格。

武帝建元三年（前一三八年），閩越受人唆使，進攻東甌。漢朝派軍援助，閩越倉惶撤退。東甌害怕閩越再度進攻，請求內遷。漢朝遷東甌四萬餘人於江、淮流域（今安徽盧江一帶）。

建元六年（前一三五年），閩越王又滋生事端，興兵出擊南越，南越向朝廷告急。漢軍未到之前，閩越內部發生內亂，舉眾請降。

元鼎六年（前一一一年），東越地區又發生叛亂，漢朝平定叛亂後，武帝又遷徙其眾於江、淮間，從此控制了廣東、廣西大部地區及越南北部和中部。漢武帝以其地及今海南島分立南海、蒼梧、鬱林、合浦、交阯、九真、日南、儋耳、珠崖等九郡。

⊙通西南夷

秦漢時，居住在蜀郡西南的各少數民族，史書稱為「西南夷」，主要有滇、夜郎等部族。受地理環境阻礙，西南夷與外界幾乎隔絕，發展落後，有些部族甚至仍處於原始社會階段。

建元六年（前一三五年），漢武帝派遣唐蒙出使招撫夜郎，於此地設立犍為郡，後又派遣司馬相如招撫邛、筰等地。

元狩元年（前一二二年），武帝派遣使者從巴蜀出發，試圖由此貫通和西域的交通。當時，滇人勢力強大，各族首領都向滇王定期朝覲和納貢。滇王作為部落聯盟的最高統治者，傲慢自大。他曾問漢朝使者：「漢孰與我大？」氣勢之盛，見聞之陋，可見一斑。因漢朝使者多次遭夷人劫殺，武帝派兵遣將，出擊西南夷，在此地區相繼設置武都、牂柯、越巂、沈黎、文山等郡。

元封二年（前一〇九年），滇王在漢軍重壓之下歸附漢朝，漢置益州郡，並賜予滇王「滇王之印」，令其統領當地事務。

⊙奢侈無度

除了連年戰爭外，武帝從元鼎二年（前一一五年）起，大興土木，屢修

高昌古城遺址

高昌古城因「地勢高敞，人廣昌盛」而得名。雖經兩千多年的風吹日曬，古城輪廓猶存，城牆氣勢雄偉，是古代西域留存至今最大的古城遺址。

宮室，先後營建了建章宮、明光宮、柏梁臺。長安周圍並建有長楊宮、五柞宮等六宮。為了便於巡遊，武帝在各地大建行宮。園林中興修最早、規模最大的是上林苑，池沼最大者為昆池。修築這些宮室園池，消耗了西漢政府大量的人力和財力。

大修宮室之外，武帝巡遊無度，元光二年（前一三三年）以後，武帝多次和文武百官巡遊全國各地，見諸史冊的就多達二十餘次，其巡遊的次數之多，範圍之廣，花費之大，都超過了秦始皇，讓西漢的財政雪上加霜。

⊙濫殺大臣

漢武帝一生建樹廣泛，自然需要大量賢才的輔佐。漢武帝也不拘出身，多方提拔人才。可是漢武帝也有著專制皇帝的一般毛病，就是將人才視同鷹犬，只希望驅之使之而收其爪牙之效，並不真心尊重人才，武帝對於大臣得心應手的時候自然是君臣相得，一不合意武帝就動輒誅殺，滅人三族。

大臣汲黯曾經勸漢武帝說：「陛下辛辛苦苦搜求人才，往往還沒等到發揮特長，就把他殺了。以有限之才，供無限之誅，只怕哪天會把天下人才殺光了。」

漢武帝卻回答說：「人才甚麼時候沒有，哪能殺得完呢？」說得汲黯目瞪口呆，半晌後只好說：「我說話折服不了您，但心裡還是覺得道理不對。」於是漢武帝轉頭對左右笑到：「汲黯平時自稱口才好，其實不然。」

漢朝初年丞相職權極重，在禮節上也與諸侯王相同，尊貴無比。然而漢武帝一代對大臣督責苛嚴，公孫弘之後的三任丞相李蔡、嚴青翟、趙周，都先後下獄誅死，一時人人自危，丞相一職竟成為人人害怕的官制。公孫賀被選用為丞相後，當場就對著漢武帝磕頭大哭，自稱做不了這樣的要職。但他最終還是沒推掉，幾年後就在巫蠱案中族誅。

以丞相之尊尚且如此，其他大臣就更不用說了，這種情況到漢武帝晚年愈發嚴重。

有次武帝病勢稍好，見到大臣義縱所治的郡路沒修好，於是發怒說：「義縱以為我再也不會從這路上過了麼？」最終找了個理由將義縱處死。

後來同樣的麻煩又降臨到大臣上官桀身上。當時上官桀負責未央宮養馬，因為疫病流行，馬死得比較多，恰好被武帝看見。於是武帝又發怒說：「你以為我再也見不到馬了麼？」

幸好上官桀機靈，跪下回答說：「臣聽說陛下病重，愁腸百結，滿心期盼陛下早日康復，心思確實沒放在養馬上。」

一席話說得武帝轉怒為喜，從此把上官桀記在心裡，武帝死之前又把上官桀任命為輔政大臣。可是像上官桀好運氣的大臣實在太少了，和武帝生在一個時代，是大臣的幸事，也是他們莫大的不幸。

替罪羔羊主父偃

●時間：？～西元前一二六年
●人物：主父偃

主父偃收受諸侯子弟的賄賂，建議漢武帝推行推恩令，事情敗露後，在諸侯王和漢武帝兩邊都不討好。再加上主父偃平日睚眥必報，得罪大臣太多，最終千夫所指，因為齊王自殺而獲罪，被滿門抄斬，做了漢武帝削藩政策的替罪羊。

⊙上書削藩

漢初使用郡國並行制度，諸侯王的勢力一直很大，到後來逐漸成為中央政權的潛在威脅。鼂錯強行削藩，引起七國之亂，最終被景帝誅殺，做了削藩政策的第一隻替罪羊。漢武帝即位時，諸侯勢力依然強大，削藩的需要仍舊存在，這時主父偃登上了歷史舞臺。

主父偃是齊國臨淄（今屬山東）人，早年學縱橫之術，聽說漢武帝重視儒術，中年後才改行學習《春秋》《周易》，因此受到齊地的儒生輕視。主父偃在家鄉窮困潦倒，沒人同情，於是只好遠走燕國和趙國尋找出路，但始終得不到地方諸侯王的重視。

武帝元光年間，主父偃到長安求官，先拜見武帝的小舅子衛青，希望衛青代為推薦。但衛青向漢武帝提了多次沒有結果，主父偃只好在長安住下。

日子一天一天過去，長期滯留長安的主父偃盤纏將罄，已經沒有時間再等，他決定直接上書武帝。誰知運氣竟出奇的好，上午將書信遞進，下午就得到武帝的召見，武帝很欣賞主父偃，任命為郎中。

主父偃認為當時諸侯王封地太大，難於控制，父子傳承，會對中央政府造成威脅，就向漢武帝說：「古代諸侯的土地不超過百里，強弱的形勢很容易控制。如今的諸侯有的竟然擁有相連的幾十個城市，土地上千里。天下安定的時候，諸侯窮奢極欲，危害國家，做出有違禮法的事情。天下一旦有變，又會起兵造反，實在是朝廷的一顆毒瘤。現在如果用

龍鳳紋重環玉珮　西漢
南越王墓出土，玉珮呈圓形，以圓圈分隔為內外兩圈，各透雕一遊龍、鳳鳥。

法律強行削減土地，恐怕會立即反叛。

「如今每個諸侯都有十幾個兒子，只有嫡長子世世代代繼承，其餘雖然也是諸侯王的子孫，卻得不到任何封賞。陛下如果命令諸侯推廣恩德，把土地分割給子弟，封為侯，既能廣佈恩德，又可以分割諸侯王的國土，削弱了他們的勢力。」

武帝覺得合意，就開始推行這名為「推恩令」的制度。

一看武帝滿意，主父偃又勸武帝：「茂陵剛剛成為一個縣，全國豪強富人都可以遷徙到那裡，不殺人卻能消除朝廷的禍害。」武帝便把大批人口遷往茂陵。

⊙齊王自殺

此後，主父偃又揣摸漢武帝的心意，上書尊立衛青的姐姐衛子夫為皇后，並揭發了燕王劉定國的不法行為，討得武帝的歡心。主父偃因此平步青雲，一年之內升官四次，做到了中大夫。

漢武帝對主父偃言聽計從，視之為謀主，一時之間，主父偃權勢炙手可熱。朝廷大臣都不得不巴結他，賄賂的金錢達到數千金之多，主父偃也都坦然收下。

有人勸主父偃稍微收斂，主父偃則瞪著眼睛回答：「我結髮游學四十多年，因為沒能做官發達，親戚不拿我當親戚，朋友不拿我當朋友，這樣的日子已經太久了。況且大丈夫活著，如果不能列五鼎而食，享受高官厚祿，那麼死時就受五鼎烹煮的刑罰，讓萬人傳名好了。現在我年紀已經很大，快意恩仇的時間已經不多了，所以就像當年的伍子胥『吾日暮途遠，故倒行逆施之』，你們不要勸阻。」

這時主父偃叫人游說齊王，希望能把女兒送入齊王宮中為妃，但是齊王一口就回絕了。志得意滿、睥睨公卿的主父偃原以為求親自然是手到擒來，沒想到竟被拒絕，不禁惱羞成怒，尋找齊王的毛病，企圖報仇。

主父偃向漢武帝進讒言：「齊國富強，只有皇上的親兄弟親兒子當齊王才能穩當，現在的齊王和皇上的血緣關係太過疏遠，親情單薄，難保不出問題。」

漢武帝素來疑忌諸侯王，聽了主父偃的話，不禁心下嘀咕，主父偃見勢順風使帆，說聽到傳言齊王和姐姐淫亂，正可以藉此治罪。於是武帝任命主父偃為齊相，前往監察齊王的行動。

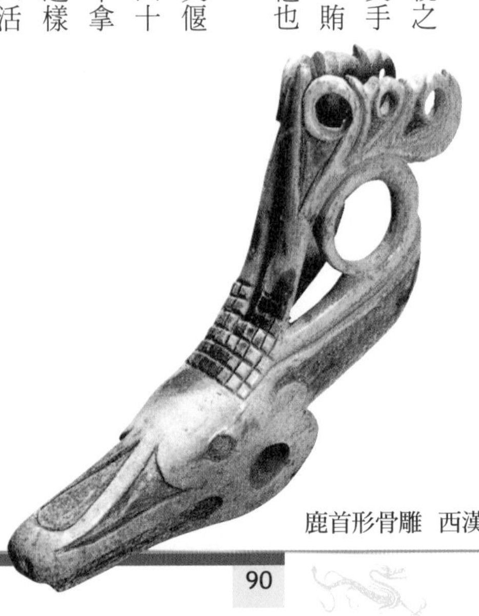

鹿首形骨雕　西漢

繁榮的漢代漆器

兩漢時代是中國古代漆器技術的繁榮期。漆器的主要原料是漆樹中產生的生漆，漆樹又多見於南方，故一般的漆器工場多設立於南方出產漆樹的地區。

當時漆器的生產分工日益細密，稍好的漆器至少要經過八道工序，即「素工」（製胎）、「髹工」（塗漆）、「上工」（鑲嵌飾件）、「銅耳黃塗工」（鍍金）、「畫工」（描繪紋飾）、「雕工」（雕刻工）、「清工」（清理打磨），最後由「造工」（工師）檢查通過。漆器具有輕巧、美觀等優點，既具有實用性，又具有較高的藝術價值。

漢代漆器多以黑、紅兩色為主，漆器紋飾多樣，各具風格，盡顯典雅華貴之氣。出土漆器多為生活用品，特別是王侯貴族上層社會的生活用品，器形有鼎、盒、勺、奩、耳杯、案、盤等。因多為貴族使用，故其裝飾技術多樣，或鑲嵌金銀、珠寶，或堆漆（即使用堆疊料，在漆面上堆疊種種花紋）。漆器的普及，衝擊並逐漸取代青銅禮器的地位，又走入尋常百姓家。

東漢以後，漆器的實用功能漸被瓷器取代，向工藝觀賞品轉化。

延伸知識

主父偃游學四十年，終於得以衣錦還鄉，從前不願見他的親戚朋友，見他富貴無比，也都競相巴結。主父偃數落說：「當年我窮困潦倒的時候，你們人人惟恐避之不及。現在我做了齊相，離齊國還有千里之遠，就有人來迎接我了。我和你們已經恩斷義絕，你們不要再踏入我主父偃的家門。」

主父偃在齊國千方百計尋找齊王的證據，又故意將消息洩漏給齊王。齊王聽後非常恐懼，自覺終究難逃一劫，於是服毒自殺。

⊙獲罪族誅

齊王的自殺使趙王緊張。當年主父偃也曾長期居住趙國，知道趙王的不法之事，趙王害怕主父偃遲早也會向武帝揭發，於是決定先下手為強，告發主父偃收受諸侯子弟賄賂，所以才建議武帝下「推恩令」，使諸侯分封子弟，表面上為國家打算，實際是為諸侯子弟謀私利。又告發主父偃逼死齊王。

原本主父偃到齊國，就是因為漢武帝為了削奪齊王封國，齊王因此自殺，原在漢武帝意料中，這一點其實無足追究。但主父偃交通諸侯子弟，藉著削弱諸侯的名義謀取私利，卻正是武帝最痛恨的。於是武帝將主父偃逮捕下獄，嚴加訊問。

從前滿朝大臣雖然討厭主父偃，但對他睚眥必報，喜歡揭發隱私的性格也頗為害怕，所以處處讓他三分。現在見他下獄，人人都是求之不得，恨不能落井下石，於是司法官員定主父偃死罪。

武帝原想免主父偃一死，但御史大夫公孫弘堅持說：「齊王自殺，齊國廢為郡縣，都是主父偃挑起，不殺主父偃無以謝天下。」於是主父偃最終族誅。

在主父偃權勢方盛的時候，門前車馬往來，日以千數，到被殺的時候，只有洨縣人孔車一人為他收屍，實在令人感歎。

社稷之臣汲黯

●時間：？～西元前一一二年
●人物：汲黯

漢武帝為人不拘小節，威名赫赫的大將軍衛青入侍宮中，他曾在廁所內接見，丞相公孫弘有事求見，武帝有時連帽子也不戴。可是有一個人覲見時，武帝不戴好帽子是不敢接見的。有一次，這人有事上奏，武帝正好沒戴帽子，就連忙躲進帳幕內，命侍從傳話。這個能讓武帝敬畏的人，就是中大夫汲黯。

汲黯祖上世世代代都任卿大夫之職，到他已是第七代。因父親保舉，景帝時汲黯當了太子洗馬（太子太傅、少傅的屬官）。

景帝死後，武帝任命汲黯做了謁者之官。當時東越各部發生械鬥，皇上派汲黯前往視察。汲黯未到達東越，半路就回來了，稟報武帝說東越械鬥是當地民俗，不值得勞動天子的使臣過問。

又有一次河內郡發生火災，延燒了千餘戶，武帝派汲黯視察。汲黯報告說，一家人不慎失火，蔓延開來，並不要緊。

可是一次汲黯路過河南郡（郡治在今河南偃師西）時，看見當地遭受水旱災害，災民多達萬餘戶，有的竟然父子相食。汲黯就拿出天子所給的符節，下令發放了河南郡官倉的儲糧，賑濟當地災民。

因為事先沒來得及請示皇上，汲黯上書表示願意接受懲罰。武帝覺得汲黯做得很對，免他無罪，讓他做滎陽令。汲黯覺得這是大材小用，就稱病辭官還鄉。武帝聽說後，召汲黯回朝，拜為中大夫。

汲黯為人耿直，總是直言不諱批評勸諫，武帝煩了，就將他外放，當了東海太守。汲黯崇仰無為而治，督查下屬只是把握大原則方向，並不苛求。汲黯身體不好，經常躺在臥室內休息。僅一年多，東海郡便清明太平，百姓交口稱讚。武帝得知後，召汲黯回京任主爵都尉，位列九卿。

⊙漢室諍臣

當時，武帝大興教化，準備獨尊儒術，廣招天下儒生。一次，武帝在朝堂上大談實行仁義之政。武帝好大喜功，大臣也都習以為常，只有汲黯不隨聲附和，他說：「陛下心裡慾望

耬車（模型） 西漢
耬車是世界上最早出現的播種機，中國古代的耬車是現代播種機的始祖。

很多，只表面上施行仁義，怎麼能真正仿效唐堯、虞舜治理國家呢？」

此言一出，使得武帝非常難堪，臉色一沉，鐵青著臉罷朝而去。公卿大臣都為汲黯擔心，以為闖下大禍。不料，武帝只是私下說：「這個汲黯太過分了，全國就沒有比他再憨直的人了！」皇帝也不過私下發發牢騷，並沒有進一步追究。

群臣中也有責怪汲黯不懂體察聖意，汲黯則生氣回答說：「天子設置公卿大臣，難道是讓他們一味阿諛奉迎，讓自己失盡人心嗎？我已經身居九卿之位，如果愛惜性命，那怎麼對得起國家呢！」

連擊水碓（模型）西漢

連擊水碓是西漢時出現的糧食加工工具，主要為穀類去皮。以水為動力，可帶動四組碓頭同時工作。模型據《桓譚新論》及王禎《農書》復原。

因為直言敢諫，汲黯任官總是不長。當初汲黯位列九卿時，公孫弘、張湯不過還是一般小吏。後來兩人提升很快，公孫弘貴為丞相，張湯也升到了御史大夫，與汲黯平起平坐，重用程度甚至超過了汲黯。

汲黯脾氣耿直，不可能沒有一點兒怨言。一次朝見武帝，上前說道：「陛下用群臣如積薪耳，後來居上。」

把武帝的人才儲備及使用比喻成農夫堆柴，早就儲備的人才就像疊在下面的木柴，後來尋覓到的人才則像堆在上面的木柴，使用起來自然是「後來居上」了。汲黯看似發牢騷，其實是在盡諫議之責，武帝用人的確有此特點。

武帝聽了沒理會，等汲黯退下之後，武帝自嘲說：「一個人確實不可以沒有學識，看汲黯這番話，他的愚直越來越嚴重了。」

⊙威武不能屈

汲黯體弱多病，一次病得很厲害，大臣莊助替他向武帝請假。武帝就半開玩笑問莊助說：「汲黯這個人怎麼樣？」

莊助也中肯回答說：「讓汲黯當官執事，他沒有過人之處，可是讓他輔佐少主，堅守已成的事業，以利誘之他不會來，以威驅之他不會去，再勇武的人也不能撼奪他的志節。」

武帝點頭稱是，覺得莊助的話實在精闢，稱讚汲黯有古代所謂的社稷之臣之風。

朝廷裡有汲黯這樣忠貞的大臣，的確也有威懾作用。淮南王劉安曾經想要謀反，但害怕汲黯，只好作罷。劉安認為汲黯喜歡直言相諫，恪守節操，寧願為正義捐軀，很難用不正當的事情誘惑他。要是朝廷少了汲黯，事情就好辦了。

酷吏能臣張湯

●時間：？～西元前一一五年
●人物：張湯

張湯精通律法，加上擅長迎合聖意，因此節節高升，十年時間，就由小吏做到了三公的位置。張湯為武帝策劃財政改革，雖然有功於國，卻成了備受官吏侵害的百姓所仇恨的對象，最終遭受誣陷而死，死後還被司馬遷列入了〈酷吏列傳〉。

⊙獄吏起家

郅都以行法嚴酷、不避權貴，顯名景帝一代。郅都之後，西漢最有名的「酷吏」就是漢武帝時的張湯。張湯是京兆杜陵縣（今陝西西安東南）人，少年時起就有法吏之才，精通刑律，甚至讓長年治獄的老吏都吃驚不已。

鐵鎧甲復原圖　西漢

張湯幼年的時候，擔任長安縣丞的父親因故出門，留張湯守家。老鼠偷吃了家裡的肉，張湯將老鼠抓住，按照司法程序一一斷案審判，判老鼠死刑。這時父親恰好回來，看見張湯寫的斷案文書，條理清晰，引證法律精當，超過了斷案多年的熟練官吏，不禁大為吃驚，知道孩子不簡單，於是加緊培養張湯的司法才能。

景帝王皇后的弟弟田勝做九卿的時候，因罪被捕下獄。張湯與田勝交好，傾盡心力解救維護。後來武帝登基，王皇后進位太后，田勝的哥哥田蚡為丞相，主宰朝政，田勝隨之放出，張湯也因此受到田蚡的重用，徵辟為丞相府幕僚。

不久，田蚡向武帝推薦張湯，任命張湯為侍御史，辦理案件。張湯在位時深文周納，不放過任何罪犯，經常是單一個案件牽涉多人，正合漢武帝從嚴治國，於是武帝提拔為太中大夫，和趙禹主持修訂律令。新律完成之後，漢武帝又將張湯提升為掌管全國刑獄的廷尉。

張湯擅長揣摩聖意，在判斷刑事案件中，如果是武帝想治罪的，就將案件交給斷獄嚴刻的屬官辦，反之，如果是武帝想釋放或從輕發落的，就交給斷獄輕平的屬官。張湯知道武帝厭惡豪強勢力，因此對有權勢的豪

彩繪三魚耳杯　西漢

強，必定舞文弄墨，引用嚴苛的法令條文，多方羅織其罪。對無權無勢的平民百姓，雖然具文上奏，按律應當治罪，他也常在武帝面前為之開脫。

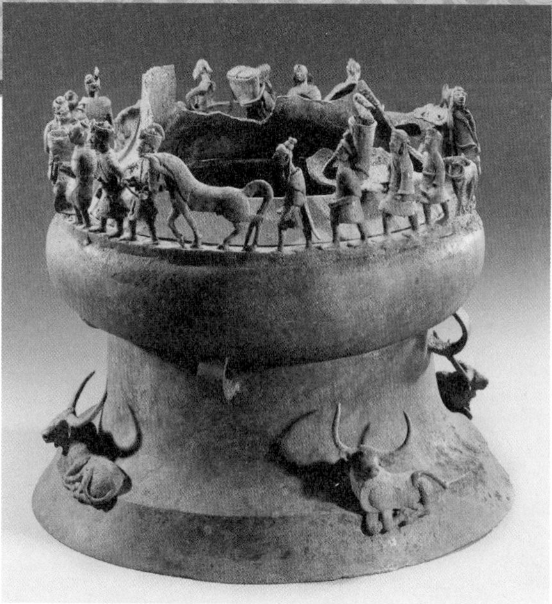

納貢場面貯貝器　西漢

器高四十公分，底徑四十六公分，雲南晉寧石寨山出土。此貯貝器為兩銅鼓相疊的形式，下大上小，兩鼓之間鑄有立體人物一周，人物高約九～十．四公分，製作極為精工逼真。人物為行進狀，可以分成七組，人數二至四人不等，為首一人都是盛裝帶劍或披氈，其後跟隨負物或牽牛、馬、羊的從者，描述了滇王統率下的各種不同的民族來向滇王進貢或獻納的情景。

張湯又迎合武帝愛好儒術，從博士弟子中選拔學習《尚書》《春秋》的人為廷尉屬官，依照經文意思解決疑難獄案。上奏前，張湯總是引經據典向武帝說明原由，凡是武帝同意的，即書於版上制為律令，作為斷獄的依據。如果得到武帝嘉獎，他都把功勞推給屬下，如果所奏不合旨意，則主動承擔責任，引過謝罪。

因為這些緣故，再加以出眾的法律才能，張湯上下逢源，官路亨通。元狩二年（前一二一年），遷官御史大夫，由小吏升遷到三公，才用了十餘年。

⊙主持改革

張湯任御史大夫後，正值匈奴渾邪王等投降漢朝，朝廷出動大軍討伐匈奴。當時關東遇到水澇和乾旱，貧苦百姓流離失所，依靠政府供應衣食。漢朝連年攻擊匈奴，耗費巨大，加上關東遭遇水災，安置流民，也消耗了大量財物，因而國庫空虛，財政困難。

於是張湯建議進行財政改革，統一鑄幣，收鹽鐵經營權歸國家所有，嚴刑峻法禁止豪強鑄幣以及經營鹽鐵謀求利益。這些原是不錯的主張，也收到了相當好的效果。但由於改革之舉本是為了國家牟利，立意就不正當。推行改革的官吏乘機索取，百姓稍有反抗，被詆毀為阻撓妨害改革，而投入大獄，以嚴刑峻法處置，沒收家財。

深受官吏擾害之苦的百姓，怨恨財政改革，追源溯始，紛紛歸咎於張湯，於是萬夫所指，所有問題也就漸漸累積到張湯一人身上了。

張湯每次上朝奏事，談論國家的財用情況，一直談到傍晚，武帝也忘記晚飯，和他一起討論。當時人們說天下的事情都取決於張湯，丞相這個位置可有可無，又讓張湯成了官員的眼中釘。

不少人都覺得張湯管事太多，範圍過寬，從三公九卿以下，直到平民百姓，都指責張湯。可是武帝正需要

鐵量器　西漢

量器是計量容積的器具。這套鐵量器均呈圓柱形，帶單柄，大大小小共十來件，造型簡潔，裝飾也較為樸素，具有漢代鐵器的典型特徵。

張湯這種人，以聚斂財富，懲治不法，不但沒有順應潮流處置張湯，反而更加信賴，言聽計從，甚至張湯生病時，武帝親自前往探望，恩寵到了極點。

當時，匈奴已無實力，派遣使者請求和親，武帝命大臣商討戰和問題。博士狄山以為應當允許和親，武帝問原因，狄山列舉高、惠、文、景四帝採取和親政策，而天下富實，又說：「今日陛下舉兵擊匈奴，中國因此窮苦。」

武帝又問張湯，張湯回答說：「此愚儒無知。」狄山反唇相譏，說：「我雖然無知，但比假裝忠誠還好點。」

武帝聽了這話，怒形於色，對狄山說：「我派你駐守一個郡，你能不讓匈奴搶掠嗎？」狄山說：「不能。」武帝又說：「駐守一個縣呢？」狄山又回答說：「不能。」武帝又說：「駐守一個邊境城堡呢？」狄山不能再回答，恐怕皇上就要交付治罪，便勉強回答說：「能。」於是武帝派遣狄山守衛邊塞城堡。

過了一個多月，匈奴攻入城堡，斬下狄山的頭就離開了。從此以後，群臣震驚恐懼，對張湯的厭惡和敵視也更加深了一層。

⊙招怨致敗

御史中丞李文和張湯原有心結，怨恨張湯，屢次從張湯判案的文書裡尋找缺失。張湯親信魯謁居知道張湯也對李文不滿，就使人上書告發李文不法情事。武帝令張湯審訊李文，張湯挾怨判了李文死罪。

趙王聽說此事，正求之不得，立即向武帝告發張湯和魯謁居私下密謀，不知道計畫何事，武帝令廷尉追究。此時魯謁居已經病死，弟弟被牽連下獄。張湯往來獄中，想要暗中營救，表面上不論魯謁居的弟弟如何呼喊，都假裝不予理睬。

魯謁居的弟弟不理解張湯用意，覺得張湯想去卒保車，便託人上書揭發內情。武帝大怒，命令與張湯不和的臧宣審訊這件事情。臧宣嚴加追究，酷刑之下，甚麼口供全都有了。

臧宣尚未上奏，適逢有盜賊發掘了文帝的陵園，偷取財物，丞相莊青翟深感失職，約同張湯朝見時向武帝謝罪。當時張湯和莊青翟計畫已定，

怪獸紋飾牌　西漢

可是到了天子面前，張湯認為巡查陵園是丞相職責，與他無關，因而不肯謝罪，反而想告莊青翟知道陵園失竊主謀而不揭發，縱容盜賊。於是把丞相也得罪了。

莊青翟丞相府的三位長史朱買臣、王朝和邊通，以前官居高位時，張湯還在當小吏，後來因事貶官做了丞相府長史，張湯卻已經做到御史大夫了。張湯知道三長史原來都是高官，卻當一般僚屬對待，因此三長史都怨恨張湯。

現在三長史看丞相對張湯懷恨在心，就趁機挑撥莊青翟說：「張湯先前約定一起謝罪，後來翻口不認，還反而告你縱容盜賊，這是因為他想取代丞相的位置。」

於是莊青翟派人揭發張湯將財政改革的內容洩露給豪強，使豪強預先準備，從中牟利。這時臧宣的奏章也一起遞上，兩罪併發，武帝也無法再袒護張湯。

於是，武帝命令另一名酷吏趙禹盤問張湯。趙禹對張湯說：「你怎麼不知道形勢呢！你從前已經用刑法處死了多少人，今天你的罪過遠遠超過那些被你處死的人，你還能辯解嗎？」張湯眼見局勢已無法挽回，只好服毒自殺。

張湯為官廉潔，全部家產也不過五百金，還全部來自於武帝的賞賜，此外再也沒有別的產業了，死後甚至只能以牛車送葬。抄家的使者將情形告訴了武帝，武帝這才醒悟，明白三長史誣陷張湯勾結商人，謀取私利。武帝於是把三長史處死，莊青翟也被迫自殺。

後來，武帝提拔了張湯的兒子張安世為官，張安世之後也封侯拜將，成了宣帝時期的風雲人物。

歷史詞典

漢樂府建立

元狩三年（前一二〇年），漢武帝設置樂府，令司馬相如等人作詩賦，以宦官李延年為協律都尉，佩二千石印，掌製樂譜、訓練樂工、採集民歌。

樂府始創於秦，與掌管廟堂音樂的「太樂」並立。漢武帝建立樂府，目的是改革傳統的郊廟音樂，用新聲改編雅樂，以創作的歌詩取代傳統的古辭。所以，樂府的任務就是採集各地的民歌以創設新聲曲調，選用新創頌詩作歌辭，訓練樂工、女樂進行新作的排練。

樂府經漢武帝擴建發展，興盛一時，之後便日漸衰微。綏和二年（前七年），漢哀帝下令撤消樂府。樂府作為掌管音樂的官署被撤消了，但由於專事搜集、整理民歌俗曲，因此後人就用「樂府」代稱入樂的民歌俗曲和歌辭。六朝時已將樂府唱的「歌詩」也稱為「樂府」，與「古詩」相對並舉，宋、元以後，「樂府」又被借作為詞、曲的一種雅稱，作為一種文學體裁流傳後世。

漆面彩繪鳥獸去氣圖（局部）　西漢

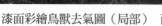

曠世飛將軍

●時間：？～西元前一一九年
●人物：李廣

李廣出身行伍，善騎射，有勇略，能力戰，數度與匈奴作戰，匈奴人畏懼而稱為漢朝的「飛將軍」。也是因緣際會，李廣前後數次與匈奴作戰，都是以偏師的身分遇見匈奴主力，雖然力戰殺敵，終究難以獲得封侯，最終失意而死，只留下了一段「李廣難封」的千古牢騷。

⊙年少從戎

李廣，隴西成紀（今甘肅通渭縣東）人，秦朝大將軍李信的後代。祖上世代為將的李廣，年輕時就擅長騎射，成了漢軍中少有的神射手。

陶射俑　西漢

文帝十四年（前一六六年），匈奴單于率軍十四萬人大舉南侵，攻朝那、蕭關（朝那縣屬安定郡，今寧夏固原縣東，蕭關在朝那縣境），前鋒直抵離長安不遠的雍縣（今陝西鳳翔南）、甘泉（甘泉宮），長安震動。文帝急忙徵發各地民眾從軍，抵禦匈奴，李廣以良家子弟從軍，奮勇殺敵，因功擢升為中郎。不久，李廣又升為武騎常侍。

李廣常隨從漢文帝射獵，文帝見李廣格殺猛獸，勇力過人，深為歎賞，就對李廣說：「可惜啊，你沒趕上高祖時天下分崩、四方戰亂的時候，不然，取萬戶侯真是易如反掌啊！」

七國之亂爆發時，李廣正以驍騎都尉的身分跟隨太尉周亞夫，與叛軍激戰於昌邑（今山東鉅野縣南）城下。李廣靠著敏捷的騎射功夫勇奪敵軍軍旗，威名大震。梁王劉武當時在昌邑附近，與漢軍聯合作戰，見到李廣如此驍勇，非常讚賞，把將軍的印璽賞賜給了李廣。可是李廣畢竟是西漢朝廷的將軍，於理不應當接受藩王印綬，因此戰後論功行賞，李廣雖然戰功卓著，卻沒得到封賞，只是改任上谷郡（郡治在今河北懷來東南）太守。

此後李廣先後任上郡（郡治在今陝西榆林東南）、北地郡（郡治在今甘肅慶陽西北）、雁門郡（郡治在今山西左雲西）、代郡（郡治在今河北蔚縣東北）、雲中郡（郡治在今內蒙古呼和浩特西南）、各邊郡太守，所到之處，都以驍勇敢戰聞名。

⊙智退匈奴

漢景帝末期，李廣又任上郡太守。景帝派宦官到上郡視察李廣的備戰情況，順便練習騎射。

一天，宦官率領幾十名騎兵外出打獵，路上遇見三個匈奴人，雙方打了起來，幾十名漢軍騎兵竟然被三個匈奴人全部射殺，只有幾個宦官帶著箭傷逃回了大營。

李廣得到報告後，判斷三個匈奴人是單于手下射鵰的神射手，於是李廣率領百餘騎兵前去追趕。

李廣帶著部隊追出幾十里，終於趕上匈奴人，李廣不顧倚多為勝，命令部下左右包抄，李廣親自與三人對射。終究李廣箭法更勝一籌，匈奴射手很快就被射死二人，一人生擒。

漢軍正準備返回時，忽然望見黑壓壓一片匈奴騎兵正接近中，總數約有數千人。李廣部下看見眾寡懸殊，不禁大驚失色，慌忙上馬，想疾馳回營。匈奴首領也望見了漢軍，卻沒有馬上攻擊，而是約束部隊，前往山上佈陣。

鑲寶石虎鳥紋金飾牌

這塊金飾牌反映了匈奴對虎的崇拜。「虎」取義於天上的昴星團，嵌有七塊紅、綠色的寶石，象徵昴星團由七顆星組成。

李廣看出匈奴擔心己方是大軍的誘餌，又考慮離大營有數十里，如果冒然回營，只會被匈奴追擊擒獲。於是李廣索性率領手下騎士向匈奴大軍前進，直到距離匈奴軍陣兩里處才停止。匈奴見李廣不退反進，更加驚疑。李廣又命令下馬躺著，解去馬鞍，匈奴人仍然不敢逼近。

雙方對峙到天黑，匈奴擔心埋伏，只好引軍退去。李廣以出眾的膽量和智慧，終於率百餘騎兵從數千匈奴騎兵前全身而退。

⊙漢飛將軍

武帝當太子時已經聽說李廣大名，即位之後，對李廣更加倚重，從上郡太守調為未央衛尉，保衛皇宮安

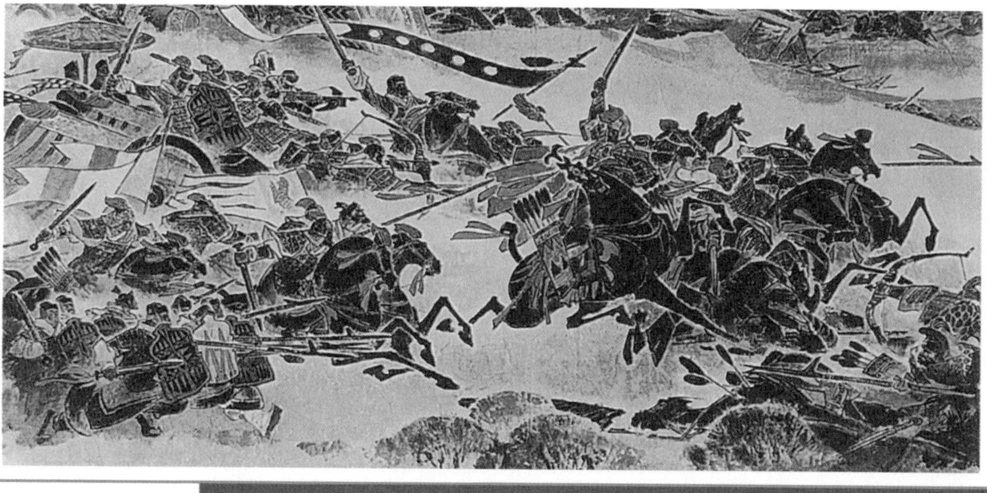

《漠北之戰》繪畫

坐形白玉人　西漢

玉人臉型清瘦，長眉短鬚，束髮於腦後，頭戴小冠，冠帶紮於頷下。身穿右衽長衣，寬袖，腰繫方格紋帶。憑几而坐，雙手置於几上。底座下陰刻銘文五行十字：「維古玉人王公延十九年」。

全。

元光二年（前一三三年），武帝採納大臣王恢之計，引誘匈奴單于入塞，然後伏兵準備襲擊。李廣奉命為驍騎將軍，與護軍將軍韓安國等，率兵十餘萬埋伏在馬邑（今山西朔縣）山谷中。可惜匈奴單于發覺中計，急忙逃回塞外，李廣等人無功而還。

元光六年（前一二九年），匈奴侵擾上谷，殺掠吏民，漢武帝派遣車騎將軍衛青、騎將軍公孫敖、輕車將軍公孫賀、驍騎將軍李廣各率騎兵萬人反擊匈奴。

李廣奉命率領所部從雁門出擊，結果遭遇了數萬匈奴大軍。在眾寡懸殊情況下，李廣兵敗被俘。匈奴單于佩服李廣，戰前就下令不得傷害李廣性命，只能活捉，因此匈奴騎兵生擒了身負重傷的李廣。因為李廣受傷，在兩馬之間套上繩索，讓李廣躺在繩索上。

走了十幾里，李廣假裝昏厥，偷偷注視一個匈奴騎兵的駿馬。李廣趁其不防，騰身而起，把匈奴人推到馬下，奪過弓箭，就向邊境急行。李廣跑了數十里，正好遇見了麾下散亂了的士兵，於是帶領殘部退入邊塞。匈奴單于派了幾百名騎兵追趕，被李廣將士射殺殆盡。

李廣回到長安，朝廷以李廣兵敗被俘，士卒傷亡大半，論罪當斬。李廣花錢贖罪，從將軍貶為庶人。

元朔元年（前一二八年），匈奴再次侵擾遼西郡（今遼寧西部、河北東北部一帶），殺了西漢遼西太守，擊敗將軍韓安國所部，邊境烽煙再起。

李廣騎射圖　西漢

於是，武帝重新起用李廣為右北平郡（今河北省喜峰口附近一帶）太守。李廣守衛右北平數年，匈奴望而生畏，不敢寇邊，稱李廣是漢朝的「飛將軍」。不久，郎中令石建病死，武帝召李廣回朝，任命為郎中令，負責京師防務。

⊙再擊匈奴

元狩二年（前一二一年），漢軍再

延伸知識

中央軍隊改革

建元二年（前一三九年），漢武帝開始了對中央軍隊的改革。漢朝時期的軍隊，主要由中央統轄的軍隊、郡縣王國的地方軍隊和邊防部隊組成。

中央統轄的軍隊包括京師諸軍和戰略要地的屯兵，而真正由中央統轄的軍隊為京師諸軍。京師諸軍分為三部分：郎中令統領的皇帝侍衛部隊，衛尉指揮的皇宮衛隊，稱「南軍」，和中尉統御的京師衛戍部隊，稱「北軍」。南北軍訓練有素，強化了京師治安，又因隸屬系統各異，可預防合兵反叛。

漢武帝縮小了南軍編制，擴大近身侍衛部隊，設立期門軍和建章營騎（後稱羽林騎），並把陣亡軍吏的後代安置羽林騎中，嚴格訓練，傳授技藝，稱為「羽林孤兒」。期門、羽林兩支部隊都是經過嚴格選拔、技藝高超的職業軍人，皇帝近身侍衛力量得到增強。

其次，解除中尉兼管三輔地區地方軍事的權力，向北軍派遣了監北軍使者，控制北軍調發權。最後，設置七校尉軍，加強京師駐軍力量。

改革後的中央軍隊由於兵員來源不同，使兩支軍隊相互掣肘，避免威脅皇帝統治，進一步加強了中央集權的統治。

次大舉出擊匈奴。驃騎將軍霍去病、合騎侯公孫敖從西線出擊，郎中令李廣、博望侯張騫從東線出擊。和兵強馬壯、裝備精良的西線漢軍相比，東線兵力比較單薄，只有李廣率領的四千先鋒騎兵和張騫率領的萬餘步兵，兵力不過兩萬。

李廣率軍前進數百里，遇見了匈奴左賢王的主力，被匈奴騎兵四萬人包圍。以四千敵四萬，李廣的士兵非常驚恐。為了穩定軍心，李廣讓兒子李敢馳往敵營觀察動靜。李敢率領騎兵數十人直接從匈奴軍陣旁邊穿過，匈奴人不敢出來阻擋，於是李敢回報說：「匈奴人很容易對付。」軍心這才安定下來。

李廣從容不迫，擺出環形陣勢，迎擊來犯之敵。匈奴發動猛攻，矢下如雨，漢軍傷亡過半，弓矢也快用完了。於是李廣令將士節省箭矢，親自連發數箭射死匈奴將領數人，匈奴軍隊只好暫時向後撤退。

到了晚上，將士害怕匈奴軍隊乘夜偷襲，惶恐不安，只有李廣揮灑自如。

第二天，李廣正準備和匈奴人決戰，張騫率大軍前來接應，匈奴軍才解圍而去。

這次戰役，張騫因為耽誤戰機，貶為庶人。李廣雖然以少敵多，可是傷亡與殺傷敵人相當，功過相抵，李廣沒能得到賞賜。

臥羊形金帶飾

在臥羊形帶飾上，羊安詳靜臥，紋飾精緻優美。帶飾背部原有鐵質帶扣。

⊙失意而死

元狩四年（前一一九年），武帝命衛青、霍去病率領大軍再伐匈奴。武帝耽心李廣年老，李廣一再請戰，才命為前將軍，隸屬大將軍衛青。

衛青偵知單于所在之地後，親自率領精兵前往，準備與單于大軍交戰，而讓李廣與趙食其所部併為一軍，從東路出擊，包抄匈奴側後。東路不僅繞道，路程較遠，而且所經地區水草缺少，行軍困難。

李廣就對衛青說：「我現在是前將軍，應當作為前鋒，抵擋匈奴大軍，怎麼能把我調到東路呢？我自從結髮與匈奴作戰，到現在已經數十年了，第一次有機會與匈奴單于對陣，請將軍一定用我為前鋒。」

衛青之前已經得武帝授意，同時衛青的好友公孫敖不久前因為戰敗失去侯位，衛青也想讓好友獲得立功的機會，因此衛青拒絕李廣的請求，堅持讓李廣率領東路軍。

李廣非常生氣，沒有向衛青告辭，就和趙食其率軍出發了。由於沒有合適的嚮導，李廣的東路軍迷失了道路，沒能按時渡過漠北。

衛青率大軍與單于接戰後南返，才與李、趙兩將軍會合。衛青知道對不起這位耿直的老將軍，就派長史帶著乾糧和酒水送給李廣，順便詢問迷失道路的情況。

可能是心懷怨氣，李廣對長史不理不睬，長史只好讓李廣的將領接受詢問。這時李廣說話了：「校尉沒有罪，是我迷失道路，我現在親自到大將軍幕府受審對質。」

到了衛青營帳外，李廣對部下說：「我結髮與匈奴大小七十餘戰，今天有機會與單于作戰，而大將軍把我調到東路，終致迷路。這是上天要亡我呀！我已經六十多歲了，不能再

彩繪陶儀衛俑　西漢

俑高四十九公分，出土於徐州銅山北洞山的一座西漢時的楚王陵。西漢時的儀衛俑雖然不如秦俑體高如真人，但也有真人體高的三分之一，且塑工較精細，施彩鮮明。身穿右衽長袍，腰繫紅色腰帶，左側佩長劍，背背箭箙，箭箙紅帶結繫於胸前。面部墨繪眉目鬍鬚，朱紅點唇，頗顯生動傳神。

接受刀筆吏的盤問。」說完拔刀自殺。

其實衛青本沒有逼迫李廣的意思，只是老將軍脾氣太強，在對匈奴的最後一戰中不能殺敵，對此深感悲憤，才導致了這幕悲劇的發生。

⊙身後之事

李廣出身行伍，戰功顯赫，兩次擔任九卿級別的官職，七次出為邊郡太守，先後效力於文帝、景帝、武帝三朝，與匈奴大小七十餘戰，善騎射，有勇略，能力戰。李廣一生廉潔奉公，不治家產，與士卒同甘共苦。每次率軍出塞，乾渴時遇見水源，士卒喝過了，李廣才肯喝，飢餓時得到糧食，士卒吃過了，李廣才肯吃。因此他死的時候，全軍將士如同死了父母，百姓聽說李將軍死了，不論是否認識，也都為李廣垂淚。

李廣有三個兒子，李當戶、李椒和李敢，都任郎官。李廣自殺前，李當戶和李椒都已經戰死，只有李敢正跟隨驃騎將軍霍去病出擊匈奴左賢王。因為奮力作戰，奪得了匈奴左賢王的戰鼓和軍旗，李敢賜封為關內侯，封給食邑二百戶，接替李廣任郎中令。

李敢覺得父親的死是大將軍衛青迫害的，就打傷了衛青。厚道的衛青卻隱瞞這件事，沒有張揚，可是卻被衛青的外甥、李敢的上級霍去病知道了，年輕氣盛的霍去病就想教訓李敢。過了不久，李敢隨從皇上到甘泉宮打獵，霍去病趁機把李敢射死了。霍去病當時正受寵愛，漢武帝隱瞞了真相，假說李敢被鹿撞死，這又是一段後話了。

歷史詞典

募兵與馬政

募兵與馬政是漢代主要的國防戰略。

西漢初年，延續以郡縣徵兵制為主體的兵役制度，即每個男子到了規定的年齡，都要在政府登記作為一個壯丁。在徵兵的範圍內，服役期為兩年。

作戰規模一旦超出應徵軍隊的承受力，只能採取臨戰時募兵的補充方式。漢、匈戰爭激烈進行之時，募兵制是郡縣徵兵制的主要補充方式。當時，失去土地、背井離鄉的大批無業游民或失業貧民，是主要的募徵兵源。因為國家對應募人員給予豐厚的物質賞賜，大大刺激了兵源的不斷增加和士兵戰鬥力的增強。

馬政的推行，則是建立強大騎兵軍隊的根本。一方面，統治者高度重視戰馬的飼養和繁殖，設立專門的「馬苑」，並進行嚴密防護。另一方面，政府鼓勵民間養馬，嚴禁良馬出境，以防受敵人所用。

至武帝即位之初，馬政已大有成效，「眾庶街巷有馬，阡陌之間成群」。這也是漢朝騎兵部隊得以組建，並取得對匈奴作戰勝利的前提。

包金花草紋帶飾

鑄造而成。表面有浮雕狀重層三出花瓣紋，通體包金。

家奴大將軍衛青

●時間：？～西元前一〇六年
●人物：衛青

衛青出身家奴，依靠姐姐入宮，才擺脫了低賤身分。此後以外戚身分為將軍，先後四次出征匈奴，戰功顯赫，聲望日隆，最終竟登上了大將軍的位置，實在是個奇蹟。

漢朝建立之初，國內百廢待興，這時生活在北方大漠之中的游牧民族匈奴，卻正在強盛之時。高祖七年（前二〇〇年），匈奴侵入塞內，劉邦親率大軍三十萬前往迎擊，結果被匈奴騎兵圍困在平城（今山西大同），七天七夜，糧盡援絕之下，最後依靠賄賂匈奴單于夫人才被放出。經此一役，漢軍對匈奴聞風喪膽，從此漢朝開始了對匈奴屈辱的和親政策，每年贈送大量財物給匈奴，而匈奴並不滿足，時常入塞劫掠邊地百姓。

經過了惠帝、文帝、景帝三代，漢朝和匈奴和和打打，始終沒有解決邊患的問題。到了漢武帝的時候，開始策劃反擊匈奴，西漢因三大戰役取得了對匈關係的主導權，在一系列戰爭中，功名最為卓著的就是漢武帝的小舅子衛青。

⊙外戚入仕

衛青，字仲卿，河東平陽（今山西臨汾西南）人，是縣吏鄭季與平陽公主的侍婢衛氏的私生子，跟從母親姓了衛氏。衛青稍微懂事後，曾經回到生父鄭季的家裡，可是同父異母的兄弟姐妹看不起他，當作奴僕使喚，百般欺負。

衛青受不了歧視凌辱，只好返回平陽侯家當家奴。隨著年齡的增長，衛青學會了一身騎馬射箭的本領，因此選為騎奴，做了平陽公主的侍從。

一次衛青跟隨平陽公主到甘泉宮，一名宮中服役的囚徒見了他的面相，相當驚奇，告訴他：「你有貴人的命，將來可以做到列侯。」

衛青不相信，笑著回答說：「我不過是主人家的奴僕，少挨幾聲罵，少受幾次打，就心滿意足了，哪敢奢望列侯呢？」

對於此時的衛青而言，主人寬和已經是最大的願望，至於功名富貴，

玻璃帶鉤　西漢

帶鉤為深綠色玻璃，半透明。器體扁平，鉤扣彎圓，尾端齊平，有一圓紐，無紋飾。這件帶鉤不僅反映了漢代玻璃製作技術的水準，同時亦為研究古代服飾提供了新的寶貴資料。

錯金虎節　西漢
廣州象崗山南越王墓出土，造型為一蹲踞狀的猛虎，張口露齒，弓腰捲尾，呈現出正欲躍起的姿態。虎體嵌貼彎形薄金片作虎體斑紋，通體光采斑斕，製工精美。其中一面有錯金銘文「王命命車徒」五字，應是南越王作為兵符使用的虎節。

做夢都不敢想。然而命運的眷顧，很快將富貴推到了衛青的面前。

建元二年（前一三九年），漢武帝出遊灞上，回來的途中經過平陽公主家，平陽公主設宴款待武帝。宴席上，漢武帝看中了衛青的同母姐姐歌女衛子夫，將衛子夫帶回宮中，寵愛無比。僅僅過了一年多，衛子夫就懷了身孕，地位更加鞏固，衛青也因此入宮，在建章宮擔任侍衛。

當時武帝的皇后陳阿嬌一直沒有身孕，聽說歌女居然懷了「龍種」，非常嫉妒，尋死覓活鬧了很多次，但終究還是無法對衛子夫下手。於是陳皇后派人祕密逮捕了衛青，準備處死衛青。幸好衛青的好友公孫敖發現，帶著一群侍衛把衛青救出。

武帝聽說後，更加疏遠陳皇后，親近衛子夫，並特意召見了衛青，封衛青為建章殿侍中。不久，武帝又封衛子夫為夫人，衛青也提拔為太中大夫。

太中大夫是掌議論的官，衛青出身低微，就沒有引經據典討論國家政務的能力，這個位置並不適合他。經過幾年的考察，武帝發現衛青有統帥軍隊的才能，於是決定改任衛青以武職，讓衛青帶領大軍抗擊匈奴。由此，衛青開始了戰功赫赫的將軍生涯。

⊙赫赫戰功

元光六年（前一二九年），匈奴單于出兵侵擾上谷郡，殺掠漢朝吏民。武帝拜衛青為車騎將軍，從上谷郡出擊，以公孫敖為騎將軍，從代郡出擊，以太中大夫公孫賀為輕車將軍，由雲中郡出擊，以衛尉李廣為驍騎將軍，從雁門郡出擊。結果，公孫敖、李廣兩軍被匈奴擊敗，公孫賀沒有遇到敵人，只有衛青部隊大獲全勝，斬首俘虜數百人。

元朔元年（前一二八年），兩萬匈奴騎兵再次侵擾遼西郡（郡治在今遼寧阜新），殺遼西太守，虜掠百姓二千人，又轉攻漁陽郡（郡治在今北京密雲縣西南）、雁門郡。衛青率騎兵三萬人從雁門郡出擊，擊敗匈奴。

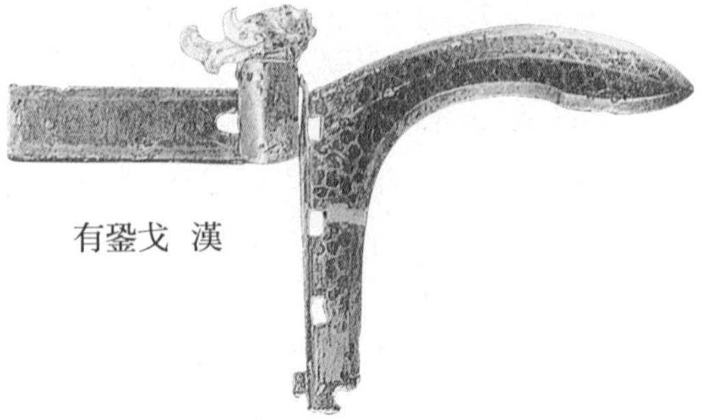

有鋬戈　漢

次年，衛青又從雲中郡出擊，向西掃蕩匈奴勢力，經過朔方郡的高闕（今內蒙古杭錦後旗東北），迂迴數千里，一路到達隴西郡（郡治在今甘肅臨洮）。

衛青轉戰數千里，擊退匈奴的白羊王和樓煩王，收復了河套地區，建立朔方郡，這場戰役也就是西漢對匈奴三大戰役中的「漢南戰役」。戰後，衛青因功封為長平侯，食邑三千八百戶。

衛青並沒有就此停下出征的步伐，元朔五年（前一二四年），衛青率所部三萬騎從高闕出擊，蘇建、李沮、公孫賀、李蔡、李息、張次公六位將軍率軍跟隨。漢軍十餘萬人在衛青指揮下，合擊匈奴右賢王，這次戰役史稱「河西戰役」。

漢軍藉著夜色掩護悄悄合圍匈奴右賢王，夜半發起進攻。此時匈奴右賢王正尋歡作樂，喝得酩酊大醉，眼見漢兵從天而降，不禁魂飛魄散。急迫之中，右賢王顧不得將士，領著百餘名騎兵突圍，小王十餘人，男女一萬五千餘人，全都做了漢軍的俘虜。

漢軍大奏凱歌，班師而回，軍隊尚未入塞，使者就到了，在軍中拜衛青為大將軍，諸將皆歸屬節制。

第二年春天，衛青以合騎侯公孫敖為中將軍，太僕公孫賀為左將軍，翕侯趙信為前將軍，衛尉蘇建為右將軍，郎中令李廣為後將軍，從定襄郡（郡治在今內蒙和林格爾以北）出塞，斬殺匈奴數千人。

同年夏天，衛青又率領六位將軍再次出擊，這次衛青遭到匈奴的頑強抵抗。將軍蘇建、趙信率領的三千騎兵，遭遇了匈奴單于的主力，激戰一日，漢軍不敵，死傷殆盡。趙信率八百騎兵投降了匈奴，蘇建隻身而還。

有人建議衛青處死蘇建以立威信，忠厚的衛青卻回答說：「我以皇上近臣的身分統帥三軍，威信全部來自於皇上，根本無須殺人立威。何況就算有殺蘇建的權力，但我不敢擅自使用。」於是衛青將蘇建交由武帝裁決，蘇建貶為庶人。

⊙漢北大戰

漢南、河西兩役之後，匈奴元氣大傷，匈奴單于聽從叛將趙信勸說，遠走漠北，試圖避開漢軍的鋒芒。

元狩四年（前一一九年），經過周密計畫，漢朝對匈奴規模最大，最具決定意義的「漠北之戰」拉開了序幕。大將軍衛青與驃騎將軍霍去病各率騎兵五萬深入漠北，以步兵數十萬緊隨其後，另有擔任運輸的軍馬數萬匹，軍勢浩大，天下震動。衛青率軍出定襄，尋找單于主力決戰，霍去病出代郡，攻擊匈奴左賢王部。

衛青率領所部出塞，很快就偵知單于所在，立刻自率精兵出塞千餘里，直抵匈奴單于屯兵處。於是，兩軍展開決戰。衛青令漢軍以兵車環結為營，以為依託，用弓弩射擊匈奴騎士。雙方激戰良久，傍晚時候，大風驟起，飛沙走石，作戰雙方都看不清動向，兩軍在沙塵裡糾纏，傷亡相當。

衛青當機立斷，命精銳騎兵五千人借助沙塵掩護，左右包抄，直插單于大營。單于見勢不利，不敢戀戰，率騎士數百人突圍逃走。衛青隨即派出輕騎追襲，以大軍追隨，一晝夜行進兩百餘里，可惜還是沒能擒到單于，前後斬首、俘虜匈奴兵共一萬九千名。

司隸校尉印　西漢

司隸校尉是漢代監督京師和地方的監察官。

驃騎將軍霍去病從代郡、右北平郡出擊，奔馳兩千餘里，越過大漠，大敗匈奴左賢王部，斬獲七萬餘人。

衛、霍兩軍共斬獲匈奴騎兵約九萬，而漢軍也損失士卒數萬、戰馬十一萬匹。經此一役，匈奴主力被殲，大漠以南再也沒有匈奴部落了。

漠北戰役以後，漢軍因為戰馬損失過多，無力發動新一輪攻勢，匈奴連敗之下，也屢次通使請求和親，漢匈之間暫時相安無事。

元封五年（前一〇六年），衛青病逝，謚長平烈侯。衛青以奴僕身分平步青雲，終至大將軍，並且封侯，雖然姐姐衛子夫密不可分，但也因為衛青有傑出的軍事才華，能建立卓越戰功。衛青位極人臣之後，依然仁讓謙退，一如得意之前。作為當朝皇后的兄弟，又是全國軍隊的統帥，卻不專權，不干政，始終堅持做個純粹的軍人，在歷史上是罕見的。

虎豕咬鬥紋金飾牌

長十三公分，寬十公分。兩件紋飾一樣，都是虎在下，豬在上，各咬著對方的後腿。

劍指漠北的驃騎將軍

●時間：西元前一四〇～前一一七年
●人物：霍去病

霍去病少年從軍，任氣敢行，屢次率領精銳部眾深入匈奴腹地，為漢朝奪取匈奴祁連山、焉支山地區，立下了不世戰功。在漢北戰役後，霍去病封狼居胥山記功，「封狼居胥」從此成了中國典故中建功塞外的代名詞。

⊙少年將軍

當衛青在中國北方的大漠中縱橫馳騁、叱咤風雲的時候，他的外甥霍去病也長大了。霍去病從小受衛青影響，精於騎馬射箭，不甘和紈褲子弟安居長安，享受聲色犬馬的生活，終日渾渾噩噩，而是渴望著如同衛青一般，長驅十萬沙漠建功立業。激越的理想和高昂的鬥志使霍去病成天坐立不安，等待著馳騁沙場的機會。

元朔六年（前一二三年），機會終於到來了，衛青率領六將軍出塞，年僅十八的霍去病被武帝任命為剽姚校尉，帶領八百騎兵跟隨出戰。霍去病把騎兵戰「迅捷如風，剛烈如火」的特點發揮到了極致，以八百騎兵越過邊境幾百里，突襲匈奴，結果斬殺的敵兵超過了自己損失的兩三倍。

消息傳回長安，漢武帝看著戰報寫著：「剽姚校尉霍去病殺敵二千零二十八人，其中包括匈奴相國和當戶，殺死單于祖父一輩的籍若侯產，活捉單于叔父羅姑比。」下令封霍去病為冠軍侯，食邑一千六百戶。

本來因為趙信叛變，六位將軍多數都進展不順，重者全軍覆滅，輕者也是無功而返，只有霍去病大獲全勝，這也算這場戰鬥中西漢唯一的收穫吧！

⊙河西大戰

光采奪目的首戰讓每一個漢朝人都意識到一顆將星已經冉冉升起，但是對於霍去病輝煌的一生來說，仍只是個開始而已。

元狩二年（前一二一年）春天，霍去病再次出征。年僅二十，這時已經是獨立的大軍統帥了。霍去病再次率領精銳深入敵人腹地，在大漠中長途奔襲六天，轉戰五個匈奴部落，從焉支山長驅千里，直到皋蘭山下，殺折蘭王，斬盧侯王，活捉渾邪王子，斬首俘虜八千九百六十級，連休屠王祭天用的金人都成了漢軍戰利品。

霍去病墓前的馬踏匈奴石刻

同年夏天，霍去病在祁連山一帶再次大敗匈奴軍隊，斬首三萬餘級，俘虜匈奴王五人。

面對霍去病的迅猛攻勢，匈奴西方諸王無力抵禦，連連喪師失地。匈奴人也都垂頭喪氣，唱歌感歎說：「亡我祁連山，使我六畜不蕃息；失我焉支山，使我婦女無顏色。」

匈奴單于對西方諸王的連續失利大為震怒，準備召集到王庭處死以儆效尤。可是單于的行動尚未展開，計畫就洩露到了渾邪王和休屠王耳裡，只好派遣使者和漢朝聯絡，表示願意投降。

漢武帝不能確定兩王投降的真假，又害怕中途生變，於是命霍去病率領大軍前往迎接兩王入漢。

騎兵俑　西漢

果然，霍去病剛過黃河，投降的匈奴部眾就發生變化，休屠王改變主意，想帶領部眾離開。霍去病當機立斷，率軍馳入匈奴營中，斬殺休屠王以下譁變的士兵八千多人，穩定住軍心。為了防止再出變故，將渾邪王先行送往長安見武帝，自己率軍監護其他數萬部眾，緩緩南行。

九月，渾邪王部眾安全抵達長安，向漢朝投降。從此，敦煌西行直至鹽澤，都沒有匈奴部落的身影，漢王朝的版圖上，多了武威、張掖、酒泉、敦煌四郡，河西走廊正式進入漢王朝的掌控之中。

⊙封狼居胥

元狩四年（前一一九年），經過周詳的策劃，武帝發起了規模空前的「漠北之戰」。霍去病雖然年僅二十二，但已經以出色的長途奔襲能力成為漢軍首屈一指的將領。他和大將軍衛青各率五萬騎兵分頭行進，衛青出定襄尋找單于主力決戰，霍去病則出代郡，負責殲滅匈奴左賢王部。

這場大戰是霍去病長途奔襲的經典之作。在深入漠北尋找左賢王的過程中，霍去病率部奔襲兩千多里，一萬五千名士兵傷亡，殲敵七萬多人，

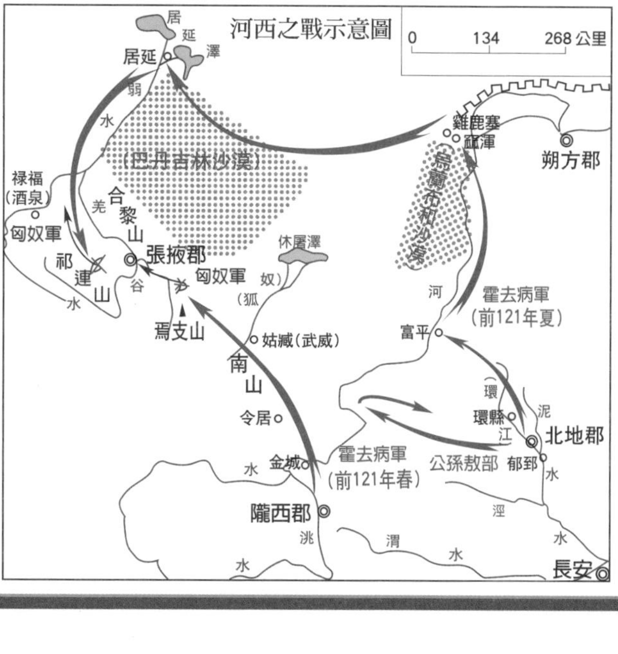

吊俘矛　西漢

矛高四十一．五公分，雲南晉寧石寨山出土。在青銅矛的矛葉下角，用鎖鏈懸吊兩個俘虜，俘虜赤身裸體，低垂著頭，長髮下披，雙臂倒剪在背後，綁縛的雙手懸吊在鎖鏈上。可能是滇人使用的儀仗用具。

俘虜匈奴王三人，以及將軍相國當戶都尉八十三人。霍去病一路追殺，來到了今內蒙古肯特山一帶，搜查數天，不見匈奴人跡。

在歸國之前，霍去病雄姿英發，登上狼居胥山，南面中原，設壇拜祭，並立戰勝碑於山上。經此一役，匈奴破走，大漠以南再也沒有匈奴部落了，中國的歷史典故也多了一條「封狼居胥」。

年僅二十二歲的霍去病完成了如此輝煌事業，彷彿天妒英才，他的生命也隨之走到了盡頭。元狩六年（前一一七年），年僅二十四歲的霍去病病死。漢武帝非常悲傷，調來曾跟隨霍去病出入沙場無數的鐵甲軍，列成軍陣，沿長安一直排到茂陵，陪著霍去病走完了人世間的最後一段路。霍去病葬在茂陵（武帝陵寢）旁，墳上封土修成祁連山的形勢，以表彰奪取祁連山的赫赫戰功，遺址至今尚在。

⊙處世風格

霍去病，長於羅綺之中，卻從來不曾沉溺於富貴豪華，他將建功立業放在一切之前。漢武帝曾經為霍去病修建一座豪華的府第，霍去病拒絕收下，說：「匈奴未滅，何以家為？」這短短的八個字，因為出自霍去病之口而言之有物，震撼人心，刻在歷朝歷代保家衛國將士的心裡。

霍去病少言多行，從不說空話。漢武帝想教他孫吳兵法，他卻回答道：「打仗應該隨機應變，而且時勢變易，古代的兵法已不合適了。」

作為一個優秀的將領，霍去病的建樹甚至超過了舅舅衛青。但在接人待物上，霍去病與仁讓謙退的衛青相比，卻是遠遠不如。霍去病生長富貴之中，並不知道體恤將士的艱辛。出征時，武帝常調撥數十輛車的食物作為犒勞，但他卻留著自己食用，寧肯腐爛，也不分給將士，往往直到戰勝班師時，車中還留有犒勞品，而部下將士多有餓著肚子的。有時遠征塞外，糧食供應困難，士卒愁苦，他卻蹋球作樂，不予撫慰。他對人也並不像衛青仁讓謙退，常以富貴凌人。

諸此種種，都不能不算是霍去病的缺點。可是畢竟瑕不掩瑜，霍去病的赫赫戰功和他「匈奴未滅，何以家為」的豪言，已足以彪炳青史。

張騫踏出的絲綢之路

●時間：西元前一三八～前一二二年
●人物：張騫

張騫兩度出使西域，前後達十數年，行程數萬里，歷盡艱辛。最終，張騫克服了重重困難，完成了出使的任務。從此以後，西域天山南北各國相繼歸漢，橫貫東西的絲綢之路由此開闢，對中國的發展和中西經濟文化交流都產生了深遠的影響。

⊙領命出使

漢朝初年，匈奴在傑出領袖冒頓單于的率領下，征服了周邊的其他民族，漢朝東北的東胡、西北的西域諸國、西方的羌族，全都臣服於匈奴，對漢朝形成了半包圍的形勢。

武帝登基之初，積極尋求突破這種包圍的方法。武帝從匈奴降人口中得知有個叫大月氏的國家，世代與匈奴為敵，先前居住河西一帶，後來受到匈奴連年攻擊，連月氏國王的腦袋都被匈奴人砍了下來，做成酒杯。月氏無力抵抗匈奴的鐵騎，只好遠走西域。亡國之恨，殺王之仇，讓月氏人十分怨恨匈奴，卻苦於沒有盟友共擊匈奴。

於是漢武帝決定派遣使者聯絡大月氏，共擊匈奴，以突破匈奴控制下的西域，迫使匈奴兩面受敵。

西漢建元三年（前一三八年），漢武帝下詔，招募出使西域，聯絡大月氏的使臣。當時西域在漢朝人的眼中簡直就是有去無回的絕域之地，沒有幾個人敢應徵前往那片陌生的土地，只有漢中郡（郡治在今陝西安康）人張騫從詔書中看到了建功立業的機會。當時的張騫還是一個小小郎官，碌碌無為的官僚生活讓張騫厭倦，渴望找到一片更廣闊的天地，實現抱負。正在此時，出使萬里絕域的機會擺在了張騫面前，於是毅然踏上了征途。

⊙漫漫歸國路

當時匈奴對西域的控制非常嚴密，匈奴右賢王屯駐敦煌祁連山一帶，阻斷了漢朝通往西域的道路。

鎏金銅馬　西漢

陝西興平縣茂陵一號無名塚出土。馬高六十二公分，長七十六公分。馬身高大中空，通體銅鑄鎏金，昂首翹尾。據考證，該馬是根據大宛良馬的形象鑄造的。

在匈奴騎兵的嚴密監視下，張騫率領的使團取道隴西郡（郡治在今甘肅臨洮），剛剛出塞就被發現了，幾千名長刀出鞘的匈奴騎兵包圍了張騫率領的百人使團。這時匈奴和西漢仍維持著表面的和平，沒有大規模的戰爭，因此匈奴只把張騫押回單于駐地扣留。

張騫並沒有在匈奴單于面前示弱，他侃侃而談，硬把戰略外交出行說成了友好通商。匈奴單于也不傻，冷笑著反問張騫說：「月氏在我匈奴的北邊，你們不通知我，隨便就派人和他們來往，你覺得師出有名嗎？匈奴要是派人聯結漢朝南邊的南越，你們皇帝會准許嗎？你還有點才華和氣節，老實在我匈奴住著吧！」

俗話說「秀才遇到兵，有理說不清」，何況張騫遇到的是說一不二的匈奴最高統治者，張騫只好在匈奴過起了變相俘虜的日子。時間一年一年過去了，張騫也娶妻生子，從一個熱血書生變成了有家有業的中年男子。可是張騫仍然手持漢節，不忘使命。

這時匈奴人以為張騫已經安於現狀，於是放鬆了監視。張騫乘機逃出匈奴，向西行進。張騫支撐了幾十天，通過姑師、龜茲等國，越過葱嶺，到達了大宛。

大宛國王早就聽說漢朝的富強，希望和漢朝通使往來，現在見到張騫，非常歡迎。張騫將經歷告訴大宛國王，請求國王護送到大月氏，並許諾回到漢朝後，一定厚報。

於是，大宛王派遣嚮導和翻譯把張騫送到康居，又由康居到達大月氏。終於到達了目的地，張騫總算放下一顆心，全力勸說大月氏東歸河西地區，與漢朝夾擊匈奴。可是大月氏剛剛打敗大夏，已經沒有復仇的想法。

張騫在大月氏居住了一年多，始終無法說動月氏人，只好動身返回。

敦煌壁畫《張騫出使西域辭別漢武帝圖》

圖中表現的是漢武帝帶領群臣到長安郊外為出使西域的張騫送行，持笏跪地辭行的是張騫。

張騫從大月氏經天山南道東歸，經過匈奴控制區時，再次被匈奴人俘虜。張騫扣留不到一年，匈奴的軍臣單于病死，匈奴內部發生大規模內亂，沒有人注意張騫。趁著良機，張騫再次逃出匈奴，回到了漢朝土地。

元朔三年（前一二六年），歷經千辛萬苦，張騫終於回到長安，距離當

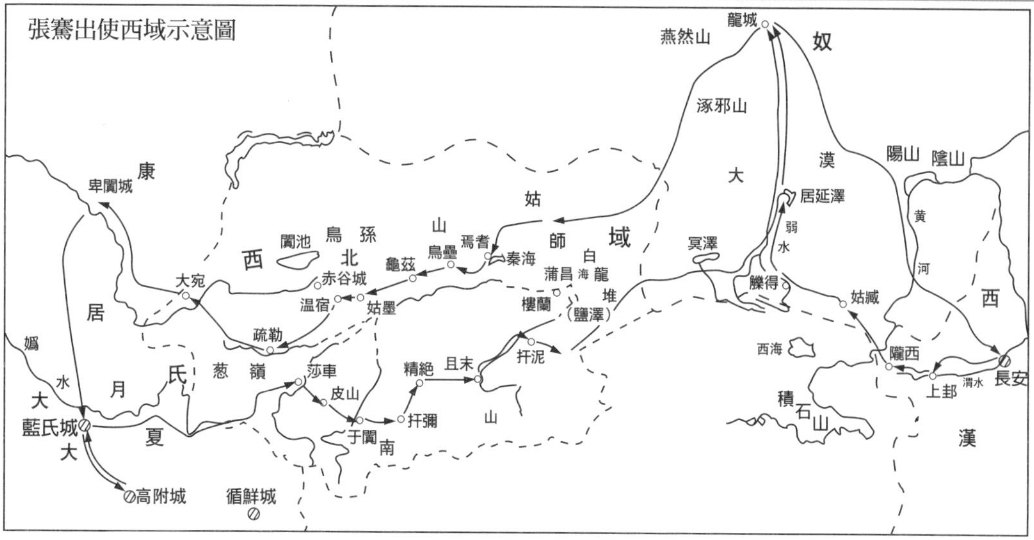

張騫出使西域示意圖

初執節出使，已經十三年了，跟隨張騫出使的百餘人，生還的只有張騫和屬下甘父兩人。

當衣著破爛，卻用無比莊嚴的神態捧著漢節的張騫步入未央宮時，連喜怒不形於色的武帝都為之色變，對張騫的壯舉深為讚歎，當場拜張騫為太中大夫，封甘父為奉使君。

張騫第一次出使西域，雖未達到聯絡大月氏、共擊匈奴的目的，卻和西域各國建立了聯繫，知道許多西域地區的山川、地形、物產、人口、風俗等情況，增進了漢朝對西域地區的瞭解。

⊙經營南路

張騫首度出使，前後耗時十三年，此後漢武帝雖然有心再度前進西域，卻始終沒有避開匈奴的良策。可是張騫出使西域的見聞，卻對漢朝十分有利，漢武帝派往與匈奴戰爭的前線，依靠穿行大漠的經驗，引導大軍在大漠中尋找水草，張騫因功封為博望侯。

儘管漢代軍功的犒賞是最重的，可是身在疆場的張騫卻時刻惦記著未完成的外交大業。張騫想起在大夏國時，曾經見到了蜀郡（郡治在今四川成都）出產的蜀布和竹杖。根據大夏商人的說法，這是從大夏東南數千里外的身毒（今印度）買的。

張騫認為大夏位於漢朝的西北，身毒既然在大夏東南，想必離蜀郡不遠。以前取道隴西前往西域的道路，沿途很不平坦，又隨時可能被匈奴捕獲，不如改從蜀地經過西南地區，穿過身毒到西域，路程既近，又沒有危險。

理清了思路之後，張騫向武帝分析。武帝非常高興，派出四路使者，從蜀郡向不同方向各行一二千里，並沒有找到通往身毒之路。

後來武帝又聽說西南有滇越（今雲南昆明一帶），可通身毒，於是又派使者探路，終究還是沒有成功。

就在張騫和漢武帝苦思從西南方

向打開前往西域的道路時，西北方向被匈奴隔斷的道路終於開通了。元狩二年（前一二一年），驃騎將軍霍去病大破匈奴右賢王，控制了整個河西地區，從玉門關到西域，一路暢通無阻了，從前因匈奴隔斷道路受阻的西域計畫，再次進入西漢政府的議事日程。

⊙再通西域

元狩四年（前一一九年），張騫再次向武帝提出使西域的計畫，建議聯絡西域國家烏孫，使之東歸河西地區，共擊匈奴。張騫告訴武帝說：「烏孫原本生活在祁連山、敦煌之間，曾經被大月氏攻擊，一度瀕臨亡國。後來烏孫王子昆莫臣屬於匈奴，依靠匈奴的力量趕走了月氏人。昆莫兵力稍強後，不肯再服從匈奴，因此遭到匈奴軍事打擊，被迫遠徙西域。如今右賢王敗走，河西地區空曠。如果用豐厚的禮物招誘烏孫東居故地，結為兄弟，就可以達到斷匈奴右臂的

彩繪陶樂舞雜技俑　西漢

山東濟南無影山出土。座長六十七公分、寬四十七．五公分，陶俑最高者二十二．七公分。在一個長方形灰陶盤上，有樂舞雜技及觀賞俑共二十一個（原應有二十二個，但一奏樂俑已缺失），造型拙稚但姿態生動，施彩鮮豔，為瞭解西漢雜技舞樂提供了形象資料。

目的。烏孫臣服漢朝之後，烏孫以西直達大夏的諸國全部可以招為大漢的外臣。」

武帝採納了建議，任命張騫為中郎將，率領隨從三百人，每人給馬二匹，攜帶牛羊萬頭和價值數千萬的金帛，前往烏孫。

張騫這次沒有受到匈奴阻攔，順利到達了烏孫。張騫說明來意，烏孫國王認為距匈奴近而距漢遠，匈奴軍力強大，但不知漢朝國力如何，因此不願東歸河西。張騫無奈，只好分遣副使出使大宛、康居、大月氏、大夏、安息、身毒、于闐及其他諸國。

元鼎二年（前一一五年），張騫返回長安，烏孫使臣隨之前來瞭解漢朝情況。烏孫使者看到漢朝地廣人眾，國勢富強，回報烏孫王，於是烏孫與漢朝和親。

張騫兩度出使西域，前後達十八年，行程數萬里，歷盡艱辛。但終於克服了重重困難，完成了出使的任務。張騫回長安後，拜為大行，掌管各族事務。

張騫於元鼎三年（前一一四年）病卒。死後一年多，所遣副使分別回到長安，各國使臣也隨同前來，紛紛與漢朝建立邦誼，漢朝與西域諸國的關係日趨密切，使節往來日益頻繁。張騫雖已病逝，但漢使往來，仍借用他的名聲取信於西域諸國。

張騫出使西域的最初目的，是為了軍事的需要，但更深遠的影響，則不在軍事，而在經濟和外交。漢朝之後的幾千年，張騫開闢的道路逐漸成為中西交流最重要的商路，萬里長路上，駝鈴聲聲，中國的絲綢、茶葉、鐵器、瓷器等傳到西方，西方的土特產、樂器也傳入中國，這就是舉世聞名的「絲綢之路」。

帶鏈雙鹿紋銅牌

銅牌帶鏈全長十五．五公分，雙鹿作交配狀，反映了匈奴民族的生育崇拜。生育崇拜是早期社會的普遍現象，目的是祈求人丁興旺，子孫繁衍。

歷史詞典

《周髀算經》成書

西漢時期，出現了一本有關天文學和數學的著作，名叫《周髀》。由於最先記載許多高水準的數學成果，後人當作數學經典，稱為《周髀算經》。

在天文學方面，《周髀》主要闡述蓋天說和四分曆法。

在數學方面，《周髀》記載了漢代最新數學成就，率先提出了幾何學上重要的勾股定理，並在測量太陽高遠的方法中給出了勾股定理的一般公式。《周髀》中出現了運用重差術繪出的日高圖，但未詳述方法，三國時趙爽、劉徽進一步研究，使之成為中國古代測望理論的核心內容。另外，《周髀》又有平行線的作法，其全過程即使按歐幾里得幾何的嚴格要求也是正確的。

《周髀算經》的作者不詳，從成書時間來看，並非一人一時之作，而是對先秦數學成就的總結，是集體智慧的結晶。《周髀算經》是中國流傳至今最早的數學著作，是後世數學的源頭，其算術化傾向決定了中國數學的性質，歷代數學家奉為經典。

漢匈的和與戰

兩漢時代，帝國周邊的少數民族不斷向中原地區發展。漢朝中央政府基於實力的強弱，或採取和親政策，或採用軍事手段，積極拓展疆域，加強對少數民族地區的控制。在眾多的民族中，匈奴與秦、漢王朝的對抗最為激烈，引發的戰爭竟綿延數百年之久。

匈奴概況

匈奴為中國北方一支強大的民族，始見於《史記·匈奴列傳》。「匈奴」一名是匈奴對本族人的自稱，例如匈奴首領單于曾派遣使者致書漢文帝，書中有「天所立大匈奴單于，敬問皇帝無恙」等語。

匈奴政權結構主要的特點是軍制與政制的結合，是游牧性質的軍事政權。單于是部落聯盟的最高首腦，總攬軍政及外交大權，由左、右骨都侯輔政。左、右賢王是匈奴政權在地方上的最高長官，因為匈奴尚左，所以左賢王是單于的繼承人，經常讓太子擔任。左、右賢王之下有左、右谷蠡王和左、右大將等，既是部族首領，也是軍事將領。部族首領之下，又有千長（千騎長）、百長（百騎長）、什長等中下級帶兵長官，分領數量不等的騎兵，指揮作戰。

匈奴最強盛的時候，軍隊由二十四部族組成，各部族的兵力，多者萬人，少則千騎，總計有騎兵三十萬。這種軍事編制使匈奴兵民合一，隨時可以舉國出征。對外掠奪和壓迫鄰近各族，統治征服地區；對內則保護貴族的私有財產，維護社會秩序。

玉琮是一種古老的禮制性玉器。這件帶座玉琮是由一件素面琮改製成的，實際上是一件容器，用途與漢代常見的奩盒是一樣的。

匈奴的社會生活

匈奴人「隨畜牧而轉移」，過著游牧生活。為求得豐盛的水草，匈奴人隨著畜群四處遷徙，居無定所。其衣食住行，大多也來自於畜牧及相關產品。匈奴人的食物，以畜肉、乳漿和奶酪為主。以皮、革、裘等為衣，以氈毯為帳幕住處，其他物品，如鎧甲等，也多用皮革製成。除畜牧業外，狩獵在社會經濟生活中也占一席之地。也有一小部分匈奴人從事農

木雕馬俑　西漢

業，生產糧食。

匈奴以游牧業為主的經濟，對自然環境有較強的依賴。如果遇到大的自然災害，往往畜死人亡。因此決定了匈奴人長期游徙不定，力量時強時弱，部族「時大時小，別散分離」。

匈奴在戰國中晚期進入鐵器時代，掌握冶鐵技術，生產鐵製工具，冶鐵業逐漸成為一個獨立的、有相當規模的手工業部門。從出土刀、劍與漢式刀劍相似性來看，匈奴是從中原地區接受了鐵器文化。匈奴人非常重視與漢人互通「關市」，交換有無，以滿足自身生產和生活需要。

根據文獻記載，匈奴人只有本民族的語言，沒有文字，即「毋文書，以語言為約束」。匈奴人流行的樂器是胡笳，誠如《胡笳十八拍》中所言，「胡笳本自出胡中」。後來，胡笳傳入中原地區，深受漢人喜愛。匈奴人的藝術，在題材上反映了游牧和狩獵生活，例如出土的匈奴物品中，紋飾多以草原常見的動物為主題圖案，或鹿紋，或馬型等等。

匈奴人相信死後靈魂不滅，對於無法解釋的社會現象和自然現象，都認為是鬼神作用。其祭祀天、地、日、月，係自然崇拜，為了求得天地、祖先、鬼神的護佑，避禍祈福。尚「左衽」，多「披髮」。一夫多妻的現象在匈奴貴族中普遍，而收繼婚即所謂的「父死，妻其後母；兄弟死，皆取其妻妻之」的習俗也還保留著。

和戰連年

秦末之際，群雄逐鹿，爭鬥不已。長城以北的匈奴，也出現了王位更替。秦二世元年（前二〇九年），匈奴頭曼單于在狩獵的時候，被長子冒頓射死，冒頓自立為單于。率眾東征西伐，滅東胡，驅月氏，降服樓煩等部，控制河西、西域諸國，並占

樓蘭古城是絲綢之路上的重鎮，大約建於西元前二世紀，到三三〇年左右，樓蘭城似乎在一夜間消失得乾乾淨淨，昔日繁華的大街小巷迅速被黃沙填塞，往日的西域明珠變成了一座荒涼的空城。

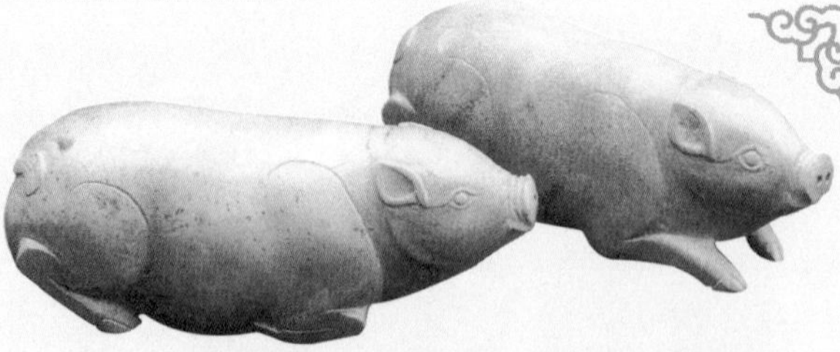

玉豬高五公分，長十三．五公分，西安市南郊山門口村出土。豬作奔跑狀，形態逼真。

領河套地區，建立了一個東自遼東，西踰蔥嶺，北達貝加爾湖，南抵長城的強大汗國。

漢朝初年，強盛的匈奴不斷攻擾漢朝北方郡縣，掠奪人口和財物。漢高祖七年（前二〇〇年），劉邦親率大軍征伐匈奴。劉邦聽說冒頓在代谷（今山西代縣雁門山北）駐紮，於是令人偵察匈奴虛實。冒頓單于隱藏精銳士兵，以老弱病殘和少量牲畜為誘餌。劉邦貿然脫離主力率軍前行，結果被匈奴四十萬精銳騎兵圍困於平城白登山（今山西大同東北）達七天之久。劉邦聽從陳平計策，用重金賄賂冒頓的閼氏（相當於皇后），才得以脫身。

經此一役，劉邦認為實力不足以抗擊匈奴，只能忍辱含垢，等待時機。採用婁敬的建議，與匈奴和親，把宗室之女當公主嫁給匈奴單于，每年饋贈匈奴大量的絲織品、酒食，並與匈奴互通關市，以減少其侵擾。但「和親」政策的作用不大，匈奴仍不斷侵擾，有時烽火警報竟直逼首都長安城。

經過漢初幾十年的休養生息，國家實力大增，官府倉廩充實。同時，由於諸侯國勢力的削弱和中央集權的加強，使得漢政府有餘力反擊匈奴。漢武帝即位幾年後，認為不能再執行屈辱的和親政策，必須以武力對付匈奴，才能一勞永逸解除北部邊患，求得邊境的安定。

元光二年（前一三三年），漢軍於馬邑（今山西朔州）設下埋伏，企圖一舉殲滅入侵匈奴。匈奴發覺漢軍計謀，中途撤退，漢軍無功而返。

自此，漢朝與匈奴開始了曠日持久的戰爭。在漢軍與匈奴作戰的過程中，湧現出大批卓越的軍事將領，如「飛將軍」李廣、大將軍衛青、驃騎將軍霍去病等。他們留名青史，廣為後人傳頌。

兩次分裂

在三次大規模反擊匈奴的戰爭結束後，漢武帝調整國防戰略，不再大規模出擊，只是保持軍事壓力的態勢下，採取穩守邊塞、和戰結合的方針，在經濟上封鎖困窘匈奴，在外交上盡可能的孤立匈奴。漢匈雙方在西域激烈爭奪，而西域門戶樓蘭、車師等地，是雙方爭奪的關鍵。漢與匈奴曾數次交戰，互有勝負。

隨著部族的衰落，匈奴上層統治內部的激烈衝突，爭奪單于之位，相互廝殺。西漢宣帝五鳳元年（前五十七年），匈奴終於分裂。在呼韓邪單于的率領下，部分匈奴部落歸附漢朝，向南遷徙至長城一帶，漢政府優待有加。

東漢光武帝建武二十二年（四十六年），匈奴單于蒲奴命令日逐王比遣使至漁陽郡（今北京密雲西南），請求和親，以緩和彼此的緊張關係。但是比暗中奉匈奴地圖到河西太守，請求內附。結果事情洩露，比率所轄部眾四五千人投奔漢朝。

建武二十四年（四十八年），匈奴南邊八部大人商議，擁立比為呼韓邪單于，遣使至五原塞（今內蒙古河套北），向東漢王朝表示「願永為藩蔽，御北虜」。漢廷正苦於應付匈奴連年侵擾，接受了請求。同年冬，比自稱呼韓邪單于，匈奴於是分為南、北兩部。南匈奴入塞居住，緩慢內遷，與漢人雜居，逐步向定居和農耕生活過渡。

燕然勒石　匈奴西遷

東漢和帝年幼即位，竇太后臨朝聽政，竇氏家族勢力膨脹。永元元年（八十九年），大將軍竇憲會合南匈奴，與北匈奴戰於稽落山，大敗匈奴，斬首眾多，俘獲牲畜百萬餘頭，北匈奴歸降者約二十餘萬人。竇憲出塞三千餘里，登上燕然山（今蒙古國杭愛山），令班固寫銘，刻石頌功而返。次年，漢軍又擊敗伊吾地區的匈奴。

竇憲想乘北匈奴衰落之機，一舉殲滅，於永元三年（九十一年）派軍出居延塞，圍擊北匈奴單于於金微山（今阿爾泰山），終於徹底擊潰北匈奴。自此之後，北匈奴餘部或降附漢朝，或歸附鮮卑，其餘大部則離開故地而走上西遷路程。延續數百年的漢、匈戰爭至此基本結束。

從西元四世紀中後期起，匈奴人開始出現在歐洲大地上。羅馬史學家馬色林魯斯(Ammianus Marcellinus)的《歷史》記載：匈人從頓河以東向阿蘭人展開進攻。阿蘭人以戰車為主力，敵不過勇敢善戰的匈人騎兵，結果大敗，國王被殺，民眾降服。匈人占領匈牙利平原後，逐漸建立起一個強大的匈奴帝國，特別是在匈奴王阿提拉時代，積極向外擴張，席捲歐洲大部。

直到十八世紀後期，法國學者才根據中國的歷史記載，指出「匈人」就是中國歷史上的「匈奴」。直到今天，大多數匈牙利人還認為是匈奴的後裔。匈奴西遷，由此引起歐洲持久的「民族大遷徙」，加速了東、西羅馬帝國的衰落與滅亡，改寫了歐洲歷史的進程。

新莽始建國元年銅方斗，正立面浮雕朱雀紋，其餘三面漆畫黍、麥、豆、禾、麻紋。此斗容量與戰國時期秦商鞅方升相合，說明自秦統一後，度量衡制曾長期處於穩定狀態。

不遠萬里求寶馬

●時間：西元前一〇四年
●人物：漢武帝　李廣利

漢武帝為了得到大宛汗血寶馬，兩度興兵攻打萬里之外的大宛，前後歷時三年。漢朝的軍隊在嚴酷的自然環境和李廣利拙劣的指揮下，傷亡巨大，在沙鹵鹽澤中留下數萬具屍體後，終於換回了三千餘匹汗血馬。

⊙興兵索馬

從元鼎二年（前一一五年）張騫通西域起（「絲綢之路」從此開通），漢朝吏民就不斷請求出使外國。這些人競相誇飾外國的奇珍異寶，大者為使者，小者為副使。每年出使西域的漢朝使團少則五六批，多則十幾批，少的帶著百餘名隨從，多的甚至幾百人。使者不但沒有張騫的愛國之心，反把出使當成發財的捷徑。私下帶著漢朝的絲綢和茶葉，在西域各國換成當地的特產，運回國內營利。

這時漢朝連年與匈奴作戰，對馬匹需求很大，西域盛產的良馬也就成為漢使往來的主要目的。太初元年（前一〇四年），從大宛回來的使者告訴漢武帝，大宛貳師城產馬最為神俊，但大宛國王不肯給漢朝使者。漢武帝愛馬心切，馬上另外讓使者帶著黃金和黃金打造的馬，一定要帶回貳師城的寶馬。

使者帶著黃金來到大宛，大宛還是不肯交換。使者氣憤下砸壞了帶來的金馬，又口出惡言，憤憤離去。最後使者沒能活著走進玉門關，被大宛國王在半路劫殺了，又把財物劫掠一空。

消息傳到長安，武帝惱怒異常，就準備興兵討伐大宛。其他使者揣摩上意，也挑撥說：「大宛軍力微不足道，陛下只需三千士兵，一陣弓弩亂射，就足以對付了。」

漢武帝下了決心，又想到寵妃李夫人的哥哥李廣利沒有軍功不能封侯，正好把機會送給李廣利。於是武帝發兵近兩萬，拜李廣利為貳師將軍，率軍前往大宛討取寶馬。

⊙初戰失敗

同年八月，漢朝遠征軍出玉門西

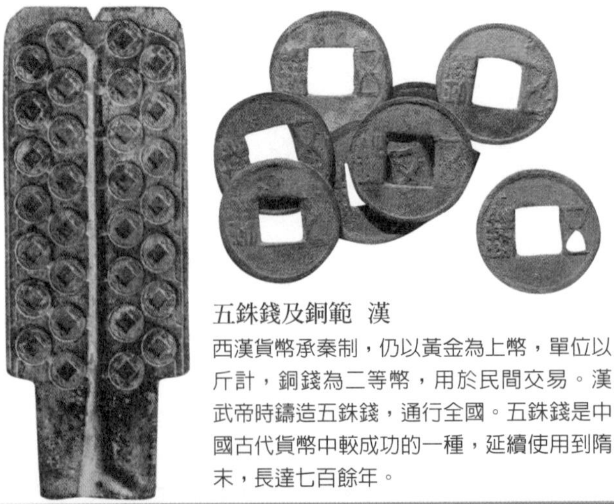

五銖錢及銅範　漢

西漢貨幣承秦制，仍以黃金為上幣，單位以斤計，銅錢為二等幣，用於民間交易。漢武帝時鑄造五銖錢，通行全國。五銖錢是中國古代貨幣中較成功的一種，延續使用到隋末，長達七百餘年。

行，向大宛出發。手握兵符的李廣利上路時非常得意，覺得旌旗所向，自然望風投降。漢軍自越過鹽澤起，沿途的西域諸國全都閉城自守，不肯接納漢軍。漢軍無糧無水，只好一路攻城，士兵損失不斷增加。到大宛的時候，近兩萬人的部隊只剩下幾千人。這時李廣利才算清醒，不敢再往前走，率軍回撤。

太初二年（前一〇三年）冬天，歷盡千辛萬苦的漢朝遠征軍，終於淒淒慘慘撤回敦煌，出關時近兩萬人的部隊，至此只剩下不到兩千人。

羽人天馬玉飾　西漢

陝西咸陽出土。白玉質，或認為玉料產自新疆和闐。在飛馳於雲端的天馬上乘騎著一個羽人。羽人即仙人，漢代認為仙人遍身毛羽，所以玉雕的羽人像遍身毛羽，肩生羽翼，而且雙耳大而上聳，正是當時人們心目中的仙人形貌。

⊙取馬班師

為了掩蓋無能，李廣利上書武帝說：「大宛路途絕遠，糧食不敷食用，很難獲勝，不如暫且罷兵。」

武帝看了，不禁大為光火。先前武帝聽使者說大宛兵弱，三千人就可奏功，可是李廣利大敗歸來，竟請求罷兵。於是武帝傳旨不許退入玉門關，並重新制訂計畫，發兵調糧，增援李廣利。

從太初二年（前一〇三年）底到三年（前一〇二年）初，武帝陸續赦免囚徒為兵，又調發邊郡騎兵，前後派往敦煌增援李廣利的軍隊達到六萬人。漢武帝並調集十萬頭牛，三萬匹馬，萬餘匹駱駝，轉運糧草，東起渤海，西到隴山，押運糧食前往敦煌的民夫相望於道，天下騷動。

到了太初三年（前一〇二年）春天，遠征軍再次離開敦煌，向西域進發。這一次漢朝軍隊所向披靡，兵不血刃。漢朝大軍所到之處，沿途諸國全部開城投降，提供糧草。長驅直入，一路「殺」到大宛，大宛王試圖負隅頑抗，率軍迎擊，結果宛軍佈陣尚未成列，就被漢軍迎頭弩箭射得大敗，只好逃回城裡，負城堅守。李廣利斷絕城中水源，連攻四十多天。

雖然大宛王有心抵抗，官員卻殺掉大宛王，開城投降。於是李廣利從貳師城選馬三千匹，奏凱班師。漢軍第二次遠征西域，器械精良，糧食充足，但由於李廣利馭將無方，造成漢朝士兵沿途死亡仍有萬餘。武帝興高采烈，封李廣利為海西侯，食邑四千戶。於是漢朝將士拋灑在萬里絕域中的纍纍白骨，終於壘成了李廣利的「赫赫」功名。

皇室奇才劉安

●時間：西元前一七九～前一二二年
●人物：劉安

淮南王劉安以風雅流譽天下，招致賓客數千人，編成《淮南子》一書，成為漢代文壇的領袖級人物。但劉安在削藩奪權、儒家獨尊的歷史大潮之中，仍然想恢復道家的主流地位，妄圖挑戰中央政權，最終敗在一代歷史強人漢武帝手中，落得個畏罪自殺的下場。

⊙流譽天下

劉安是漢高祖劉邦的孫子，淮南厲王劉長的兒子。文帝時代，劉邦的八個兒子或病逝，或為呂后所殺，死亡殆盡，只有劉長與文帝健在。劉長在淮南國內驕奢過度，車馬制度和天子一樣，最終謀反下獄，廢去王位，以囚車遷往蜀地。劉長性情剛烈，半路絕食而死。

百姓哀憐劉長的遭遇，作歌謠傳唱說：「一尺布，尚可縫；一斗粟，尚可舂；兄弟兩人不相容。」文帝聽到後悔恨交加，將淮南國分為淮南、衡山、臨江三國，分封劉長的三個兒子，劉安受封為淮南王。

對於父親絕食而死，劉安耿耿於懷。景帝時吳楚七國叛亂，劉安有心加入叛軍，因為淮南國相的阻撓才沒成行。武帝即位，劉安依然對皇位懷有覬覦之心。

建元二年（前一三九年），劉安入朝拜見武帝。太尉田蚡與劉安交好，特意出城到霸上迎接劉安，對劉安說：「當今天子沒有太子，大王是高皇帝的嫡親孫子，仁義遍傳天下，一旦天子去世，還有誰能繼承皇位呢？」劉安非常高興，厚禮拉攏田蚡，且加緊準備，等待時機。

當時關東諸侯多以豪奢為尚，劉姓諸侯王在國內大修宮館，務求華麗，平日鬥雞走馬，對政務全不關心。唯獨劉安刻意博取聲譽，重視撫慰百姓，不好逸遊而好風雅，閒居時讀書鼓琴而已，因此劉安聲望日盛，流譽天下，賓客游士從之者如流。

⊙謀反被誅

建元六年（前一三五年），天空出現彗星，賓客告訴劉安說：「從前七國之亂的時候，天空也出現彗星，不過數尺，天下已經流血千里了。現在彗星籠罩了整個天空，天下一定會出現更大的戰亂。」

劉安以武帝沒有太子，將來諸侯爭奪，力強者為王，需預先準備。於是劉安和兒子劉遷祕密整治軍備，查看地圖，佈置行軍路線，制訂了周密的計畫。然而密謀卻意外洩漏了。

淮南太子劉遷喜歡擊劍，總認為劍術天下無雙，旁人比劍時都不敢使出全力，假裝輸他。劉遷見「戰無不勝」，越發驕縱，聽說郎中雷被善於用劍，堅持比劍。雷被一再推辭，不得准許，只好比試，不小心擊中了劉遷。惱羞成怒的劉遷因此不斷詆毀雷被。雷被害怕，為了避禍，向劉安表示應募參加朝廷軍隊，藉此離開淮南，但劉遷阻礙，雷被始終未能如願。

元朔五年（前一二四年），雷被偷偷逃到長安，上書告發淮南王及太子不遵詔令，阻撓參加軍隊。在青壯皆兵、抗擊匈奴的武帝時代，阻止下屬投軍是非常嚴重的罪，武帝就將表章交朝廷議罪，公卿認為劉安罪當處斬。武帝考慮時機並不成熟，且罪不至死，沒有批准。公卿退而求其次，請求廢掉劉安的王位，武帝仍是不准，最後決定只削減淮南國的兩個縣作為懲戒。

可是事情沒有結束，劉安的庶子劉不害與劉遷不合，劉不害就讓兒子劉建上書武帝，揭發劉遷圖謀不軌，武帝因而懷疑另有內情，命廷尉監為淮南中尉，前去逮捕劉遷。

劉安知道事情敗露，與劉遷密謀，召見武帝派來的廷尉監、淮南相和內史會同議事，計畫將武帝安排在身邊的人除去，然後起兵謀反。可是廷尉監和內史推託不來，只有淮南相應召，劉安一籌莫展，只得放淮南相回去。

此時已錯過時機，劉遷無奈，只得請求接受審訊，希望免禍。但同謀者有人見機不對，向朝廷自首，詳細交代了謀反的前後情節。

劉安明白大勢已去，飲下鴆酒，於王宮內自殺。淮南王后、劉遷及所有參與陰謀者都被族誅，廢淮南國為九江郡，前後株連而死的有數萬人。這一年是武帝元狩元年（前一二二年）。

⊙《淮南子》書

劉安不僅是武帝時期西漢政壇上的一個重要人物，而且是學術界著名學者。武帝也愛好辭賦，每次寫信給劉安時，總是力求文采斐然，常讓司馬相如等文士看過後才將書信發出，生怕文采出眾的叔叔挑出語病。劉安原本有文集，可惜後來失傳了。劉安曾集合賓客編寫了《淮南子》一書，有〈內書〉二十一篇，〈外書〉多篇，〈中篇〉八卷，現在流傳的只有內書的部分內容。

《淮南子》編撰體例類似《呂氏春秋》，思想基本尊崇道家，對儒家、法家思想多有譏諷。書中強調君王之術在於清靜無為，顯然和漢初奉行的道家思想非常一致，和武帝推行的獨尊儒術政策背道而馳。漢初幾十年中，一直存在著儒家思想與道家思想的學術爭鋒，彼此相互貶低，口舌之爭上升到了政治前途，甚至性命。《淮南子》的編撰正是這段時間，自然也有替道家搖旗吶喊之意。

當時削弱藩國與獨尊儒術可謂歷史的大勢所趨，劉安雖有很高的才華，但逆歷史潮流而動，終難有所成就。劉安一生在政治上的表現失敗，最終賠上了性命。雖然劉安學術上的成就很高，但終非當時治國者可用。

東方朔的政治幽默

●時間：西元前一五四～前九十三年
●人物：東方朔

小隱隱於野，大隱隱於朝。東方朔在神聖的宮廷之中，放肆開著玩笑，在嘻笑中戳中了皇帝的痛處，這又何嘗不是一種別人永遠達不到的功業呢？舉重若輕地處理重大問題，不執著於表達的形式，也許這才是智者的表現。

⊙大話連篇

東方朔，字曼倩，平原厭次（今山東惠民）人，博學多才而又幽默詼諧。武帝即位初年，徵召天下能人異士，東方朔寫了篇自薦的文章。當時還沒有紙，自薦信竟用了三千根竹簡，公車令派了兩個壯漢才能搬動。

《公羊傳》拓片

《公羊傳》是今文經學的重要典籍，為研究戰國秦漢時期儒家思想的重要資料。此磚草書略帶隸意，是當時書法藝術的傑作。

東方朔說少年時就失去了父母，依靠兄嫂扶養，十三歲開始讀書，十五歲學習擊劍，十六歲研讀《詩》《書》，如今能誦二十二萬言，十九歲研習兵法戰陣。……更大言不慚吹噓現年二十二歲，身高九尺三，目若懸珠，齒若編貝，勇敢若孟賁，敏捷若慶忌，廉潔若鮑叔，守信若尾生，自認可成為天子大臣，所以冒死自薦。

果然脫穎而出，引起武帝的注意。不知道是讚賞東方朔的膽量，還是東方朔的風趣給武帝帶來了歡樂，武帝就任命東方朔做了郎官。

東方朔進入仕途後，並沒有受到武帝的重用，只做了個俸祿微薄的郎官，連皇帝也見不到。

一次，東方朔看到表演雜技的小侏儒，就嚇唬說：「你們文不能治民，武不能定國，還不會種田，我告訴你們，陛下已經打算殺掉你們了。」

侏儒嚇壞了，急忙哀求東方朔救命。東方朔假裝沉吟了一會，對侏儒說：「一會陛下出來時，你們一起跪地哀求，可以保住性命。」

不久漢武帝從宮中出來，侏儒跪了一地，痛哭流涕請武帝饒命。武帝糊塗，問清緣由後，便把東方朔找來。

武帝見到東方朔，敲著他的腦袋問：「你為甚麼嚇唬這些侏儒，還冒用我的名義？」東方朔一本正經回答說：「侏儒只是供陛下娛樂的，身高不過三尺，俸祿卻是一袋粟，二百四十錢。臣是陛下的大臣，身高九尺，俸祿也是一袋粟，二百四十錢。侏儒撐得要命，臣卻餓得要死，天下還有更不公道的嗎？」武帝聽完哈哈大笑，改派東方朔待詔金馬門。

⊙幽默侍君

升了官後，東方朔的工作就是陪同皇帝巡行狩獵，將沿途見聞寫成頌賦，供皇帝賞玩，幾乎就成了武帝跟前的「文痞」。這種處境更使東方朔憤慨和失落，但並沒有讓這種情緒表露出來，索性以「文痞」的面目出現，插科打諢，放蕩不羈。

東方朔時常在武帝面前談笑取樂，有時武帝賜他御前用飯，飯後他便把剩下的肉全都揣在懷裡帶走，把衣服弄髒了。還有一次他喝得酩酊大醉，竟在殿堂上小便，差點把官都丟了。

東方朔機智幽默，常常用調侃的方法化解衝突。一年夏天酷熱難熬，漢武帝想賞賜隨從郎官一些肉。但等到天快黑了，分肉的官員還未出現，東方朔就拔出劍割了一大塊肉，並對同僚說：「三伏天，肉不宜久放，我就先接受賞賜了。」

第二天，漢武帝質問東方朔：「昨天賜肉，你為何不等詔書，擅自割肉歸家？」東方朔聞言立刻免冠謝罪，自責說：「東方朔啊東方朔，你受賜不待詔，何等無禮！拔劍割肉何

延伸知識

偉大的發明——造紙術

在西元前二世紀的西漢，中國已發明了造紙術，且多為麻紙。西漢時期選擇以麻為原料造紙，是因為人們早已掌握了麻的脫膠、柔化、漂白等工藝技術，使生硬的麻皮變為纖維，可用於紡織。麻紡織前期的重要工藝「漚麻」可作為造紙技術的借鑑，斧和碓可作為切斷長纖維的刀具和打爛紙漿的工具。這些相關的工藝和工具直接影響漢代造紙的發明。

通過對西漢紙的研究和對現存的傳統造紙工藝考察，漢代造紙工藝的流程主要為：

一　浸漚：使麻皮變軟，易於除去外皮和雜質，同時使麻皮得以初步脫膠。

二　切碎：使麻纖維變短，便於舂搗和形成紙漿。

三　灰水浸泡，也稱漿灰：麻料在鹼的作用下易於脫膠和分散纖維，還有漂白的作用。

四　舂搗：碓打的麻料纖維形成帚化現象，增強紙的牢度。

五　洗滌：洗漂掉灰漿和雜質，增加紙的潔白度。

六　打槽：紙漿放入加水的紙槽，以木棒將紙漿打勻，使紙漿纖維均勻漂浮在紙槽中。

七　抄紙：用抄紙模框在紙槽中將紙漿抄起，使紙漿均勻滯留在抄紙模框上。

八　曬紙：將留有濕紙模的模框放在通風的地方晾曬。

九　揭紙：將曬乾的紙從抄紙模框上撕下。至此，一張麻紙就製成了。

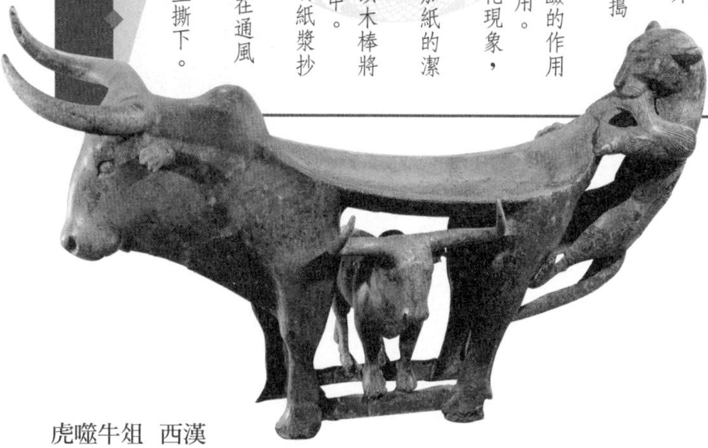

虎噬牛俎　西漢

器高四十三公分、長七十六公分，雲南江川李家山出土。工匠利用寬厚的牛背作俎面，直立的四條牛腿自然形成銅俎的四足。在鏤空的牛腹下，又橫置著另一頭較小的立牛，把帶彎角的頭和前肢微露在大牛腹外。在大牛的臀部，還趴伏著一隻老虎，用尖牙利齒撕咬著肥厚的牛體。此器具有古代滇族青銅造型藝術獨特的風格。

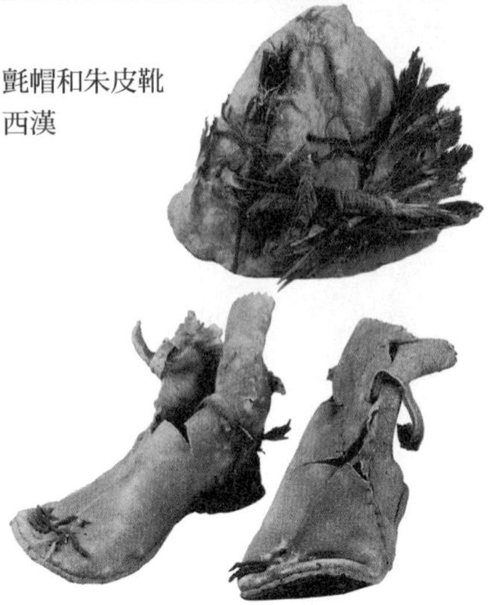
氈帽和朱皮靴　西漢

等雄壯！割肉不多何等廉潔！歸家給妻子又何等仁愛！」

漢武帝開懷大笑說：「你反而稱讚起自己。」於是武帝又賞給東方朔一石酒，一百斤肉，讓他回去送給妻子。

⊙堅持原則

其實，東方朔不完全以滑稽幽默的形象出現在武帝面前，他常在談笑中察言觀色，尋找機會直言進諫。建元三年（前一三八年）武帝命人圍造設計上林苑，專供皇帝遊獵、休憩，總計占用方圓數百里的土地。

東方朔上書力陳其害：築造苑囿，首先破壞了陂池水澤的環境，侵占了百姓肥沃的土地。上對國家無用，下對百姓無利。其次，破壞了百姓的墓塚，拆毀黎民的居所，使百姓死無所葬，生無所居。其三，這樣的苑囿，馬東西跑著，車南北走著，還要挖深溝大渠，這是勞民傷財的事。與民爭利，為的只是陛下一日之樂，實在不該。

東方朔諫阻修建上林苑書寫得真切感人，武帝讀罷高興，任東方朔為太中大夫、給事中，賜黃金百斤。但是武帝並沒有採納東方朔的建議，最終還是建造了上林苑。

武帝的姑母館陶公主有個情人名叫董偃，風流英俊，常進宮陪武帝鬥雞跑馬，蹴鞠比武，深得武帝歡心。武帝想在皇宮正殿宣室宴請館陶公主和董偃，卻被東方朔攔阻了。

東方朔列舉董偃犯下三條死罪：第一罪是以家臣的身分私通主人。第二罪是傷風敗俗，不婚而共居。第三罪是皇上正是建功立業的時候，董偃卻引皇上沉湎靡麗奢侈，專注聲色犬馬之中，所以董偃沒有進殿的資格。

彩繪陶亭　漢

武帝沉默很久，勉強說：「我已經擺好酒宴了，以後再改吧！」

這一次，東方朔義正詞嚴，堅決不肯讓步：「宣室是先帝處理朝政的地方，不合法的人和事都不得入內。」武帝知道事關重大，只好將酒席改設到北宮。

東方朔官居太中大夫時，昭平君娶了武帝的女兒夷安公主為妻。昭平君是武帝妹妹隆慮公主的兒子，就是武帝的外甥。仗著皇親國戚，平日飛揚跋扈，經常犯罪，所以隆慮公主很不放心，在病重臨終前，拿出金千斤、錢千萬，預先為兒子預贖死罪。武帝看妹妹這麼惦記孩子，就答應了公主的請求。

後來，昭平君果然驕橫異常，竟然殺了人。按照漢律，殺人償命，但朝中大臣不敢決斷，奏請武帝，由武帝親自裁奪。武帝歎息著說：「我妹妹只有這個兒子，妹妹死前又再三託我照顧。」武帝含淚，歎息良久，接著說：「但法令是先帝制定的，不能因妹妹而違反先帝的法令，不然有甚麼顏面進高廟見先帝呢？」於是武帝下令處死了昭平君。

畢竟殺的是親外甥，武帝十分悲痛，左右大臣也跟著傷心。這時東方朔卻面帶喜色，拿了酒為武帝祝壽說：「我聽說聖明的君王治理國政，賞賜不避仇人，殺戮不避骨肉。這兩件事不是一般帝王可以做到，現在陛下您卻做到了，這是值得慶祝的事情，我在這裡祝陛下萬歲。」武帝也不好發火，轉身回了宮內。

當天晚上，武帝召見東方朔說：「《左傳》說：看準時機後再說話，別人不討厭。今天你為我祝壽，認為是看準時機了嗎？」東方朔馬上脫下帽子，請罪說：「我聽說過分快樂和過分悲傷都很傷害身體，我所以向皇上祝壽，就是想轉移話題，不讓陛下難過。我沒有挑時機說話，是我該死。」武帝知道東方朔是一片好心，就賞他一百疋帛。

東方朔在宮中，大家都認為他是狂人。東方朔卻說：「像我這樣的人，就是所謂在朝廷裡隱居的人。和古時候隱居深山的隱士不一樣。」

東方朔經常酒喝得興起時，踞地而歌道：「隱居於世俗中，避世於金馬門。殿堂裡可以隱居，保全自身，何必隱居在深山之中，茅廬之下。」能在君威森嚴、誅殺大臣無數的武帝面前保持這份膽量的，整個西漢也只有東方朔一人。

東方朔偷桃圖　明　吳偉

此圖描繪了東方朔從西王母處偷得仙桃後，匆匆逃跑的情景。此圖未作任何背景，僅繪銀髮長髯的東方朔，左手捧著一個碩大的仙桃，右手緊握書鎮，一邊疾步奔走，一邊回頭望，緊張與機敏之態，栩栩如生。

書生本色董仲舒

●時間：西元前一七九～前一〇四年
●人物：董仲舒

董仲舒以書生起家，作「天人三策」，開「罷黜百家，獨尊儒術」的先河，因此稱為漢代儒宗，書生事業可謂極盛。但董仲舒對於現實政治中的翻雲覆雨卻是一竅不通，曾經三度遭貶，一生未得大用。

⊙經學起家

董仲舒，廣川（今河北省棗強縣）人，少年時代師從大儒胡毋生學習《公羊春秋》學，學術精湛，名動一方。景帝前元元年（前一五六年），朝廷選立博士，董仲舒與胡毋生一起當選。師生同為博士，一時傳為佳話。

董仲舒在作博士的十六年裡，幾乎閉門不出，研究經學，他是如此專心，以至於對窗外的一切都視而不見，留下一個「三年不窺園」的美談，流傳至今。

「讀書隨處淨土，閉門即是深山」，蝸居一室的董仲舒感覺不到時光的流逝，而窗外的天下，已經暗換新顏了。建元元年（前一四〇年），武帝即位，銳意革新政治，向各地推薦的賢良徵詢國策。董仲舒也應徵上書對策，武帝看完後，覺得意猶未盡，又重複請教，往復三次才罷。這三篇對策文，就是後人常說的「天人三策」。

「天人三策」的主要內容是以《公羊春秋》學為理論基礎，從天人相應出發，論證大一統是天下必然之勢，提出罷黜百家，獨尊儒術的必要性。董仲舒同時又提倡禮樂教化，主張辦大學，求賢養士，實行量材授官，建議州郡舉薦茂才孝廉。

武帝對這一系列建議讚賞不已，升董仲舒為江都相，輔佐江都王劉非。

⊙官場失意

劉非是武帝的哥哥，一向驕橫。董仲舒一介書生，雖然能用道德禮義屢次勸諫，終究還是制約不了。劉非在國內大治宮館，招納四方亡命之徒，驕奢放縱，所用的禮儀甚至超過了皇帝。

元光五年（前一三〇年），劉非上書武帝，願意領兵出擊匈奴。武帝非

彩繪陶壺　西漢

常惱火，嚴詔斥責了劉非，董仲舒也因教導不善貶為中大夫。

不久，遼東高廟和長陵高園殿發生火災，董仲舒按照天人相應的原理推究火災原因，認為是施政不善所致，於是將意見寫成草稿，尚未潤色其中的尖銳提法，就被一向嫉妒他的大臣主父偃私下看見了。

主父偃將草稿偷出上奏武帝，武帝交由朝中儒學之士審閱。當時董仲舒的弟子呂步舒也在其中，可是不知道文章是老師所寫，就發言說文章純粹是虛妄之言。武帝一怒之下，就把董仲舒下了大獄，雖然不久後又放了出來，但董仲舒從此再也不敢談論災異了。

古詩十九首

這些詩歌是漢代文人在樂府民歌影響下寫作的五言抒情詩。梁太子蕭統選其十九首編入《文選》「雜詩」類，標題為《古詩十九首》。《古詩十九首》在詩歌藝術上成就相當突出，上承《詩經》、《楚辭》的傳統，吸取了樂府民歌的內涵，對後代詩歌創作有深遠影響。

⊙專心著述

元朔五年（前一二四年），同是胡毋生門下的同學公孫弘封侯拜相。公孫弘也是治《公羊春秋》，學問遠遠不如董仲舒，但知奉迎，所以官位比董仲舒大。董仲舒看不起，屢次出言責備不走正路，公孫弘因而懷恨在心，想找機會報復。

公孫弘知道武帝的哥哥膠西王特別驕橫放縱，前後殺了幾任膠西相，便對漢武帝說「只有董仲舒才能勝任膠西相」，於是漢武帝調董仲舒為膠西相。膠西王向來知道董仲舒大名，是德行君子，因此禮敬有加。但董仲舒還是怕長時間難免出事，於是推病辭去膠西相之職，專心著書立說。

董仲舒最後老死家中，死後幾十年，儒學大興，他的陵墓也成了後進儒生的聖地。上至達官顯貴，下至平民百姓，騎馬者，乘轎者，凡是經過董仲舒的墓前，無不下來步行，以示對這位儒學宗師的尊敬，董仲舒的陵墓也被稱為了「下馬陵」。

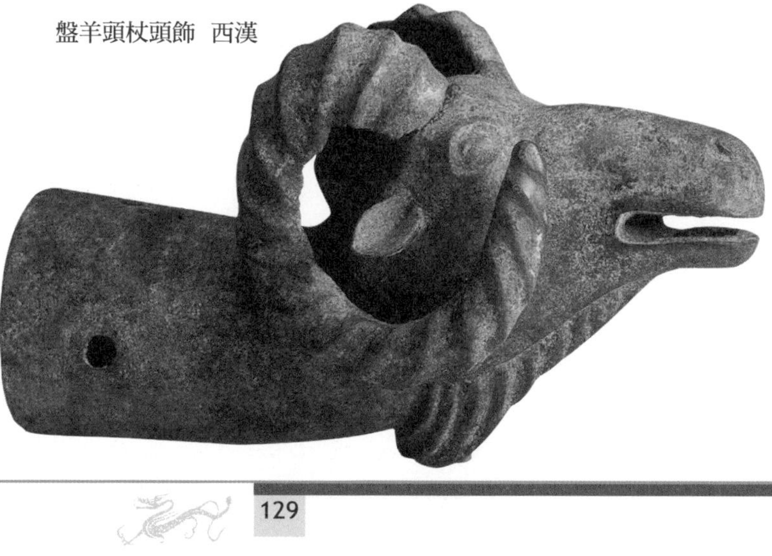

盤羊頭杖頭飾　西漢

戾太子劉據

●時間：？～西元前九十一年
●人物：漢武帝　劉據　江充

戾太子是漢武帝的兒子劉據死後的謚號，提到「戾」字，人們往往馬上想到的是暴戾、乖張、罪惡。「戾」字在謚號中，則是過錯、違逆之意。那麼，劉據生前到底犯了甚麼大錯呢？

⊙仁厚失寵

劉據是皇后衛子夫為漢武帝所生的長子，所以又稱衛太子。劉據出生時，漢武帝已經二十八歲，年近而立的武帝為大漢王朝終於有了繼承人興奮異常，對這個兒子也疼愛異常。依母以子貴的傳統，武帝元朔元年（前一二八年）三月，衛子夫立為皇后。元狩元年（前一二二年），劉據立為太子。

銅雁魚燈
西漢

可是隨著皇后衛子夫年老色衰，漢武帝已經移情別的嬪妃。衛子夫皇后的名位雖在，但想見武帝已經十分困難。同時，武帝寵幸的嬪妃相繼產下皇子，對劉據的太子地位形成了威脅。

太子的舅舅、大將軍衛青很為外甥的地位擔憂，曾經向武帝隱晦表達了這種隱憂。也許是怕握有兵權的衛青有別的想法，也許是真的對兒子還有份舔犢之情，武帝安慰衛青說：「太子性格沉穩安祥，肯定能使天下安定，是我放心的繼承人。如果要選擇一個適合的君主，誰還比太子更能勝任呢？」

話雖如此，元封五年（前一〇六年），大將軍衛青病逝，皇后衛子夫和太子劉據就失去了最有力的後援，皇后之位和太子之位也開始堪憂了。

更不利於劉據的事情是他的性格仁慈寬厚，謹慎平和，與武帝在許多重大問題上政見不合，武帝「用法嚴，多任酷吏；太子寬厚，多所平反」，武帝堅持以武力征伐四夷，太子則主張懷柔之策緩和彼此關係。太子曾勸諫武帝，卻無濟於事。

漢武帝不理解兒子，就說：「由我來擔當艱苦重任，將安逸留給你，難道不好嗎？」太子無話可說。

於是武帝和太子的關係越來越疏遠，武帝也懷疑懦弱的太子能不能負擔起振興大漢江山的重任。

⊙風雨欲來

天漢三年（前九十八年），武帝已經六十三歲，此時最寵愛年輕貌美的鉤弋夫人，和鉤弋夫人懷孕十四個月才生下的皇子劉弗陵。晚年得子的武帝喜形於色，說上古的堯帝就是十四個月才出生的，下令將鉤弋宮宮門改名為堯母門。側室的嬪妃尊稱為「堯母」，顯然剛剛出生的劉弗陵已經被漢武帝寄以厚望。

隨著皇子劉弗陵長大，武帝越覺得弗陵不凡，奸佞小人揣摩聖意，認為武帝寵愛鉤弋夫人，希望改立劉弗陵為皇太子。於是，密謀而付諸行動，藉此平步青雲。

這時大漢王朝正經歷一場稱為「巫蠱之禍」的政治風暴。「巫蠱」在漢代由來已久，將某人的名字刻在木偶人上，通過巫師寫上各種惡毒的語言，便有詛咒某人的作用。武帝到了晚年迷信方士神巫，加上政事煩亂，年邁體弱，便不免多疑健忘，猜忌固執，總是疑心有人用「巫蠱」詛咒，於是指使酷吏清查使用「巫蠱」之人，嚴刑逼供，形成了空前的政治風波。

在這次政治風波中，太子的外戚勢力首先受到毀滅性攻擊。儘管功勳卓著的衛青與霍去病過早離世，但衛氏家族龐大的勢力已經形成，這個朝中最大的外戚官僚集團是太子地位的最有力保障，正因為如此，成為太子的政敵首要打擊的目標。

征和二年（前九十一年），有人舉報太子的大姨夫丞相公孫賀的兒子公孫敬聲與陽石公主私通，指使巫者詛咒武帝，埋木偶進行蠱惑。這時的武帝已經不能說是果斷，只能說是隨意了，立刻下令將名將公孫賀全家抄斬。

幾個月後，衛皇后的兩個女兒諸邑公主和陽石公主，以及衛青之子衛伉，都被指控與公孫敬聲「巫蠱」案有關。武帝絲毫不念舊情，將這些親

金雀山帛畫（局部）　西漢

拂袖女舞俑　西漢

西漢繁榮時期，樂舞藝術得到蓬勃的發展，長袖舞就是當時所盛行的舞蹈。這兩件陶俑長袖舒展飄揚，面含微笑，翩翩起舞，再現了我國漢代舞蹈藝術的無窮魅力，給人以優美的藝術享受。

戚全部處死。公孫敬聲的案件了結後，衛氏家族的勢力幾乎翦除殆盡，太子的政治基礎徹底崩潰了。

⊙起兵鋤奸

由於長期缺乏交流和溝通，武帝與劉據父子間的隔閡越來越深，武帝懷疑太子可能搶先奪權，太子懷疑武帝聽信讒言，取消皇位繼承的資格。隨著武帝年邁，臨近了帝位的交接時期，政治氣氛開始變得微妙。

受到武帝特殊信任並掌管懲處巫蠱事件的直指繡衣使者江充，與太子及皇后不諧。江充害怕武帝死後太子不利，就利用了這種特殊的政治氣氛，借「巫蠱」陷害太子。

征和二年（前九十一年）秋，武帝在甘泉宮患了重病，精神恍惚不定。江充趁機奏稱武帝的病因在於「巫蠱」，告訴武帝宮廷中有「蠱氣」。武帝深信不疑，指令江充追查，並派按道侯韓說、御史章贛、黃門蘇文等人協助。

江充得到武帝授權，進入皇宮，進行大規模的挖掘，尋找木偶。精心設計之下，江充很快就在太子宮中挖到了巫蠱用的桐木人像。

這時武帝生病，在甘泉宮避暑，只有皇后、太子在京師。太子見不到武帝，無法辯白，就召來少傅石德商量對策。石德害怕受到牽連，就對太子說：「如今太子受栽贓陷害，難以自明，形勢緊急。太子應當機立斷，借用聖旨逮捕江充奸黨，徹底清查陰謀。」

太子遲遲難以決斷，想親自前往甘泉宮請罪，訴說冤情，以求倖免。石德又說：「皇上現在深居甘泉宮中養病，皇后和太子派往請安探視的使者都沒有親眼見到皇上，皇上生死都是問題。現在奸臣為甚麼如此大膽？太子難道忘了秦朝太子扶蘇的悲劇麼？」

太子於是下決心起兵自衛，一方面調撥皇后宮中的衛士，動用武庫中的兵器，告訴朝中百官說江充謀反，同時逮捕江充。經過嚴刑拷問，江充手下的胡巫交待了作蠱狀的實情，太子下令將江充斬首示眾，燒死了胡巫。這時長安城中紛擾動亂，傳言太子造反。

這時一個跟隨江充的宦官逃回甘泉宮，向武帝報告了「太子造反」的消息。武帝立即派遣使臣招撫，可是使臣卻沒有進入長安，向武帝覆命說：「太子確實已經造反，甚至要殺掉我，我僥倖逃脫。」

武帝聞言震怒，當即下詔命令丞相劉屈氂嚴厲鎮壓，並宣布：平定叛亂後，自然會賞罰分明。平叛時必須多殺叛軍士卒，必須堅守城門，不能讓叛軍逃脫。

劉屈氂率領的平叛大軍開進了長安城，與太子的幾萬軍隊展開激戰。血戰五天後，長安城中死者數萬人，街頭屍積如山，血流成河。太子戰敗，棄城逃走，長安城守將田仁認為這是皇帝家事，不想干預，就打開城門讓太子逃走了。

京城的戰亂終於平息，但殺戮仍未停止。得知田仁私自將太子放走，劉屈氂準備將田仁就地正法，御史大夫暴勝之勸阻，田仁為朝廷大員，理應先行奏請，不能擅自斬殺。

後來武帝追究此事，暴勝之畏罪自殺，田仁腰斬，太子劉據的門客一律處死，追隨起兵的家臣和官吏士卒一律按謀反罪滿門

獸面紋玉鋪首　西漢

陝西興平縣茂陵附近出土。藍田玉質，青色。作獸面形，巨目，直鼻，露齒。左眉刻成回首反顧的朱雀，右眉刻成玄武。獸首左側是升騰的青龍，右側是曲體的白虎，構圖奇巧，別具匠心。鼻端下垂成啣環的圓鈕，惜已殘斷。背面光素無紋，留有鉚孔，孔內尚遺有金屬殘跡。玉鋪首形體碩大，雕工精細，是罕見的西漢玉雕精品。

歷史詞典

紡車和織機出現

漢代在先秦紡織技術基礎上迅速發展，出現了各種不同功能的織機，主要有斜織機、多綜多躡提花機、束綜提花機、羅織機等。

斜織機只能織出平紡織物，為滿足社會需要，人們又發明了多綜多躡提花機，漢代，這種機械已十分複雜，可織出對稱、循環的複雜圖案。而對一些大型的花卉、動物圖案，多綜多躡提花機就難以勝任了，大約在戰國秦漢之際，發明了束綜提花機。由片綜提花到束綜提花，是提花工藝一次大的飛躍，提高了提花機工作能力，為花紋大型化、複雜化開闢了廣闊道路。

羅是中國非常古老的織物之一。秦漢時羅織機出現，生產出美觀的四經絞素羅和菱紋羅。

由於多種織機的使用和整個紡織技術的提高，漢代生產出許多紗、羅、綺、綾、錦等色澤鮮豔、圖紋華茂的織物，不但滿足國內社會的大量需要，而且流向世界各地，推動了國外紡織技術的發展。

抄斬，被迫參與起兵的士卒和市民全部流放敦煌郡。隨後，武帝派遣使臣攜帶詔書來到未央宮，收繳皇后的印璽和綬帶，衛皇后被迫自盡。

這時的武帝仍餘怒未消，朝中大臣雖都為皇族家庭悲劇而惋惜慨歎，卻沒有人多言。壺關的三老令狐茂上書勸諫武帝說：「太子作為陛下的兒子，盜用父親的軍隊，不過為了保護自己免遭小人的陷害，其實並沒有任何險惡用心。望陛下放寬胸懷，平心靜氣，不要過分苛求親人，不要對太子的錯誤耿耿於懷，應還太子清白。」武帝有所觸動，但不置可否，捕殺太子的命令並未收回。

太子逃離長安後，隱藏在湖縣泉鳩里一個編織草鞋的貧民家中，食不果腹。太子無奈之下找當地的朋友求助，結果被官府發覺。官府立即包圍了太子的藏身之處，絕望中的太子自殺，兩位皇孫全部遇害，倖存者只有皇曾孫劉病已，可是這個僅有幾個月大仍在襁褓中的嬰兒也投入了監獄。

紅綠釉桃都樹　西漢

征和三年（前九十年），官府證實「巫蠱之禍」中的案件大多查無實據，認為太子受江充陷害惶恐不安，被迫起兵自保，沒有任何謀逆的企圖。郎官田千秋上書為太子鳴冤，說兒子擅自調用父親的軍隊，其罪不過鞭笞的懲罰。天子的兒子被迫殺人自衛，不致於承受如此重的罪名。田千秋還說夜裡夢見了一個白髮老翁，要他如此上奏。田千秋負責管理漢高祖劉邦的祭廟，傳說為高祖劉邦託夢。

武帝大為感動，召見田千秋說：「我們父子之間的事，旁人大多不敢妄加評論，只有你勇敢說出。這是高祖皇帝在天之靈派你來指教我啊！」

漢武帝下詔將江充滿門抄斬，造謠的宦官蘇文燒死在橫橋，丞相劉屈氂滅族，參與湖縣泉鳩里圍捕行動的幾位官員也滅族。隨後，武帝在長安修建了思子宮，在太子殉難的湖縣築歸來望思之臺，表達追悔之心，以示懷念之意。

後元二年（前八十七年），武帝駕崩，八歲的劉弗陵登基，是為漢昭帝。

十三年後，漢昭帝去世。在大臣霍光的主持下，流落民間十幾年的太子孫子劉病已，扶立為皇帝，是為漢宣帝。宣帝即位後，根據朝廷禮制，為祖父劉據定謚號為「戾」，從此劉據稱為「戾太子」。

【史家之絕唱】

●時間：西元前一四五～前八十七年
●人物：司馬遷

司馬遷繼承父志，寫下了流傳千古的《史記》一書，開啓了紀傳體正史之端。《史記》具有極高的文學性和史學性，魯迅稱之為「史家之絕唱，無韻之離騷」。比《史記》更難得的是司馬遷在身遭酷刑，生不如死的情況下，還能以常人難以想像的精力整理史書，以嚴謹的態度對待史實。

⊙青年時代

司馬遷，字子長，景帝中元五年（前一四五年）生於左馮翊夏陽縣（今陝西韓城縣南）。司馬遷出身於中下層官吏家庭，他的父親司馬談是西漢朝廷的太史令。太史令主管天文律曆，祭祀禮儀，並負責搜羅保管典籍文獻。在父親的嚴格教育下，司馬遷十歲的時候就已經掌握了先秦文字，十八九歲師從當時的大儒董仲舒和孔安國，學習《公羊春秋》和《尚書》，奠定以後治學的堅實基礎。

俗話說「讀萬卷書不如行千里路」，司馬遷不滿足於書本中得來的知識，二十歲起，開始踏遍大江南北，探訪前人留下的遺跡。司馬遷從長安出發，出武關（今陝西商縣東），經南陽（今河南南陽縣），至南郡（今湖北江陵縣）渡江，到了長沙的汨羅縣，參觀楚國詩人屈原自沉的地方。而後從長沙溯湘江而上，考察傳說中帝舜南巡死葬的九疑山（湖南寧遠縣境）。又順沅江而下，東浮大江，南登廬山，考察大禹治水的遺跡。

遊歷江南之後，司馬遷渡江北上，首先到達淮陰（今江蘇淮陰縣東南），向父老請教漢初大將淮陰人韓信的故事。然後渡過淮水，到孔子生長的地方魯（今山東曲阜），感受孔門遺風。之後，司馬遷轉向南遊，先後遊覽了秦始皇東巡郡縣曾到過的嶧山，齊國孟嘗君田文的封邑薛的故城（今山東滕縣東南），西楚霸王項羽建都的彭城（今江蘇徐州市），劉邦起兵的沛縣（今江蘇沛縣東）。所到之處，向當地百姓打聽當年的故事，獲得了很多的素材。

司馬遷這一次長途跋涉，遊歷了廣闊山河，考察了歷史遺跡，瞭解了許多歷史人物的遺聞逸事和民情風俗，開闊了眼界，擴大了胸襟，對於後來寫作《史記》無疑有很大的幫助。尤其重要的是司馬遷在彭城、沛、豐一帶的訪問，對於他敘述秦楚、楚漢戰爭的形勢，和以劉邦為首的漢朝初期統治集團的面貌，必然發

司馬遷像

生很大的影響。

⊙著史之起

大約二十五六歲的時候，才華出眾的司馬遷受到武帝賞識，入仕為郎官，並於元鼎六年（前一一一年）秋後，奉命出使巴蜀以南，視察安撫西南少數民族地區。

第二年正月從西南回來時，父親司馬談已經病得很嚴重了。司馬談在病榻上握著司馬遷的手流淚說：「我們的先世是周朝的史官，祖先在黃帝、炎帝時有功，所以任命為史官，到現在已經歷幾千年。我死後，你也一定要做太史令，繼承我的遺志，完成我沒能做完的著述。周朝從幽、厲二王之後，王道缺失，禮樂衰廢，孔子扶衰繼絕，定《詩經》《尚書》，作《春秋》，至今為學者宗師。而自從孔子傳道以來四百餘年，諸侯自相兼併，史書廢絕。現在海內一統，賢者眾多，我做太史令卻也沒能著書記載，以致天下史文缺失，深愧於心，你一定要記掛著這事啊！」司馬遷流淚答應了父親。

元封三年（前一〇八年），司馬談逝世後的第三年，司馬遷做了太史令，在此後兩年參與了太初曆的制定。太初曆完成之後，他把大部分的精力都投入史書的著述中。

⊙李陵之禍

就在司馬遷嘔心瀝血為理想奮鬥的時候，一場大禍卻向他靠近了。天漢二年（前九十九年），漢武帝的小舅子貳師將軍李廣利率領三萬騎兵，在祁連山進攻匈奴右賢王。武帝又派了將軍李陵（李廣的孫子，李敢的長子）率領五千步兵，進襲居延海以北大約一千里的地方，分散匈奴的兵力。

結果李陵被匈奴單于的八萬騎兵包圍，血戰八天，殺死匈奴一萬多名，漢軍戰士也傷亡過半，箭矢全部射光。這時匈奴大軍已經截斷了李陵的歸路，李陵彈盡糧絕，救兵無望。李陵仰天長歎說：「我沒臉回報皇帝了！」於是投降匈奴。軍隊全軍覆沒，逃散回到漢朝的只有四百多人。

單于得到李陵之後，知道李陵家族的名聲，就把女兒嫁給李陵。消息傳回漢朝後，漢武帝下令殺了李陵全家。

南越王金印　西漢

廣東廣州象崗山出土。印鈕重一百四十八·五克，為一條立體游龍，蟠曲呈「S」形，四肢俯伏，頭貼地伸向一角。爪及鱗片是鑄好後才刻上去的。印面正方形，四字，篆文，為「文帝行璽」。

司馬遷看不慣滿朝大臣落井下石的醜態，也為老將軍李廣的後人遭此待遇而不平，就上書為李陵辨白，稱李陵投敵是罪無可恕，情有可原，李陵一定是想忍辱偷生，找機會再報答國家。

可是武帝已經聽不下了，他把司馬遷的直言當成了對偏袒李廣利的影射，就將司馬遷下獄，定為死罪。

武帝時代犯死罪的人，除了俯首受誅外，根據兩條舊例可以免死，一條是拿錢贖罪，一條是宮刑。司馬遷官小家窮，無錢可使，只能在死與宮刑的恥辱之間選擇。這時是天漢二年（前九十九），**司馬遷**的史書還**未寫就**。司馬遷想到「人固有一死，或重於泰山，或輕於鴻毛」，丟下尚未**完成的**史書俯首**就死**，就猶如牛身上少根毛，毫無意義。最終決定，為了完成著史的工作，寧可忍受宮刑的屈辱。

清版《史記》書影

司馬遷出獄後，作了中書令，以宦官身分在內廷侍候武帝。這時官位比太史令尊顯，但司馬遷除了堅持著述工作以外，對朝廷內外一切事務，已經毫無興趣了。

⊙史家絕唱

司馬遷的著述大致於太始四年（前九十三年）完成，下筆質直，不虛美，不隱惡，因此觸怒了武帝，將其中指斥朝政最多的〈景帝本紀〉和〈今上本紀〉（漢武帝的本紀）削去，又尋事將司馬遷下獄處死。武帝死後，朝野對武帝在位時的政策進行了全面的反思，這時司馬遷的《史記》才由他的外孫楊惲傳播出去，很快便享譽遠近。

《史記》文筆優美，敘事引人入勝，是歷代學習散文的典範教材。《史記》的史筆也很嚴謹，不為權貴隱諱，開創了紀傳體的體例，成為後代「二十四史」中的經典著作。近代文學家魯迅說它是「史家之絕唱，無韻之離騷」，就是指無論史學性還是文學性，都是無與倫比的。

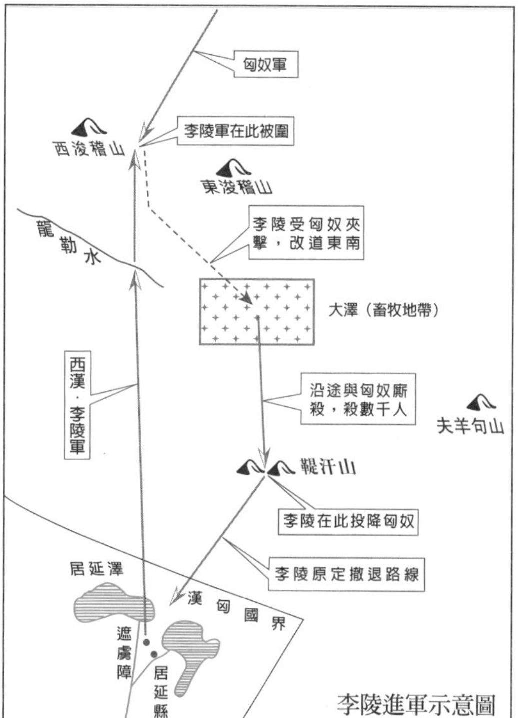

李陵進軍示意圖

博學才子司馬相如

●時間：？～西元前一一七年
●人物：司馬相如

司馬相如是漢賦的一代宗師，所寫的〈子虛賦〉、〈上林賦〉、〈大人賦〉等名篇，把漢賦這種文學體裁推到了高潮。明代文學評論家王世貞曾評論說：「長沙（賈誼）有其（司馬相如）意而無其材，班（固）、張（衡）、潘（岳）有其材而無其筆，子雲（揚雄）有其筆而不得其精神流動處。」司馬相如實為一代漢賦宗師。

⊙追隨梁王，攜美而奔

司馬相如，字長卿，蜀郡成都（今屬四川）人。少年時代的司馬相如喜歡讀書，愛好擊劍，是個文武全面發展的人才。因為仰慕戰國名臣藺相如，司馬相如改名為相如。

景帝前元四年（前一五三年），二十出頭的司馬相如入朝為官，任武騎常侍，秩六百石。可是景帝並不是喜好辭賦文學的儒雅皇帝，司馬相如和皇帝之間始終缺乏共同的語言。

七年之後，梁王劉武入朝，隨從中有鄒陽、枚乘等當時著名的辭賦家。司馬相如見到，相見恨晚，於是司馬相如託病辭去了官職，以門客的身分做了梁國的座上賓。

一個寬鬆的政治環境，一群愛好相同的朋友，大大刺激了司馬相如的創作慾望，很快就寫下了漢賦名篇〈子虛賦〉，司馬相如的大名也開始流傳全國。

可是好景不長，景帝中元六年（前一四四年），梁王病故，文人墨客大多散去，司馬相如也只好回到老家成都。

這時的司馬相如已經三十多歲，應朋友臨邛（今四川邛郲）縣令王吉的邀請，前往臨邛，路上遇到臨邛富翁卓王孫的女兒文君。一個是名滿京華的文人雅士，一個是溫婉賢淑的千金小姐，兩人一見鍾情，私奔到了成都。卓王孫勃然大怒，不准家人接濟文君。迫於生計，相如和文君開了家小酒館，文君賣酒，相如則負責打理雜物。卓王孫心疼女兒，只好給文君僕人數百，數百萬錢作為嫁妝。相如和文君這才關了酒館，過起了甜蜜的二人生活。

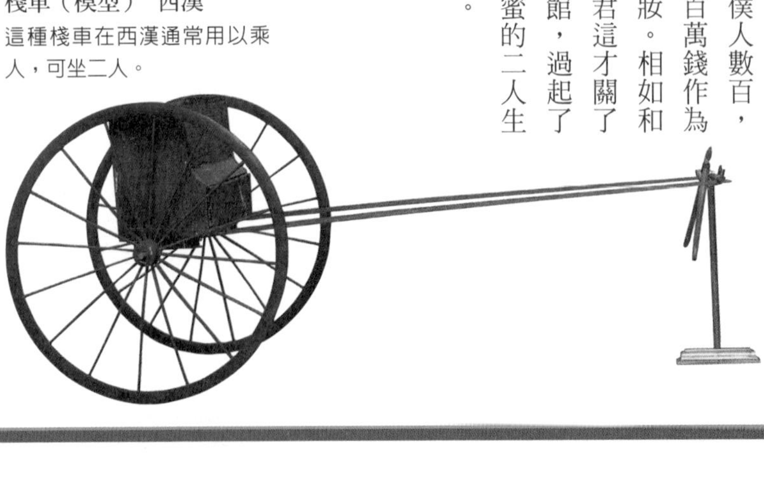

棧車（模型） 西漢
這種棧車在西漢通常用以乘人，可坐二人。

⊙應召為官，出使巴蜀

武帝非常喜歡辭賦，即位後大力徵召著名的辭賦家入朝為官，年已四十的司馬相如也在應召之列。君臣一見面，武帝就誇獎相如的〈子虛賦〉氣勢恢弘，是少有的佳作。相如則回答〈子虛賦〉是獻給梁王這樣的諸侯的，將再寫篇歌頌天子的辭賦。後來相如根據武帝遊獵上林苑的場面，寫出了名重一時的〈上林賦〉，武帝大為稱讚，授相如為郎官。漢賦的發展至此進入了一個新的階段。

建元六年（前一三五年），武帝任命番陽（今江西鄱陽）縣令唐蒙為中郎將，負責打通巴蜀到夜郎國的交通。唐蒙到了巴蜀後，立即徵發數萬巴蜀百姓服役，違抗即以軍法論處。巴蜀百姓嚇壞了，或逃亡或自殺，富饒的巴蜀地區變成了動亂之地。

朱雀啣環杯　西漢

武帝急忙命巴蜀人司馬相如為中郎將，前往巴蜀安撫百姓，並和西南夷談判。司馬相如算是衣錦還鄉，太守以下的官員全都出城迎接，蜀地百姓都在四周圍觀，想看這個家鄉出來的大官。司馬相如的老岳父卓王孫不禁感慨萬分，佩服女兒的擇偶眼光，就以兒子應得的財產數量又補給女兒一批嫁妝。

司馬相如圓滿安撫了百姓，並和西南夷交涉成功，漢朝在西南夷設置了十幾個縣，隸屬於蜀郡。

⊙孝文園令

司馬相如回到長安後，厄運再次降臨。有人告發司馬相如在蜀地收受財物，要求懲辦。武帝沒有辦法，只好免去了相如的官職。相如回到家中，著書作賦，日子過得也很充實。

元狩二年（前一二一年），武帝又想起了文采出眾的相如，再次復召相如為郎官。不久又任命相如為孝文園令，掌管漢文帝的陵園。悠閒的職務讓相如獲得了更多創作的機會，先後寫下了〈大人賦〉等名篇。

元狩五年（前一一八年），相如病死於茂陵（今陝西渭城西）家中，一代賦聖就此辭世。

玉枕　西漢

馬王堆漢墓

馬王堆漢墓是西漢初期長沙國大臣利蒼和家屬墓地，位於湖南長沙市東郊，於一九七二～一九七四年相繼發掘。依據史書記載和考古發現，可以確知：二號墓墓主是利蒼，惠帝二年（前一九三年）受封侯，死於呂后時期。墓中隨葬品眾多，除絲織品、漆器、樂器等，墓中出土了大量的竹木簡牘和帛書帛畫等珍貴文物。

神祕女屍

發掘馬王堆一號墓時，考古人員發現墓葬規模宏大。其中，棺槨有五層，四層套棺內壁均髹朱漆，外壁有不同的裝飾和花紋。最外層為黑漆素棺。二層為黑地彩繪棺，上面彩繪神祕的雲氣紋，其間穿插許多神怪、禽獸的圖像。三層為朱地彩繪棺，彩繪有龍、虎、朱雀和仙人等「祥瑞」圖像。內棺為直接殮屍之棺，內髹朱漆，外髹黑漆，並飾有絨圈錦和羽毛貼花絹，棺蓋上覆蓋「T」型帛畫。

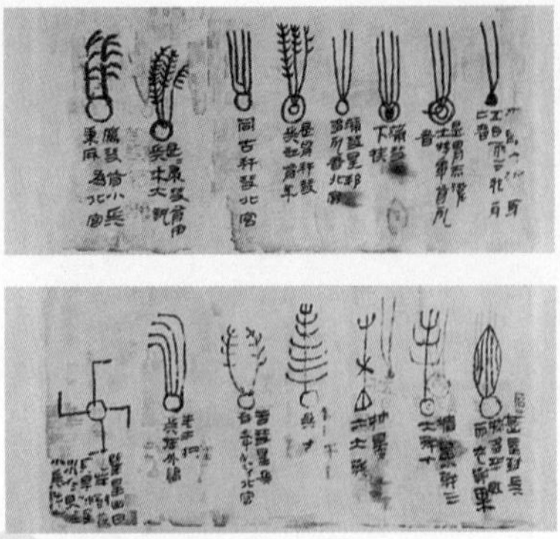
馬王堆漢墓中出土的彗星圖

打開棺蓋之時，現場人員非常驚訝。棺內裝滿鮮豔如新的錦繡衣衾，揭去最上面的兩層錦袍，發現了一個用絲帶捆了九道的長形絲綢包裹。工作人員將衣物慢慢揭開，裡面是一具容貌如生的女屍。女屍浸泡在紅棕色棺液中，身長一．五四公尺，約五十餘歲。遺體歷經兩千多年，並未腐朽，全身潤澤，皮膚覆蓋完好，毛髮尚在，手指、腳趾的紋路清晰，肌肉仍有彈性。解剖檢驗，其外形、內臟均保存完整，各種肌肉組織和軟骨等細微結構也都保存較好。在世界屍體保存記錄中十分罕見，一時間世界為之震驚。

經研究證實，防腐的首要條件是深埋和密封。由於深埋，隔絕了空氣和腐敗菌侵入墓室，使墓室內不受地面氣候變化的影響，形成恆溫環境。馬王堆一號墓用白膏泥密封，又是滲水性極低、密封性能非常好的高嶺土，從而使墓室形成了不滲水、不透氣的密封空間，抑制細菌的生存。

正是由於以上多重條件，才創造出了漢代屍體防腐的奇蹟。

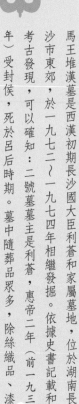

侍死如生

馬王堆漢墓三號墓中出土的木牌

一位哲學家曾說過：中國人是最為死者操心的民族。姑且不論其褒貶是非，這句話的確是不可否認的事實。貴族生前享受人間榮華，死後也要富貴於冥間。「侍死如生」的觀念，久久印刻於古人心中，而墓葬隨葬品的豐富與多樣，正可為最好的明證。

馬王堆漢墓的隨葬品多與日常生活相關，不僅數量龐大，而且製作精美。大致而言，可以分為四類：

一是奇麗的絲織品。古代中國有「縲絲之國」的美稱，而漢代又是絲織繁榮的時代。馬王堆一號墓及三號墓出土的大量絹、紗、綺、錦等絲織品，以美麗的花紋、柔軟的質地、閃耀的光澤、華貴的氣質聞名於世。這些絲織品多是過去聞所未聞、見所未見的，如「起絨錦」、「素紗單衣」等。

二是精美的漆器。馬王堆漢墓出土的漆器，品種眾多，造型優美，光澤照人。這些漆器或是盛放食物的鼎、盤、盆、盒，或是酒器中的壺、鈁、耳杯、卮杯，或是盥洗使用的盆、沐盤，或是盛放梳理、化妝用具的多子盒、漆奩等。

三是食用的佳餚。一號墓發掘出多種殘存食物，如稻、粟、豆、麥等，或存放於陶器、漆器，或放在竹筒、麻布口袋，還有已經烹飪好的菜餚。除此之外，還有大量的瓜果，如甜瓜、棗、楊梅、桃等。也有一些畜禽類，如豬、牛、鴨等。更有趣的是，陶器裡竟存放有各種調味品及酒類。

四是陰間的侍從。在人間，墓主人習慣於被侍奉伺候的生活；在陰間，依然遺役使用大量的僕人。墓中出土的樂俑，雕刻精密，栩栩各異，儀態萬千，或撫琴，或擊節，或翩翩欲舞，或長袖飄飄。

生命是短暫的，而死亡卻是永恆的。當古人比照現實，營造未來長眠之地時，顯現的仍是對生的眷戀和對冥間幸福的祈求。

河北滿城陵山漢墓出土的金縷玉衣

「T」形帛畫

馬王堆一號墓出土的帛畫，是中國目前已知畫面最大、保存最完整的漢代彩繪帛畫。帛畫呈「T」字形，可能是旌幡之類的物品，可以懸掛，死者出殯時置於行列前面，入葬後則平覆在棺上。

帛畫自上而下分成三部分，分別繪出表示天上、人間和地下的各個景象。下部是地下情景，即所謂的「黃泉」：圖面繪有站立於紅鱗青色巨魚之上的裸體力士，雙手用力上托可能象徵大地的平板，左右各有雙蛇盤繞，再外各有一隻大龜，龜背上站立貓頭鷹。這是表現黑暗的地下世界。

中部模擬人間情景：一位服飾華麗的老婦人拄杖徐行，身後有三位拱手侍立的婢女，婦人前面，有兩位拱手跪迎的男子。畫面中的老婦人，多數學者認為是侯夫人，男子應是天國使者，前來引導墓主人升天。

這兩幅「引魂升天」的帛畫，佈局對稱，色彩絢麗，在生產力和科學水準不高的時代，人們對超自然力量的信奉，遠遠不是後人所能想像的。

簡帛古書

馬王堆漢墓的簡帛古書，均出土於三號墓，似可窺見墓主人的勤奮與博學。西漢時，雖然紙張已經發明，但並沒有廣泛用於書寫。當時作為主要的書寫材料，是簡牘和縑帛。竹簡和木牘具有來源廣泛、製作簡便的優點，普遍為當時社會所接受，但太過笨重，不易收藏和攜帶。縑帛作為書寫材料，易於著墨，折疊自如，但昂貴的成本並非一般人所能承受，故多流行於上層貴族官僚社會之中。

簡帛古書的出土、整理及研究，不僅可以彌補先秦、秦漢傳世文獻數量有限的缺陷，也可以加深人們對古代社會思想、觀念、學術、日常生活等方面的認識。

所謂簡帛古書，主要是指作為典籍的「書」(古書)。至於作為檔案之類的文書，如通常所見的屯戍遺簡——居延漢簡、敦煌漢簡等，除去其中罕見的關於古書的隻言片語外，大多不是古書。馬王堆漢墓出土的大

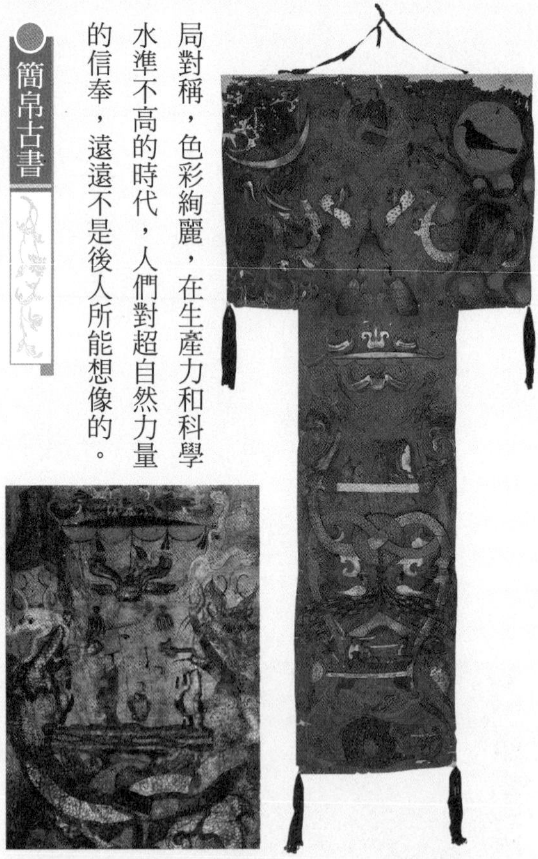

湖北長沙馬王堆出土的帛畫，是戰國帛畫的繼承和發展。其中覆蓋在長沙國丞相軑侯利倉妻子棺槨上的一件帛畫，保存最為完整。

一九七二年湖南長沙馬王堆西漢墓出土的雙層九子漆奩，出土時包裹在「信期繡」夾袱中。器表髹黑漆，貼金箔，以金、白、紅三色繪飾雲氣紋。上層隔板放置素羅綺手套等物。下層底板厚五公分，鑿出九個凹槽，內各放一小奩，其中橢圓形二件、圓形四件、馬蹄形一件、長方形兩件，小奩內分放化妝品和梳、篦等物，是製工精美的日常實用工藝品。

批簡帛古書，是中國歷史上著名的古文獻大發現。

這些簡帛古書近三十種，一共十二餘萬字，內容涉及天文、氣象、陰陽五行、病方、佚籍等，包羅萬象，為歷史僅見。帛書上或有朱絲欄劃分行格，墨書，字體有篆、隸兩種，整體反映了由篆至隸演變階段的文字特徵。

如此眾多的簡帛古書，進行科學分類至關重要。學者依據此前出土的簡帛古書及馬王堆帛書，參照漢代的圖書分類法，在深入研究的基礎上提出了七分法：一是六藝類，講道德修養和技能訓練。二是史書類，主要源自古代的檔案及歷史記載。三是諸子類，先秦已降的諸子百家的著作。四是詩賦類，歌詩辭賦。五是兵書類，兵學謀略及戰術之書。六是數術類，是天文曆算、卜筮占相之書。七是方技類，多涉及醫學養生等書。其中，諸子類與方術類（古人多將數術與方技合稱爲「方術」），無論是學術價值，還是出土數量，都占有重要地位。

帛書撮要

按照簡帛古書分類法，馬王堆帛書主要涉及以下幾類。一是「六藝類」，主要有《周易》《二三子問》《繫辭》等，內容主要是關於《周易》的經文、傳文及記載孔子與弟子討論卦爻之事。二是「史書類」。三是「諸子類」，帛書《老子》乙本卷前古佚書中的黃帝書及《老子》甲、乙本等。另外，馬王堆漢墓出土有駐軍地圖和長沙國南部地形圖各一幅，似可歸入「兵書類」。

一九七二年湖南長沙馬王堆西漢墓出土的雲紋漆鈁，共四件。器表髹黑漆，內裡紅漆。

霍光輔二帝

●時間：？～西元前六十八年
●人物：霍光

漢武帝死後，年僅八歲的漢昭帝繼位，大臣霍光受命輔政。在此後的七年時間裡，霍光先後擊倒了爭權的另外幾個輔政大臣，取得了獨尊的地位。霍光的兒子、女婿同掌禁軍兵權，親戚子弟佈滿朝堂。霍光前後輔政兩朝，歷時二十年，立兩帝，廢一帝，權勢之盛，一時無二。執政期間，輕徭薄賦，有助於生產發展。

⊙兄長提攜

後元二年（前八十七年），一代政治強人漢武帝在未央宮中去逝，繼承衣缽的是另一個政治強人霍光。

霍光，字子孟，河東平陽（今山西臨汾西南）人。霍光出生在一個寒微的小官吏家庭，讀書不多，成語「不學無術」最早就是史官用來說霍光的。對於這個學問寡少的小吏子弟而言，生活的道路並不廣闊。直到霍光二十歲，一個人走入了他的生活，並從此改變了他的整個命運。

銅漏　西漢

這個人就是西漢赫赫威名的驃騎將軍霍去病。霍去病是霍光的父親霍仲孺的私生子，二十多年來和霍家一直消息不通。在得到霍家的消息後，霍去病就趕到河東與父親相認，然後霍去病又把同父異母的弟弟霍光帶往長安，推薦為郎官。

這時霍去病在武帝面前聖眷正隆，霍光因此也節節升遷，先後加官諸曹、侍中。霍去病死後，霍光已經出任奉車都尉、光祿大夫。

此後十餘年的官場生涯中，霍光除了顯示是一個小心謹慎的近臣之外，並未留下任何有價值的具體內容。他沒有親身參加當時眾多的政治、經濟、軍事事件，甚至在當時紛紜複雜的人事糾紛中也看不到他的身影。就如一個旁觀者，他默默注視著漢武帝時代政壇的喧囂繁華和波譎雲詭，同時冷靜地置身事外。

⊙武帝託孤

可是錯綜複雜的政局卻陰差陽錯地將霍光這個旁觀者推上了歷史的中心舞臺。後元二年三月（前八十七年），漢武帝病重，在病榻上指定霍光為首輔大臣，輔佐年僅八歲的太子劉弗陵，即漢昭帝。和霍光同時指定的輔政大臣，是另兩個宮中供職的近臣——駙馬都尉金日磾和太僕上官桀。外朝的兩個領袖，丞相田千秋和御史大夫桑弘羊也一起接受了遺詔。

武帝是一個深謀遠慮的皇帝，他不將身後大事託付給朝廷大臣，而託付給幾個此前在國家事務上並無表現的近臣，當然有不同的考慮。武帝頒布「輪臺詔」定下了改弦更張、休養生息的國策，此後的漢朝政治主題，將不在開拓而在守成，休養生息。在這種背景下的輔政大臣，需要的是恭謹忠誠的人，才華能力則是次要的。無論是霍光、金日磾還是上官桀，在漢武帝看來，都是極為謙遜恭謹的人。

武帝試圖通過對輔政大臣的選擇，勾勒出身後十年的政壇圖景，其設想不可謂不高明。可是古往今來，根本就沒有人能靠設想掌控歷史的走向，即使是雄才大略的武帝也不例外，後來西漢政局的發展，遠非病榻上奄奄一息的武帝所能料想。

⊙威震海內

受任輔政不久，忠貞守正的金日磾就去世了。失去了金日磾的彌縫作用，輔政集團便陷入內鬥中，問題就是上官桀、桑弘羊要求霍光分權。

青年時代上官桀就是霍光的密友，兒子上官安娶了霍光的女兒，生下的女孩年僅五歲就送入宮中立為皇后，也就是昭帝的上官皇后。輔政之初，兩位兒女親家還算融洽，每次霍光休假，上官桀就代替他批閱文書。隨著時間推移，上官桀對霍光大權獨攬逐漸不滿，要求分權不得，他就和另一個輔政大臣桑弘羊聯合，向霍光發難。

兩人藉著同黨燕王劉旦的名義向昭帝上奏，告發霍光檢閱羽林軍時僭用天子禮儀，奏章中說：「中郎將蘇武出使匈奴，被匈奴拘禁二十年都堅持不投降，然而回國之後，才官拜典屬國（負責少數民族事務的官職）。霍光的長史楊敞毫無功績，竟任命為搜粟都尉。霍光更擅自增加幕府裡的帶兵校尉，專權狂妄，居心叵測，恐怕有非常之變。」

桑弘羊特意選擇霍光出宮休假的時候將奏章遞入尚書，準備由上官桀將奏章批下，轉交執法部門問罪。

車馬儀仗圖　西漢

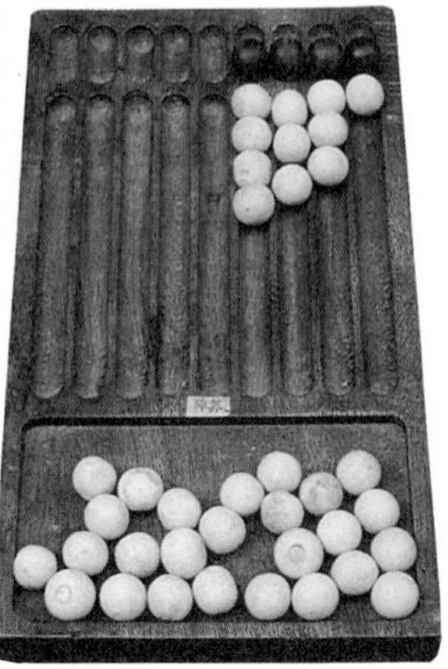

游珠算盤　西漢

游珠算盤，由不固定游珠和算板組成，是珠算的雛形，中國古代的計算工具之一。圖為根據漢代徐岳撰寫的《數術記遺》一書記載而複製的游珠算盤。

年僅十四歲的昭帝看出了漏洞，質問上官桀和桑弘羊說：「霍光增加大將軍府校尉的事，還沒十天，怎麼可能傳到幾千里之外的燕王耳裡呢？」上官桀、桑弘羊兩人無言以對。

此後，昭帝更加信任霍光，而霍光也加緊準備反擊。

不久，有人告上官桀、桑弘羊計畫請霍光赴宴，伏兵將霍光殺掉，然後廢掉昭帝，迎立燕王劉旦為天子，於是霍光盡滅上官桀、桑弘羊宗族。

霍光以政治鐵腕毫不容情擊倒了親家上官桀後，又把矛頭對準了一直明哲保身的丞相田千秋。田千秋的女婿、少府徐仁參與了逮捕和審判上官桀、桑弘羊黨徒，霍光就以徐仁定罪過輕為名，想置徐仁於死地。田千秋著了慌，集合外朝大臣在未央宮金馬門外辯論此事，可是其他大臣懾於霍光的積威，紛紛表示徐仁確實該當死罪，於是不久後徐仁處斬。霍光還想將田千秋一併處置，幸虧霍光的心腹杜延年為田千秋斡旋，田千秋才得以倖免。

至此，金日磾病死，上官桀、桑弘羊滅族，田千秋被壓制，武帝確定的五個輔政大臣中，只剩下了頤指氣使的霍光。

⊙廢立大事

光陰荏苒，昭帝劉弗陵成年了，但霍光並沒有要把朝政交還皇帝的意思，昭帝最後只活到了二十歲。昭帝最後幾年大約過得很不舒坦，在深宮中的活動甚至受到霍光的限制。為了確保外孫女上官皇后專寵後宮，霍光不讓昭帝接近其他嬪御，甚至讓她們穿窮褲（縫襠褲），多繫褲帶，以杜絕機會。因此，昭帝死的時候並沒有留下子嗣。

帝位空缺，神器無主，必須迎立外藩入繼大統。漢武帝的五個兒子裡，只有廣陵王劉胥仍在，所以群臣討論，全都屬意廣陵王。可是霍光認為廣陵王不受武帝欣賞，因此才立年紀小的劉弗陵為繼位者。廣陵王既然是武帝摒棄不用的，因此霍光主張選立武帝的孫子昌邑王劉賀。

在霍光的壹意作主下，西元前七十四年六月，劉賀入主未央宮，在漢昭帝靈柩前接受玉璽，即位為帝。然而好景不長，僅僅二十七天，風雲突變，霍光忽然集合朝臣，宣布把劉賀廢掉，又逮捕劉賀從昌邑帶來的舊臣兩百多人，盡數處死。霍光的理由是劉賀荒淫無道，列舉劉賀在二十七天的荒唐事，竟達一千多件。對於這些指責，現代史家多認為是欲加之罪，真實的原因還是在於劉賀不肯授權給霍光。

當年未央宮中發生的種種細節，今天已經很難穿透歷史的迷霧看清楚，懸疑猶如陰雲一般，在未央宮上空盤旋不定，最後只由史官留下一個意味深長的細節，昌邑舊臣兩百多人押往東市處死時，一路號呼說：「當斷不斷，反受其亂。」隱含的意思恐怕是劉賀曾和手下策劃某種行動，沒有來得及動手，就被老辣的霍光先發制人了。

⊙迎立宣帝

劉賀立而復廢，帝位依然空缺，霍光副手張安世（張湯之子）建議，於是霍光迎立武帝的曾孫，流落民間的劉病已，就是漢宣帝。宣帝即位之初，霍光表示願意交還政權，宣帝卻不敢接受，於是霍光繼續輔政。

霍光輔政至此已達十三年，前後兩任丞相楊敞和蔡義，都出霍光門下。霍光的兒子霍禹和霍光的姪孫霍雲同為中郎將，霍雲的弟弟霍山為奉車都尉，率領胡騎、越騎兩支禁軍，霍光兩個女婿分別為未央宮和長樂宮的衛尉，霍氏一門盡掌禁軍兵權。霍家的其他親戚或為諸曹，或為大夫，或為騎都尉，或為給事中，黨親連體，盤踞朝廷。

漢宣帝在民間時早就知之甚詳，因此雖然表面上對霍光禮敬有加，暗地卻是很有戒心。宣帝每次和霍光同車外出，總感覺猶如芒刺在背，坐立不安，只有換了其他人，才能坐得舒舒服服。

宣帝朝輔政七年後，霍光於地節二年（前六十八年）三月去逝，葬禮上的所有儀式和器物，一律按照皇帝的規格安排，又調撥京師衛戍部隊列軍陣送葬，哀榮畢盡。霍光葬在茂陵——武帝的陵墓旁，遺址至今尚存。從前的潑天富貴，現在也不過剩下荒煙野草間一個光禿禿的土包而已。

延伸知識

《山海經》基本完成

《山海經》是中國古代的地理著作，現在的版本是經西漢末年劉向、劉歆父子校刊整理的，共十八卷，包括《山經》五卷，《海經》八卷，《大荒經》四卷，《海內經》一卷，共三萬多字。作者已不可考，傳說是大禹、伯益所作。《山海經》的形成，從前五世紀春秋戰國之交開始，延續了約三百年的漫長歷程，是這一時期地理知識的彙集。

《山海經》所記的內容相當豐富，包含了古代山川、歷史、民族、物產、醫藥、祭祀、巫術、動物、植物、礦產等諸多方面。書中所記人名達一百四十多個，山名三百多個，河流湖泊名二百五十多個，動物一百二十多種，植物五十多種，還有許多礦產等。

書中記載和保存了大量的神話和古代傳說，具有很高的文化史價值，對於研究中國原始社會和上古的姓氏、部族，以及考察上古人的宇宙觀、自然觀都具有十分重大的意義。

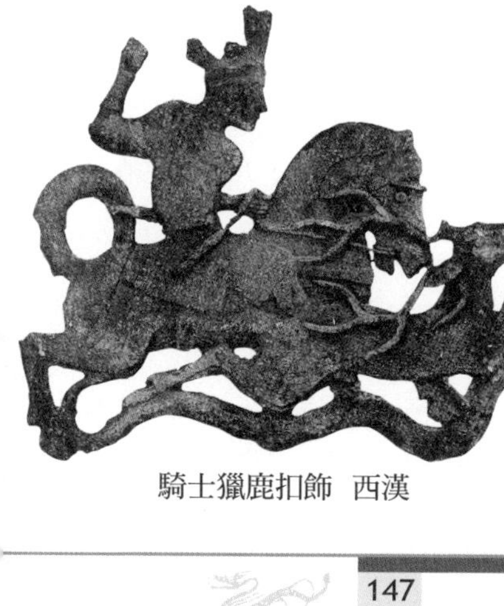

騎士獵鹿扣飾　西漢

【理財能手桑弘羊】

●時間：？～西元前八十年
●人物：桑弘羊

桑弘羊長年主管國家財政，是漢武帝時代財政改革的主要策劃和實施者，主管財政工作數十年，貢獻巨大，在中國歷史上產生了深遠影響。

⊙財政危機

漢武帝即位以來，元狩年間（前一二二～前一一七年）遭遇了嚴重的財政困難。文景時國庫累積的巨大錢糧儲存，已經被連年戰爭消耗得所剩無幾，而關東連年水災，治理河道和安置災民的花費更使財政支出捉襟見肘。武帝雖然降低私人用度，取出天子私財接濟政府，但終究不過是杯水車薪。

漢朝自文景時代以來，開放山澤任由民間煮鹽鑄鐵，因此致富而家累萬金的大商賈所在皆是，被財政問題困擾的漢武帝開始將目光轉向他們，鼓勵拿出私產以救國家之急。但除了一個牧羊致富的卜式表示願意拿出一半家產資助國家之外，響應者寥寥。豪商大賈隱匿財產，不肯出錢接濟國家經費，又乘著農民困難，加緊擴大土地。這種形勢下，將鹽鐵經營權收歸國家經營，抑制豪商財力，由張湯提出，桑弘羊藉此登上了歷史舞臺。

鎏金四人舞俑銅扣飾

雲南省晉寧縣石寨山出土，佩飾物。四人身著盛裝，頭戴高冠，手持的可能是銅鈴一類樂器，作舞蹈狀。西南地區的民族自古能歌善舞，此扣飾可作佐證。

桑弘羊是河南郡洛陽（今屬河南洛陽）人，出生於商賈家庭，從小就顯示出財務方面的驚人天賦，能夠不用籌碼直接心算。漢武帝初即位，桑弘羊入宮為侍中，時年十三歲。當時朝廷內興禮樂，外事四方，董仲舒、公孫弘等文人以儒學進用，衛青、霍去病等武臣以戰功聞名，都得到了展示才華的機會，唯獨桑弘羊一直默默無聞，前後侍從宮廷二十年，沒被委派具體事務。元狩年間的財政危機給了桑弘羊展示天賦的絕佳機會，並迅速進入了漢朝的中央決策層。

⊙主管經濟

元狩三年（前一二〇年），漢朝正式開始推行鹽鐵官營。次年，又頒布算緡告緡令，改革幣制，發行新幣，財政改革成了朝廷的日常議題，桑弘羊也日漸貴倖。

財政改革的主要策劃是御史大夫張湯，分管鹽鐵的是孔僅和東郭咸陽。張湯出身刀筆吏，對經濟問題不是很精通，遇到阻力就想起用刑罰解決。前後因為阻礙新法入獄的不計其數，最終也招怨被殺。孔僅和東郭咸陽不缺經濟才能，可惜私心太重，選用各地鹽官鐵官，經常收受賄賂致使百姓怨聲載道。

元鼎六年（前一一一年），孔僅和東郭咸陽因徇私舞弊免職，武帝起用桑弘羊以搜粟都尉代理大司農，主管政府財政事務。

桑弘羊首先整頓各地的鹽官鐵官，巡視各地，清除積弊，並擴大鹽鐵官營的建置，在鹽鐵產區設立鹽官**三十五處、鐵官四十八處**。桑弘羊**又針對新舊錢**並行而比價不合理，**造成幣制紊亂**，建議廢除**一切舊錢，由上林苑**的三個工房統一鑄造新錢，稱為三官錢，也就是「五銖錢」。這次幣制改革非常成功，五銖錢通行數百年，直到曹魏時仍為百姓所樂用，成為歷史上信譽佳、通行最久的鑄幣。

鎏金鑲玉飾

這對金玉飾物，五瓣玉花巧妙鑲嵌於金屬空隙之中，黃白等色交融映襯，視覺效果極好。白玉經過細膩雕琢，與金色花紋搭配和諧。

為了制止豪商大賈利用賤買貴賣、囤積居奇操縱物價，牟取暴利，並藉此增加政府的財政收入，桑弘羊又開創了均輸和平準法，效果良好，也產生了深遠影響，直到宋朝王安石變法，仍仿照其遺意設置均輸官。

⊙輔政身涯

桑弘羊在主管全國財政時的傑出表現，深受武帝讚賞，在朝廷中樞的地位也日漸上升。後元二年（前八十七年），武帝病重，病榻上拜桑弘羊為御史大夫，與霍光等四人一起接受遺詔輔政。

五人輔政集團中，霍光、金日磾、上官桀都以近臣進用，國家事務並無太多經驗，丞相田千秋則尸位素餐，平日只知唯唯諾諾保全權位，不願發言得罪，因此稱為「囊括不言，容身而去」，國家的具體政務都依靠桑弘羊。

當時民間要求廢除武帝的財政政策，停止鹽鐵經營，於是朝廷召集各地推舉的賢良文學，由桑弘羊和田千秋主持辯論，這就是鹽鐵會議。東漢人桓寬根據資料將雙方的辯論集成《鹽鐵論》一書，流傳至今。書中可以看到，多達十卷廣泛涉及政治軍事外交的五十多個議題裡，除了寥寥幾條是田千秋的以外，其他都是桑弘羊或他的屬官的發言，這也是當時桑弘羊在國家政務中地位的真實表現。

在國家具體政務擔當了核心重任之後，桑弘羊期望有與之相應的權力，但大權獨攬的霍光仍不願意分權，桑弘羊為子弟求官也得不到霍光首肯。桑弘羊怨憤之下，與上官桀合謀設計霍光。昭帝元鳳元年（前八十年），桑弘羊以謀反罪下獄處死，一門老少盡被誅殺。一代治世能臣最終也被政治的絞肉機絞得粉碎。

蘇武牧羊

●時間：西元前一〇〇～前八十一年
●人物：蘇武

南宋著名的民族英雄文天祥曾經在元朝的監獄中寫下了一首名垂千古的〈正氣歌〉，其中最有名的兩句是「時窮節乃現，一一垂丹青」。在文丞相的心中，終漢朝一代，真正做到時窮節現、可垂丹青的，只有安邦定國的張良和被扣留異域十九年、持節不變的蘇武兩個人罷了。

⊙壯年出使

蘇武，字子卿，京兆杜陵（今陝西西安南郊）人，其父蘇建是武帝時著名將領，曾跟從衛青出征匈奴，以軍功封平陵侯。蘇武由父親關係任為郎官，積累功勞，逐漸升遷為栘中廄監，成了掌管鞍馬鷹犬的射獵之官。

當時漢朝連年出兵攻擊匈奴，漢匈雙方往往扣留使節作為人質。後來匈奴兵敗，勢力衰落，只好放歸從前扣留的漢使向漢朝示好。武帝天漢元年（前一〇〇年），蘇武任命為中郎將，執節出使匈奴。蘇武已經四十多歲，正當盛年，蘇武一定沒有想到，這一去要經過十九年才能回到故土。

蘇武到匈奴達成使命後，準備啟程歸漢，意外突然發生。當時匈奴貴族叛亂，蘇武的副使張勝背地與叛黨合謀，失敗後才告訴蘇武。

單于令先前投降的漢使衛律審訊蘇武，蘇武自恨身為使者卻被敵國審訊，有辱使命，當即拔出佩刀刎頸自殺。衛律大驚急忙搶救。匈奴單于佩服蘇武的節操，想收服蘇武。

後來蘇武身體稍稍痊癒，衛律當著蘇武的面處置謀反者，想藉機威逼蘇武投降。衛律殺死主謀後，對副使張勝說：「漢朝副使張勝參與合謀，罪當處死，投降可免一死。」張勝抱頭請降。

衛律又對蘇武說：「副使有罪，你也應當同坐。」蘇武神色不動。

衛律只好軟語勸蘇武說：「蘇大人，我投降匈奴後，官拜王爵，部眾數萬，富貴無此。你今日投降，明日也當如此，何苦放著富貴不要，白白犧牲大好性命呢？你苦守節操，又有誰能知道呢？」蘇武還是閉目養神，不搭理衛律。

衛律又說：「今天聽我勸告，我們就約為兄弟，如果不聽，只怕將來反悔，也無法見到我了。」蘇武怒睜雙目，大罵衛律：「你為人臣子不顧恩義，叛投敵國，我見你做甚麼？只要你敢殺我，我大漢必將踏平匈奴，只怕匈奴之禍將自我而始。」

衛律知道無法勸降，只好報告單于，於是單于安置蘇武於北海（今貝加爾湖）邊無人處，讓蘇武放牧公羊，等到公羊產奶後再放他回來。蘇武在北海掘草根野鼠為食物，依靠大樹長草避風雨，十餘年歷經艱險困厄，始終手執漢朝使臣的節杖，不離左右，連杖尾上的旄尾都掉光了。

⊙老年歸國

昭帝即位後，漢朝與匈奴議和，漢朝要求放歸扣留的蘇武，匈奴卻謊稱蘇武已死，漢朝信以為真，不再提蘇武的事情。雙方議和四五年之後，蘇武依然滯留匈奴不得歸漢。

後來跟隨蘇武出使的屬下找到機會，偷偷會見漢朝使臣，訴說了蘇武的真實情況。漢朝使臣就誆騙匈奴單于說，漢朝天子在上林苑射下一支大雁，腳上繫著布，上面寫著蘇武還活在一個荒澤中。匈奴單于非常震驚，以為上天被蘇武感動，為蘇武傳話，只好承認蘇武仍然活著。

蘇武牧羊圖　清　任頤

於是匈奴單于召集了跟隨蘇武到匈奴的使者，送他們歸漢。當初和蘇武一同出使的一百餘人，至此只剩下九人活著。

昭帝始元六年（前八十一年），蘇武終於回到漢朝長安城，十九年的艱辛歲月烙下了無法泯滅的印記。當年意氣風發執節出使的中年人，歸來時已經是滿頭白髮的垂垂老者。不過漢朝百姓並沒有忘記這位不辱使命、氣節堅貞的使臣，當蘇武歸來的時候，受到了長安百姓英雄般的迎接。

⊙晚年事蹟

蘇武歸漢後受到英雄般尊崇，但長安城中等待蘇武的，依然是無法預知的命運。這時的長安早就物是人非，當年與蘇武同為未央宮侍從、交情甚篤的霍光、上官桀，都已經貴為輔政大臣，而霍、上官兩人爭權也已經進入白熱化階段。

因為蘇武在民間擁有崇高威望，讓他也淪為了政治的工具。上官桀上書彈劾霍光專權恣肆，奏章第一段就說：「中郎將蘇武守節十九年，歸來後官不過典屬國，而霍光長史楊敞無才無功，卻被霍光任命為搜粟都尉。」這樣短短一段文字，差點為蘇武帶來了殺身之禍。

上官桀爭權失敗後，全族誅殺。因為上官桀曾藉蘇武不平攻擊霍光，討好霍光的廷尉請求將蘇武逮捕下獄。霍光知道蘇武對漢朝的重要意義，僅僅罷免蘇武的官職，但蘇武的兩個兒子還是牽連處死了。

早在蘇武出使之時，兩個兄弟已經因小過失被武帝誅殺，蘇武母親病死，妻子改嫁，現在兩個兒子也處死，蘇家最後只剩下蘇武一個人孑孓獨立。夜深人靜之時，蘇武回想起前塵往事，不知情何以堪。

霍光死後，蘇武復任典屬國。即位的漢宣帝憐憫蘇武孤苦，知道蘇武在匈奴時產有一子，將其贖回，任為郎官。神爵二年（前六十年），蘇武病死，享年八十餘歲。

霍氏族滅

●時間：西元前六十六年
●人物：霍氏一族

霍光死後，兒子霍禹和哥哥的孫子霍山繼承了霍光的輔政位置。可是這兩個膏粱子弟卻無法繼承霍光的政治手腕和個人威望，霍家權勢顯赫也不能制服眾心，終於使從前毒殺許皇后的事情東窗事發。在鋌而走險起兵謀反不成後，霍氏一族盡被漢宣帝誅殺。

⊙東窗事發

霍光雖死，餘威尚在，依靠他在宣帝選立中的定策之功，和生前留下的盤根錯節的家族勢力，兒子霍禹及兄之孫霍山繼續輔政。兩人都是公子哥兒，擅長吃喝玩樂，鬥雞走狗，政治手腕則非常平庸。失去了霍光的庇護，並沒使他們憂慮，繼續驕奢放縱，甚至在朝請時私自出宮打獵，讓家奴代為朝請。

朝野上下怨聲日積，從前受到霍光權威強行壓制甚至打擊的各種勢力，開始蠢蠢欲動，告發霍家不法情事的奏章也不斷遞向未央宮中，其中最嚴重的是揭發霍家當年毒殺宣帝皇后許平君的事情。

許平君是宣帝在民間時的妻子，兩人共歷艱辛，感情艱深。宣帝即位後，有意立許平君為皇后，霍光卻送女兒霍成君入宮為妃，群臣趨炎附勢，建議選立霍成君為皇后。宣帝不答應，下詔尋找民間使用過的劍，以表示不忘舊情的決心，「故劍情深」的典故就是這麼來的。在宣帝的堅持下，許平君立為皇后，讓霍家人對許平君嫉恨非常。

不久霍光的夫人霍顯授意宮廷女醫淳于衍下毒，將許平君毒死。許皇后死狀蹊蹺，引起官吏懷疑，淳于衍因此被捕下獄，嚴刑拷問。霍顯驚慌之下，只好向霍光求助，霍光不知道淳于衍投毒是夫人指使，聽到之後大驚失色，於是下令停止追究，強行將事情壓了下來。

失去霍光羽翼庇護的霍氏，已經無法令行禁止，霍山、霍禹只能把告發霍家的奏章全都扣留，不讓宣帝看到，但這時的局勢已經非他們所能控制的了。

不久後，御史大夫魏相通過許平

彩繪陶莊園　西漢

君的哥哥許伯傳遞奏章，輾轉避開霍山、霍禹的阻撓，上書宣帝，陳述霍光兩朝輔政，專斷朝政的種種惡行。同時提到霍山、霍禹驕奢放縱，把持禁軍兵權，居心難測，將會危害社稷安全。魏相請宣帝逐步削奪霍氏權力，又建議以後絕密奏章都用布囊封起，直接由中書取出交給皇帝閱覽，輔政大臣不得先行拆閱。宣帝採納了他的意見，從此上書告發霍家的密奏日益增多，霍家毒殺許皇后的往事也漸漸傳到了宣帝。當年的懸案終於有了定論，宣帝暗暗下定了削除霍氏的決心。

⊙謀反不遂

宣帝先逐步將霍氏家族掌握禁軍兵權的，如霍光女婿范明友、鄧廣漢等一一外放，改用許家外戚子弟擔任，同時又將魏相加官給事中，在宮中供職，兩人日夜商量，謀劃進一步削奪霍氏權勢。霍氏知道，上下憂懼，不知如何是好。

這時霍顯夜裡夢見霍光說：「你知道兒子快被逮捕了嗎？」霍禹也夢見車馬喧嘩，前來逮捕。舉家憂愁之下，霍山、霍禹終於決定鋌而走險，聯絡霍氏子弟和霍光的幾個女婿，以置酒設宴的名義邀請魏相和許伯，在席間就地處死，再起兵謀反，誅殺宣帝。

可是霍氏子弟手中兵權已被削除殆盡，要想反戈一擊，談何容易。不久後，霍氏的計畫敗露，宣帝命禁軍逮捕霍顯，霍禹、霍山、范明友等人畏罪自殺，霍顯、霍雲（霍山兄）、鄧廣漢等人則逮捕下獄。地節四年（前六十六年）十月，霍顯等人腰斬於長安市中，霍家族滅。這時距離霍光的死，才過了三年。皇后霍成君同時被廢，幾年後自殺。

歷史詞典

弩的改進

弩在漢代成為比弓更重要的遠射兵器，得到高度重視。弩是在弓的基礎上發展的一種利用機械力量射箭的兵器。射程遠，殺傷力強，命中率高，是古代冷兵器中威力比較強大的一種。

弩的發明不晚於商周時期。真正使用於戰爭，則始於春秋晚期。到戰國時期，弩已成為重要的遠射兵器。漢代的弩有了很大改進，已經出現了鐵製弩機，但多數仍是青銅製成。與戰國末期的銅弩相比，漢弩的最大特點是出現了帶刻度的「望山」，其作用類似於近代步槍的標尺，射手通過望山控制鏃端的高度，調整發射的角度，以便更準確瞄準目標。

弩的發射比較麻煩，射手很難同時兼用其他兵器，所以往往編成數組，輪番連續發射。

漢代可以算是弩的發展頂點，至南北朝漸趨衰落，火器的出現更使弩逐漸淘汰。

玉角杯　西漢

杯高十八．四公分、口徑五．八～六．七公分，廣東廣州象崗出土。玉角杯出土於南越王墓中。玉色青黃，半透明，局部有紅褐色斑。杯形如犀角，口沿下淺浮雕一獨角夔龍，龍體為圖案化的勾連雲紋，纏繞杯身兩周後，到杯底處轉為圓雕的絞索狀雲紋長尾，又向上捲曲。是一件構思奇巧的西漢玉雕珍品。

陳湯的豪言壯語

●時間：西元前三十六年
●人物：陳湯

漢朝與匈奴的百年和戰，造就了不少叱咤風雲的英雄人物，陳湯就是其中之一。單論戰功，陳湯沒有霍去病直搗狼居胥山的神威，論勇武，陳湯沒有李廣百步穿楊的武藝，可是陳湯卻用行動和那句「明犯強漢者，雖遠必誅」的名言，在青史上留下了不可磨滅的印記。

⊙遠赴西域

陳湯，字子公，山陽瑕丘（今山東兗州北）人。陳湯年輕時貧窮，常常四處借錢度日，同鄉人都很討厭。後來陳湯跑到長安求學，富平侯張勃看中他的才能，於初元二年（前四十七年）舉薦陳湯為茂才（秀才的一種稱呼）。

陳湯做官心切，父親死了也沒有回家奔喪，舊時社會是非常大的罪，陳湯被剝奪了茂才的身分，連舉薦的張勃也受到連累，削奪封戶二百。根據漢朝法律，陳湯不孝應該關進監獄，可是因為陳湯確實有才，又推薦為郎官。這件事讓陳湯覺得很沒面子，多次上書請求出使，正遇上大臣甘延壽為西域都護，陳湯就以西域副校尉的身分同去邊塞，這時是西漢建昭三年（前三十六年）。

⊙決定出兵

儘管名聲不好，陳湯卻是智勇雙全的能臣。一路上每經過城邑山川，都要登高望遠，觀察地形，默記於心，準備日後之用。

到西域都護治所以後，陳湯對甘延壽說：「西域各國一向只畏服強者，匈奴的郅支單于又威名遠聞，不時侵略烏孫、大宛等國。假設匈奴滅掉烏孫和大宛，挾眾四處擴張，數年之間，原先向我們進貢的國家肯定會被滅掉。郅支單于的單于城地處偏遠，如果我們調撥屯田兵士出其不意，直攻其城，一定可以建立千載之功。」

甘延壽覺得陳湯的話有理，便想上奏朝廷。陳湯又說：「朝廷公卿大夫議事，都是空講道理，肯定不會依

商旅圖　西漢

此幅壁畫見於敦煌莫高窟第二九六窟，表現的是商旅在乾旱的絲綢之路上到達驛站水井時的活躍場景，反映了絲綢古道東西交往的風貌。

從我們的計謀。」可是甘延壽堅持上奏。

正巧甘延壽患病不能處理政事，陳湯就假借朝廷名義徵發西域各城之兵以及屯田的漢軍，準備突襲匈奴。

直到城外大軍紛紛調動，甘延壽才發覺，剛想制止，卻被陳湯用劍指住。陳湯高聲怒喝說：「大隊人馬已經集結，你敢阻擋大軍嗎？」

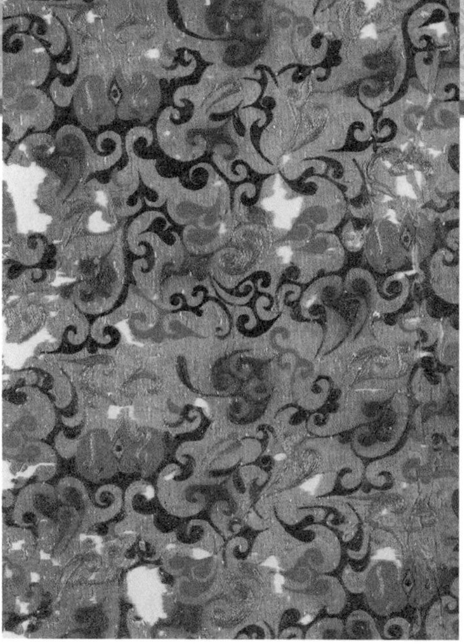

乘雲繡（局部）　西漢

馬王堆一號西漢墓中出土繡品的一種，每個圖案單元長十七公分、寬十四．五公分，主要內容為帶有若干朱紅、淺棕紅、橄欖綠三色葉瓣的淺綠色雲紋，單元一端中央有帶眼狀的桃形花紋。多組圖案單元構成連續圖案，極為富麗華美。因出土的「遣冊」簡中記有「乘雲繡」，故名。顯示了西漢刺繡手工藝的技藝水準。

甘延壽無可奈何，只好與陳湯整頓軍隊，共聚集了四萬多精銳的騎兵。同時，甘延壽和陳湯也上書朝廷，自劾擅自出兵的情況，然後率大軍絕塵而去。

四萬大軍幾天急行軍，悄無聲息來到了距匈奴單于城六十里的地方。直到此時，郅支單于才知漢兵已到眼前，手足無措的單于急派使臣詢問：「大漢為何發兵而來？」

陳湯平素言辭犀利，微笑著回答：「大漢天子可憐單于遠棄國土，屈身於康居境內，現在派西域都護前來迎接單于，怕驚動單于，所以沒有直接抵達城下。」

郅支單于聽完回覆後，又聽說敵國烏孫出兵助漢人，感覺無所逃遁。他思前想後，決定堅守單于城。可是匈奴的軍心已散，到了半夜時分，外圍的木城便被攻陷。黎明時分，漢軍準備攻城，攻進了內城。混戰之中，漢朝士兵杜勳砍下了郅支單于首級，漢軍遠征獲得了決定性的勝利。這次戰役，漢軍共斬殺單于閼氏、太子、小王以下一千五百多人。

大獲全勝之後，甘延壽、陳湯發出奏章，說：「臣聞天下之大義，當混為一。宜縣頭槁街蠻夷邸間，以示萬里，明犯強漢者，雖遠必誅。」寫得豪氣衝天，極有大漢雄風的氣概，那句「明犯強漢者，雖遠必誅」的豪言也成了後世傳頌的佳句。

玻璃谷紋璧　漢

製作玻璃的技術是從兩河流域經中亞傳入甘肅的，在平涼、天水等地就出土了戰國時代的鉛鋇玻璃珠。這件玻璃谷紋璧是漢代時流行的樣式，表明漢王朝已經製作較大的玻璃器。

王昭君出塞

●時間：元帝時期
●人物：王昭君

唐代詩聖杜甫曾經寫下五首詠懷古蹟的詩篇，其中第三首說：「群山萬壑赴荊門，生長明妃尚有村。一去紫臺連朔漠，獨留青塚向黃昏。畫圖省識春風面，環珮空歸月夜魂。千載琵琶作胡語，分明怨恨曲中論。」這位獨留青塚向黃昏的一代奇女子就是西漢時期的王昭君。

⊙寂寞深宮

王昭君，名嬙，漢元帝（前四十九～前三十三年）時期的宮女，封為昭君，晉代因為避司馬昭名諱，改稱為明君或明妃，南郡秭歸（今湖北興山）人。

元帝即位不久，廣選民間女子充入後宮，王昭君以「良家子」（清白人家的子女）選入宮中。儘管此時的王昭君已經相貌出眾，始終沒有獲得元帝的榮寵，甚至「入宮數歲，不得見御，積悲怨」。如果不是處在漢匈緊密關係的西漢時代，也許王昭君就只能作為一個哀怨的宮女，在深宮高牆中度過孤寂的一生，而不會成為歷史上那個見證漢匈融合的一代奇女子，可以說歷史給了昭君一個機會。

梳墮馬髻的婦女木俑　西漢

⊙呼韓邪朝漢

漢宣帝（前九十一～前四十九年）時期，曾經縱橫漠北的匈奴在漢朝的連續打擊下已經四分五裂，匈奴大小諸王並立，先後出現了五位單于，互相攻擊，掠奪牛馬和人口，整個匈奴陷入了內戰的漩渦。五位之中勢力最強大的是郅支單于和呼韓邪單于，經過連番激戰，呼韓邪單于戰敗，只得向西南方向退卻。

此時的呼韓邪部眾不過數萬，不僅受到郅支單于的威脅，周圍的鮮卑等民族也虎視眈眈。呼韓邪接受了部下左伊秩訾王的建議，向漢朝稱臣，打算引漢朝為外援，對抗郅支單于。

甘露二年（前五十二年），呼韓邪單于親自到漢朝朝賀。因為呼韓邪是第一個到長安朝見的匈奴單于，宣帝調撥了數萬騎兵作為禮儀衛隊迎接呼韓邪，並為呼韓邪在長安甘泉宮舉行了盛大的宴會。呼韓邪向宣帝請求兵力和物資上的援助，宣帝一一答應，派長樂衛尉高昌侯董忠率領一萬六千騎兵幫助呼韓邪穩定局勢，又贈送三萬四千斛糧食。至此，呼韓邪單于對漢朝政府感恩戴德，一心和漢朝交好。

宣帝去世後，子劉奭即位，就是漢元帝。匈奴的郅支單于趁機侵犯西域各國，殺掉了漢朝的使者。漢朝的西域都護甘延壽、校尉陳湯迅速發兵平亂，斬殺了心懷不軌的郅支單于，呼韓邪單于的地位更加穩固。

⊙昭君出塞

西漢竟寧元年（前三十三年），呼韓邪單于再次入朝。呼韓邪期盼和漢朝進一步密切關係，向元帝提出和親的請求，元帝也愉快答應了呼韓邪的請求。元帝從後宮中挑選佳麗給呼韓邪。在呼韓邪告辭的宴會上，王昭君出來與呼韓邪單于見面。按照《漢書．南匈奴列傳》的記載，此時的昭君「丰容靚飾，光明漢宮，顧景徘徊，竦動左右」。呼韓邪自然喜出望外，漢元帝則是後悔不已，只好眼睜睜看著王昭君跟隨呼韓邪單于去了遙遠的大漠。

長樂食宮壺　西漢

宮壺高四十五公分，出於于河北滿城陵中山靖王劉勝墓中，因壺蓋、底及圈足均刻有銘文，推測該壺原為長樂宮中物。銅壺裝飾華美，通體飾以寬帶紋間作鎏金斜方格紋，方格紋的交叉點處鑲嵌鎏銀乳釘。方格紋中填嵌綠色琉璃，琉璃上劃出小方格圓點紋。色彩繽紛，絢麗異常。

王昭君在漢朝和匈奴官員的護送下，離開了長安，冒著無盡的風沙來到了南匈奴的腹地。呼韓邪單于對於年輕美貌的妻子寵愛有加，將昭君封為「寧胡閼氏」，希望昭君能帶來匈奴人渴望已久的和平生活。王昭君也盡到了妻子的責任，為呼韓邪單于生育了一個叫伊屠智牙師的王子，並勸說呼韓邪單于不要輕易發動戰爭。

此後，漢匈和睦共處，有六十多年沒發生戰爭，長城內外出現了「劍戟歸田盡，牛羊繞塞多」的平和景象。

呼韓邪單于去世後，按照匈奴的禮俗，昭君要嫁給呼韓邪單于大閼氏的長子。儘管不符合中原漢族的倫理觀念，但昭君還是遵從了元帝「從胡俗」的敕令，嫁給了呼韓邪的長子，後來又生下兩個女兒。王昭君出塞和親，結束了漢匈之間的戰爭，加強了友好關係。

【王氏滿長安】

●時間：西漢末年
●人物：外戚王氏

漢成帝即位後，王政君為皇太后，王氏一門十人相繼封侯，勢傾天下。王鳳死而王音輔政，王音死而王商輔政，王商死而王根輔政，輔政大權成了王家私家授受之物。終於在權力傳到王莽手裡的時候，王氏子弟篡奪了漢朝江山。

⊙許王之爭

當鴻嘉三年（前十八年）許皇后廢徙昭臺宮時，暗自竊喜的除了覬覦皇后位置的趙飛燕外，還有太后王政君。

王政君原本是宣帝時的宮女，因為偶然機會侍奉當時還是太子的元帝，僅僅春風一度，就幸運懷上身孕。生下後來的成帝劉驁後，她的位置鞏固了，雖然並不受寵愛，但還是在漢元帝即位後進位皇后。

竟寧元年（前三十三年），元帝去世，成帝即位，王政君進位皇太后，她的長兄王鳳以大司馬大將軍專斷朝政，王氏權勢甚至超越了當年的霍氏。於是一個小小的未央宮女，至此竟陰差陽錯被歷史推上了權力的巔峰。

這時還能牽制王氏的，就是成帝的皇后許氏。許皇后出自元帝的母族，元帝母親許平君早年在民間備歷艱辛，養育元帝，卻在當皇后不久就被覬覦皇后位的霍家毒死，這是元帝一生念念不忘的。因此，元帝親近倚重許氏，以許平君的堂兄許嘉為大司馬車騎將軍，對許嘉是言聽計從，後來又選許嘉的女兒許配給兒子成帝。當初許氏送到太子府的時候，一道去的小黃門向元帝說起太子很高興，元帝當場興奮得大聲吩咐左右斟酒慶祝。

種種往事勾起當年備受冷落的王政君的深深嫉恨，而許嘉的輔政地位對王鳳專斷朝政的潛在威脅，也是王政君所不能忽視的。此時恰逢出現日蝕，按照漢朝五行災異學說，日蝕是陰盛於陽，外家太重，皇權不振所致。有識之士以此歸咎王鳳的專斷朝政，但王政君卻轉而追究許氏，許嘉無奈，只好辭職避位，王政君對許氏的打壓，初步成功。

從此許氏深知王政君的計畫，惴惴不安，無法在權力上與王氏對抗，只好轉而求助鬼神。許皇后的姐姐許

「單于天降」瓦當

「單于天降」一詞呈現了單于對天的崇拜。「單于天降」瓦當，在陰山南麓出土，是呼韓邪單于入塞歸漢後在塞內居住的館驛的建築構件。

謁暗自延請巫師，咒詛王氏。不久，密謀敗露，許謁逮捕下獄處死。於是案情很快牽及許皇后，許皇后因此廢徙昭臺宮，許氏子弟也全部逐出長安，放還鄉里。

⊙一門十侯

擺脫許氏羈絆的王氏，開始盡情擴展權勢，王鳳、王崇、王譚、王商、王立、王根、王逢時、王莽踵繼為列侯，一門十侯，勢傾天下。之後王鳳死而王音輔政，王音死而王商輔政，王商死而王根輔政，王根死而王莽輔政，國家輔政大權至此竟歸王氏私家授受。王氏其他子弟也都占據顯官，或為九卿，或為侍中，或為尚書諸曹，盤根錯節，佈滿朝堂，滿朝官員無不側目而視。

王氏兄弟大權在握，競相以豪奢為時尚，大起宅邸，高廊迴閣，連屬彌望。以至於長安城中流傳歌謠：「五侯初起，曲陽最怒，壞決高都，連竟外杜，土山漸臺西白虎（王氏五侯，以曲陽侯王根最豪奢，挖壞長安城牆，只爲引城外水作池塘，土山漸臺竟僭越白虎殿的規模）。」成帝聽到歌謠後，很是不滿，但終究還是無可奈何。

四牛騎士貯貝器 西漢

器高五十公分，雲南晉寧石寨山出土。貯貝器呈亞腰筒形，下有三短足，器側以二伏虎為耳。器蓋圓形平面上，四周順時針方向旋轉排列四頭立體雕刻的大角瘤牛。中央樹起的小圓盤上立一騎士，騎士通體鎏金，赤足，佩劍，顯得威武華貴。

這時的王氏兄弟中，只有王莽儉約廉慎，折節下士，因此聲譽日漸隆盛。當時王根輔政，按順序應該接替王根的是王政君的外甥淳于長。淳于長有點小聰明，討王政君喜歡，但政治上卻缺乏敏感，他和許皇后的姐姐許孊私通，竟抵不住許孊日夜央求，答應幫她在成帝面前為許氏說情。許后之廢，本來就不是成帝主意，聽淳于長為許氏分解，更加覺得於心不忍。

綏和元年（前八年），成帝下詔召還放歸鄉里的許氏子弟，王政君聽說，惱怒異常。一直覬覦淳于長位置的王莽，趕緊向王政君告密，於是淳于長免官，王莽代淳于長接替王根為大司馬大將軍輔政。

王莽自綏和元年（前八年）上臺，前後輔政三朝，總計十七年。初始元年（八年），王莽代漢自立，建號新朝，次年起改為始建國元年。於是西漢兩百餘年的江山，以王氏專權做了結尾。

【王莽稱帝】

●時間：西元八年
●人物：王莽

王莽將野心層層包裹在謙恭、仁義的外表之下，因此得以平步青雲，大權在握。一旦時機成熟，他就毫不猶豫撕下溫情脈脈的面紗，將漢家天下據為己有。因此後人做詩評論王莽：「向使當年身便死，一生真偽有誰知。」

⊙受封侯爵

漢成帝時，朝政大權旁落到成帝的母親、皇太后王政君手裡。王太后有八個兄弟，除了一個弟弟王曼早死外，她把其他七個兄弟都封為侯，老大王鳳更是官至大司馬，執掌朝政。

王家權傾朝野，兄弟子姪都十分驕橫奢侈，只有王莽除外。王莽就是王太后早亡的弟弟王曼的兒子。王莽自幼喪父，從小就與嬌生慣養的堂兄弟不同，不但勤儉樸素，努力讀書，連日常打扮也像一個普通儒生。在家，孝順母親，照顧寡嫂和姪子；在外，結交賢士，對叔伯努力盡姪子的本份。

大將軍王鳳病了，王莽衣不解帶照顧了幾個月，每次吃藥前都親嘗一下。王鳳非常感動，臨死前推薦王莽任黃門郎，王莽於是走上了仕途。幾年之中，王莽連續提升為騎都尉、光祿大夫，成帝永始元年（前十六年）王莽封為新都侯。

⊙獨掌權柄

王莽官升得越高，為人越是謙恭，不但散財接濟門下賓客，而且不遺餘力結交賢士和朝中文武官員。名聲甚至超過了位高權重的叔伯。綏和元年（前八年），三十八歲的王莽升任大司馬。

成帝死後，不出十年，換了兩個皇帝——哀帝和平帝。平帝即位的時候年僅九歲，國家大事都由王莽作主。有人說王莽是安定漢朝的大功臣，請太皇太后王政君封王莽為安漢公。王莽不肯接受。後來，大臣一再勸說，只接受了封號，把封地退還。

元始二年（二年），中原發生了旱災和蝗災。王莽拿出一百萬錢，三十頃土地，當作救濟災民的費用。貴族、大臣也爭相效仿，拿出土地和錢來賑災。後來太皇太后把新野的兩萬多頃地賞給王莽，王莽又推辭了。王莽又派心腹到各地考察風土人情，把不肯接受新野封地這件事到處宣揚。

元始四年（四年），王莽把女兒配給平帝為皇后，也順理成章成了國丈，掌握了朝廷更大的權柄。但漸漸長大的平帝卻對王莽越來越不滿，因為王莽不准平帝的母親留在身邊，又把平帝舅家的人殺光。平帝背地免不了說了些抱怨的話，傳到了王莽的耳朵。

有一天，大臣為漢平帝上壽，王莽親自獻上毒酒。平帝沒有懷疑，接過喝了。第二天，平帝就得了重病，沒幾天就死了。

平帝沒有兒子。王莽從劉家宗室裡找了一個兩歲的小孩為皇太子，叫做孺子嬰，王莽自稱「假皇帝」（假是代理的意思）。有些文武官員想做開國元勳，勸王莽即位做皇帝。於是，製造出許多迷信的東西騙人。「王莽是真命天子」的圖書也發現了，在漢高祖廟裡還發現「漢高祖讓位給王莽」的銅匣子。

人物屋宇飾　西漢

雲南晉寧石寨山出土，銅飾製成滇族的干欄式建築，還有衆多小型人物雕像，形象生動，刻畫細緻入微，達到了很高的藝術水準，也是瞭解古代滇族社會生活的形象資料。

⊙自立為帝

一直以推讓出名的王莽這會兒不再推讓了，決心自立為帝，將漢家的天下據為己有。

王莽派安陽侯王舜向太皇太后王政君索要漢朝皇帝的玉璽。太后這才如夢方醒，指著王舜罵道：「王家依靠朝廷的恩賜，才得到幾代人的榮華富貴，你們不但不思報恩，還趁劉家孤兒寡母篡奪皇位。」說著放聲痛哭，不肯把玉璽交出來。

王舜看著老姑母悲痛欲絕，也淚流滿面，勸慰說：「事情已經到了這個地步，王莽一定要這顆玉璽，您難道還能守著不給他嗎？」太后只好把玉璽拿出，狠很摔在地上。

初始元年（八年），王莽正式即位稱皇帝，改國號為新，都城仍在長安。

王莽做了皇帝後，打著復古改制的旗子，下令變法。第一，把全國土地改為「王田」，不准買賣。第二，把奴婢稱為「私屬」，不准買賣。第三，評定物價，改革幣制。

這些改革聽起來都是好事情，可是沒有一件辦得好。土地改制和奴婢私屬，在貴族、豪強的反對下，一開始就沒法實行。評定物價的權力掌握在貴族官僚手裡，正好利用職權投機取利，貪污勒索，反倒增加了人民的痛苦。幣制改了幾次，錢越改越小，價越作越大，無形之中又刮了老百姓一筆錢。這種復古改制，不但受到人民反對，許多地主也不支持。

三年以後，王莽又下命令，王田、奴婢又可以買賣了。

王莽還想借對外戰爭來緩和國內問題，又引起了匈奴、西域、西南各部族的反對。王莽又徵用民夫，加重絹稅，縱容殘酷的官吏，逼得人民不得反抗。最後王莽途窮身亡，被綠林軍所殺。

思想家揚雄

●時間：？～西元十八年
●人物：揚雄

揚雄一生澹泊名利，不汲汲於富貴，不慼慼於貧賤，他在辭賦、儒學等方面都取得了極高成就，學問淵博為西漢一代之冠，時人也曾將揚雄與孔子相比較，可見揚雄的成就。

⊙仕途淹滯

司馬相如之後，西漢一代辭賦成就最高的就是揚雄。揚雄字子雲，和司馬相如同是蜀郡成都（今屬四川）人。武帝元朔年間（前一二八～前一二三年），揚雄先祖由江州溯江而上遷往成都時，司馬相如已經死了，但並沒影響青年時代的揚雄將司馬相如作為學習榜樣，他認為司馬相如的賦華麗溫雅，常常模擬相如的名篇。

但和弱冠之年就入仕為官的司馬相如相比，家世清寒的楊雄，仕途要艱難得多，但揚雄並不以此為憂。揚雄口吃不善交談，平日只是研究經籍自娛，並沒將學問作為功名富貴的敲門磚。

直到四十歲時，揚雄才游學長安，這時他的辭賦成就在漢朝士人中已經可稱獨步，大司馬大將軍王音讀了揚雄的賦後，認為揚雄的才華可與司馬相如媲美。後來經王音推薦，揚雄待詔承明殿，成了官秩不低的文職官員。

此後一年多，揚雄模擬司馬相如的〈天子遊獵賦〉，接連作〈甘泉賦〉〈河東賦〉〈羽獵賦〉〈長楊賦〉，對成帝諷諫。四篇賦意氣風發，雄偉恢弘，氣勢上略遜司馬相如，但打破了賦為主客問答的陳套文體而自成一格，因此深為成帝欣賞，於是成帝封揚雄為黃門郎。

⊙潛心著述

這時的西漢朝廷暮氣已現，大部分官員交結權貴，鑽營奉承，口吃的揚雄自然不會奉承出頭，置身事外成了揚雄唯一的選擇。

揚雄剛當上黃門郎，正好與權貴王莽、董賢同事。此後，先是王莽進位三公，然後王莽退而董賢進，最後王莽復起而董賢被徹底打倒。

從成帝到哀帝再到平帝，幾十年時間，朝廷猶如馬戲團走場子一般，大群人跟著王莽、董賢上上下下，而揚雄始終還是一個黃門郎，沒有得到任何升遷。

經過幾十年的官場經歷，揚雄已經不再相信辭賦對君王有「諷諫」效果，他把前半輩子苦心創作的賦統統丟掉，專力研究儒學。揚雄仿照《論語》作《法言》，仿照《周易》作《太玄》。

學者桓譚看了他的著作，感歎說：「你這是白辛苦了，《五經》精通後可以獲取功名利祿，現在的讀書人尚且不願用功研讀，更何況你的這些東西呢？只怕你的書將來只能拿來蓋醬缸子呀！」揚雄卻笑而不答。

⊙失節投新

王莽篡漢建新後，揚雄長期在寂寞冷清的天祿閣中校書，依然不主動接近政治。但以學術界的地位，即使無心政治，政治還是找上門來。這時王莽已經容不得揚雄依然逍遙了，揚雄無奈，只好做〈劇秦美新論〉，頌揚新朝功德。文章因為辭藻華美，收入《昭明文選》，後來竟因此落下了「失節」的把柄，深受後世提倡節氣的士人詬病，南宋朱熹作《資治通鑑綱目》，就嚴厲將揚雄寫作「莽大夫揚雄」，用以彰顯揚雄叛漢投新。

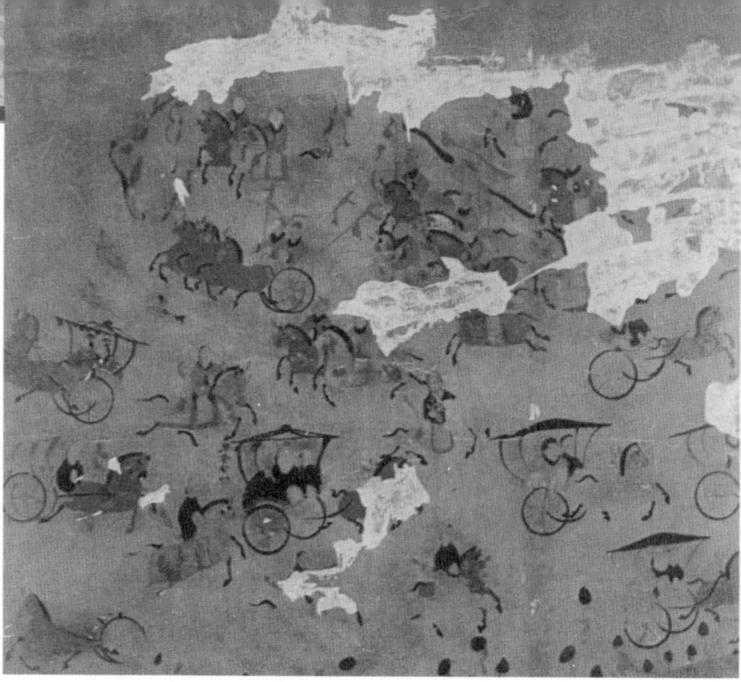

舉孝廉圖　漢

秦漢選官為察舉制，孝廉、茂才等常科和特科成為察舉制的具體途徑。圖為漢墓壁畫舉孝廉圖。

現在看來，對於失節的批判，揚雄大約也是無從開解的。但節操這個名目說起來簡單，指斥別人也簡單，真到了需要用生命來維護的時候，就不簡單了。試想一個無拳無勇的文人，處在社會大變動的狂風巨流中，任由政客擺佈，要做到言行無污，真是談何容易，談何容易。

然而「失節」還是不能避免無妄之災降落到揚雄頭上。當王莽代漢之初，曾造作不少符命，但當了皇帝後卻害怕別人也如法炮製，因此下詔禁斷符命。劉歆的兒子劉棻因為造作符命下獄，揚雄也因為當過劉棻的老師牽連。看到前來抓捕的官吏，揚雄從天祿閣上跳下，卻沒有摔死。最後還是王莽知道揚雄是個書獃子，不會參與這種事情，赦免了他，只罷免官職。

新朝天鳳五年（十八年），揚雄去世，終年七十一。和揚雄同時的學者劉歆、桓譚等人都非常推重揚雄，桓譚說揚雄「能入聖道，卓絕於眾，漢興以來未有此人」。

揚雄死後，有人問桓譚：「你一生推崇揚雄，不知道他著的書能否流傳呢？」桓譚回答：「一定能流傳，普通人賤近貴遠，親眼見揚雄一生祿位不能過人，自然不重視他，後世人必將更關注他的著作。」果然，《法言》大行於東漢，成為一代巨著。

綠林與赤眉

●時間：西漢末年
●人物：樊崇　王鳳　王匡

王莽代漢建新不久，就推出一系列改革措施，這些政策制定之初本就缺乏深思熟慮，一遇挫折，又朝令夕改，令百姓手足無措。再加上天災連年，各地流民遍野，烽火燃遍關東，其中勢力最大的就是綠林軍和赤眉軍。

⊙王莽亂政

漢朝自從漢宣帝以來，過了五六十年承平日子，內則府庫充實，百姓安居樂業，外則威行諸國，連歷代為患的匈奴也頓首服從。王莽處在漢朝國勢強盛的時候，依靠三朝輔政的顯赫權勢和長年博取的巨大聲望，在朝野吏民的擁戴下「和平」奪取政權，真可謂不費吹灰之力。

政權來得是如此容易，以至於王莽飄飄然，竟以為天下之事只在反掌之間，漢朝制度盡可唾棄無餘，而除舊布新，開創大同世界的責任，當然也就落在肩上了。

登基一兩年，王莽先改土地制度，繼而禁止奴婢買賣，然後改革幣制。政策制定之初本就缺乏深思熟慮，一旦推行不利，又反覆變更，有時候甚至改了三四次，卻還是變回了原樣。如此朝令夕改，只會令百姓不知所從，而王莽還意猶未盡，繼續「深化改革」，改官名，改地名，一個地方甚至改上四五次，弄得人人分不清東南西北，最後朝廷公文提到地名時都不得不一一附上原地名，否則大家都看不明白。真是一天一個花樣，折騰得不亦樂乎。

但老天似乎沒有配合王莽興致的意思，從始建國元年（九年）開始，關東連年旱災，糧食緊張，再加上王莽嚴刑峻法推行新政，前後下獄的人不計其數，長安城中監獄都塞滿了，新的犯人還不斷送來。

王莽雖然一再加強「思想工作」，使者四處宣揚新朝是上天所命，上天降下了丹石、文馬、石書等種種祥瑞敦促王莽稱帝，有人親耳聽見神人說「上天把百姓交給新朝皇帝了」，甚至說漢朝祖廟裡有個鐵盒子中間寫著「漢朝傳位給新朝」，種種鬼話，連篇累牘，但肚子空空的百姓誰能聽得進去呢？各地人民暴動如同星火燎原，迅速燃遍關東，其中聲勢

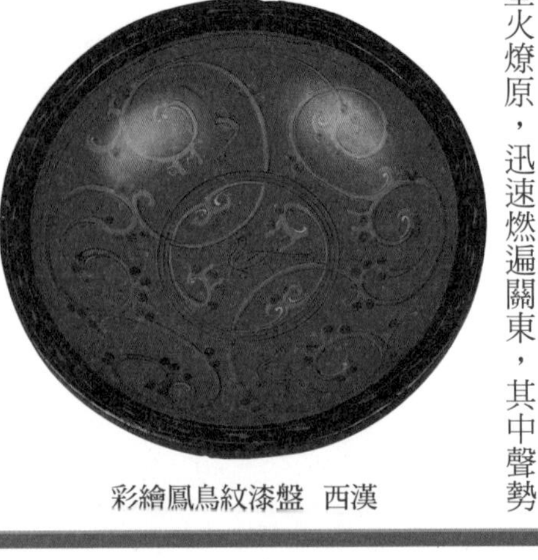

彩繪鳳鳥紋漆盤　西漢

中國最早的農書《氾勝之書》

西漢成帝（前三十二～前八年）時，著名的農書《氾勝之書》成書。氾勝之，西漢人，生卒年不詳。漢成帝時出任議郎，曾在整個關中平原的三輔地區推廣農業，教導種植小麥。並在總結農業生產經驗的基礎上，寫成了《氾勝之書》。

《氾勝之書》原名《氾勝之》，著錄在《漢書·藝文志》中，《隋書·經籍志》始稱為《氾勝之書》，以後沿用此名。原書約在北宋初期亡佚，現存的《氾勝之書》是從《齊民要術》等古書中摘錄輯集而成，約三千五百字。

內容有耕田總原則、耕作的具體方法如溲種法、穗選法、區田法等，以及禾、黍、麥、稻、稗、大豆、小豆、麻、瓜、瓠（葫蘆）、芋、桑等十三種作物的栽培技術。其中在耕田總原則中，針對關中地區春旱多風的情況，首次提出「凡耕之本，在於趣時，和土，務糞澤，早鋤早獲」，這是迄今仍沿用的耕作原則。

《氾勝之書》是中國第一部由個人獨立撰寫的最早的農書，也是世界上最早的農學專著。總結了北方旱作農業技術，對傳統農學產生了深遠影響。該書所載的一些農業技術，也為後來的農書所繼承和發展。該書列舉了作物的具體栽培方法，奠定了中國傳統農學作物栽培總論和各論的基礎，而且寫作體例也成為中國傳統農書的重要範本。

延伸知識

最大的就是綠林軍和赤眉軍。

⊙綠林軍始末

王莽天鳳四年（十七年），荊州（今湖南、湖北部分地區）發生了大旱災，饑民遍野。為了活命，饑民紛紛離開城邑，流亡進入山野湖澤，挖野菜樹根為食。可是饑民實在太多了，以至於連野菜樹根都不夠，饑民之間因而發生打鬥。糾紛多了，就需要推舉有威望的領袖以便裁決，新市（今湖北京山東北）有王匡、王鳳，南郡（今湖北江陵）有張霸，江夏（今湖北黃岡）有羊牧。

隨著災情加重，王匡等人開始率領饑民出山打家劫舍，聊作謀生之計，王匡軍平時藏在綠林山中，缺乏糧食就到村子打劫，所以朝廷稱為「綠林賊」。

王莽也曾派使者解散綠林軍，承諾赦免罪過，使者回報說：「這些人解散不久，又重新聚集，他們說：『賦稅太重，法令太嚴，實在無法生活。』看來盜賊群起的主要原因還是百姓太窮了。」王莽聽了很生氣，認為使者誹謗朝政，免了他的官。

當時造反的人民都和綠林軍一樣，只在鄉間打家劫舍，圖個溫飽，並不敢進攻城邑。即使抓獲討伐的官員，也立刻放掉了。心中並沒有真正的造反計畫，純粹是飢寒交迫所致。但是王莽卻始終不明白，總想用軍事高壓和嚴刑酷法，卻不知正是抱薪救

一刀平五千錢　新莽

銅錢的造型雖說是仿先秦刀幣，但卻別具一格，刀身平直，柄端為方孔圓錢，「一刀」兩字用黃金鑲嵌而成，世稱金錯刀。此錢製作精美，錢文書法纖秀。

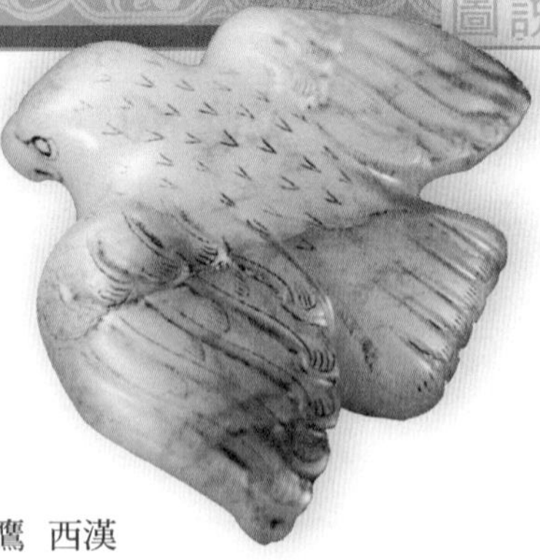

玉鷹　西漢

一九七五年咸陽市出土。長七公分，寬五公分。白色玉質，略帶紅色。鉤形喙，圓眼，雙翅平展，尾羽散張。以粗線條雕出的翅膀大羽，顯得剛勁有力。頸背以陰刻鉤形雕出絨絨羽毛。玉鷹作見到獵物後的滑翔俯衝狀。

火，只會使烈火越燒越旺。

地皇二年（二十一年），新朝軍隊兩萬人大舉進攻綠林軍，王匡等人迎擊，與新朝軍隊大戰於雲杜（今湖北京山），結果綠林軍大獲全勝，繳獲輜重無數。於是綠林軍乘勝攻打雲杜、安陸城（今湖北雲夢），總兵力發展到五萬人。綠林軍擴張迅速，新朝官員無可奈何，這時一場瘟疫讓王莽政權苟延殘存了一段時間。

綠林軍大勝的第二年，荊州發生了嚴重瘟疫，綠林軍死亡超過一半。為了維持隊伍，王匡只好將軍隊分散為兩部離開綠林山，一部由王常、成丹率領西入南郡（今湖北江陵），號稱「下江兵」，另一支由王匡、王鳳等率領北入南陽（今河南葉縣），號稱「新市兵」。劉縯、劉秀（即後來的光武帝）兄弟在南陽起兵後，下江兵和新市兵先後加入劉氏兄弟，對於新朝的滅亡發揮了很大作用。

⊙赤眉軍始末

當綠林軍在新朝南邊的荊州活動的時候，新朝東邊的青州（今山東）、徐州（今江蘇、安徽）的亂事也蓬勃開展。

天鳳五年（十八年），天下大旱，到處饑饉，尤其以青州、徐州最為嚴重。琅玡（今山東諸城縣東）人樊崇聚百餘饑民起事於莒縣（今屬山東），轉戰各地，隊伍發展到萬餘人。樊崇驍勇善戰，歸附者雲集，琅邪郡東莞（今山東沂水）人逄安、東海郡臨沂（今山東臨沂北部）人徐宣、謝祿等紛紛起兵響應，總兵力達到了數萬人。聲勢大振，進圍莒縣縣城，未能攻克，於是轉戰姑幕（今山東諸城縣西北）一帶。

天鳳六年（十九年），樊崇在姑幕和新朝將領田況展開激戰，大破田況軍，殺死官兵萬餘人。接著，乘勝北上攻入青州，橫掃青州郡縣。然

玉熊　西漢

陝西咸陽市周陵鄉新莊村出土。高四．八公分，長八公分。玉熊緊閉雙唇，雙耳貼於腦後，圓而有神的雙目面視前方，四足交錯呈漫步行走狀。腮邊腿側僅雕刻數刀鬃毛，卻產生了鬃毛滿身的效果。玉熊還突出了體態和頭部特徵的刻畫，作者用簡練的刀法，雕刻出熊肥胖舉搖的體態，憨厚而可愛的神情。這是一件難得的玉雕作品。

赤眉軍無鹽大捷國畫

後，重返徐州，到東海郡南城（今山東棗莊市北）屯駐休整。

樊崇起事之初，只因為飢寒交迫才鋌而走險，至此實力鼎盛，開始在軍中設立法規，共同約定：「殺人者死，傷人者償創。」此後轉戰新朝各州縣，威震東方。

地皇三年（二十二年），王莽派更始將軍廉丹、太師王匡統率十萬精兵，從長安出發，前往討伐。廉丹軍隊所到之處，燒殺擄掠，無惡不作，民間流傳歌謠說：「寧逢赤眉，勿逢太師，太師猶可，更始殺我。」

樊崇率軍前往迎擊，害怕敵友不分，便命令把眉毛染成紅色，以示區別，由此樊崇所部稱為「赤眉軍」。赤眉軍大破新朝軍隊，殺敵萬餘人。又乘勝追至無鹽（今山東汶上北），殺死廉丹，王匡狼狽逃竄。

無鹽大捷後，樊崇軍隊迅速擴大，逐步發展到三十萬人。建武元年（二十五年），赤眉軍攻入關中，滅亡更始政權，立牧童劉盆子為帝。當時關中饑饉，赤眉軍缺乏糧食供應，士氣低落，又連續被劉秀的西征軍擊敗，只得退出長安，向青州撤退。

建武三年（二十七年）閏正月，飢餓疲憊的赤眉軍跋涉數百里撤退到宜陽（今河南宜陽）附近時，發現劉秀早已率領大軍在此列陣等候。空肚的赤眉軍在毫無作戰準備之下驟遇大軍，士氣崩潰，無法作戰，於是樊崇只好投降，赤眉軍滅亡。同年夏天，樊崇、劉盆子等人以謀反罪處死。

三人縛牛銅扣飾　西漢

昆陽大戰

●時間：西元二十三年
●人物：劉秀

漢朝宗室劉縯、劉秀在南陽起兵，扶立劉玄為帝，以復興漢朝號召百姓，天下為之震動。王莽派遣大軍前往討伐，在昆陽被劉秀以偏師大敗，四十二萬大軍一旦瓦解，新朝也隨之滅亡。

⊙山雨欲來

關東群起造反，一時聲勢浩大，但缺乏良好的軍事組織，一時憑藉士氣打些勝仗，卻不能對王莽形成真正威脅。所以王莽雖然頭疼，並不害怕。

直到南陽蔡陽人（今湖北省棗陽縣）劉縯、劉秀兄弟起事，王莽才真正害怕。劉縯字伯升，劉秀（也就是後來的漢光武帝）字文叔，都是漢朝宗室。地皇三年（二十二年）起事之初，就打出恢復漢朝的旗號，對新朝極度失望的人民很有號召力。因此旌旗所向，勢如破竹。

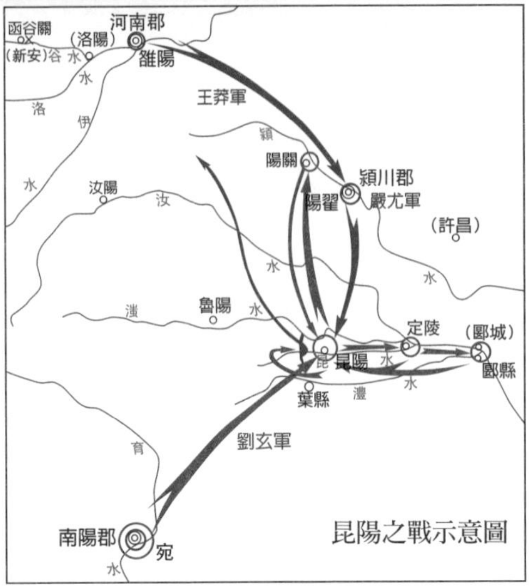

昆陽之戰示意圖

次年更始元年（二十三年）正月，劉氏兄弟先後打破了新朝在南陽地區的軍政長官甄阜、九卿梁丘賜的軍隊，整個南方都震動了。驚惶失措的王莽想起了向鬼神求助，命令長安城中官署和地方百姓聚居之處，都掛上劉縯的畫像，每天向畫像射箭。但壞消息還是不斷傳來，劉氏兄弟的軍隊進圍南陽郡的治所宛城（今河南南陽），並扶立了漢朝宗室劉玄為帝，改元更始。

王莽急令司空王尋、司徒王邑前往洛陽，徵發天下州郡軍隊討伐劉氏兄弟。同年五月，王邑、王尋指揮四十二萬大軍從洛陽出發，猶如一塊巨大的烏雲，緩緩向昆陽（今南陽葉縣）壓來。山雨欲來，昆陽城中頓時捲起一陣狂風。

此時昆陽城中的義軍不過八九千人，諸將害怕，紛紛商量棄城。劉秀不以為然，對眾將分析說：「現在我軍主力正在圍攻宛城，不能分兵來救，大敵當前，集合所有力量拚死一戰，還有死裡逃生的可能。如果分散逃跑，恐怕一兩天內，大家就給敵人抓住了。」接著劉秀又手指地圖，一一分析部署和進軍。諸將原本輕視劉秀，現在個個心悅誠服，表示聽從安排。

於是劉秀命令義軍將領王鳳、王常堅守昆陽，自己則帶領李軼等十三人，乘著夜色偷偷開了南門出城，到潁川郡（郡治在今河南禹縣）調集援軍。

⊙決戰昆陽

完成了對昆陽城的包圍後，王邑就命令大軍造雲梯衝車攻城，旌旗蔽日，殺聲震天，箭矢如雨點般射上城頭。王鳳無奈請降，王邑以為破城只在旦夕之間，拒絕接受。此時的王邑真可謂志得意滿，但萬萬沒想到一場**巨大的災難正悄無聲息靠近**。

六月初一，雷雨大作，完成部署的劉秀率領**增援部隊**，一齊拔營向昆陽城下進發，在距離新朝軍隊四五里處佈陣。王邑派出的先鋒數千人很快被劉秀軍擊破，劉秀軍士氣大振。

持傘銅俑 **西漢**

此俑兩頰飽滿，雙目圓睜，嘴唇微閉，手持長傘，雙膝跪地，神情肅穆，威嚴中不乏恭順。整件作品造型新穎獨特，人物的心理表現得恰如其分。

深知寡不敵眾的劉秀決定孤注一擲，親率敢死部隊三千人，突擊新朝軍隊的中軍。恃眾驕狂的王邑竟然下達不得輕舉妄動的命令，在他看來，中軍的萬餘人已經足夠解決劉秀，也只有親手擊潰劉秀，才能從戰爭中獲得成就感。可是劉秀軍的勇猛遠遠超乎王邑的想像，在義軍的反覆衝突下，新朝軍隊的中軍很快就崩潰了，王邑狼狽逃走，王尋被殺。

王邑留下的四十多萬部隊，成了義軍的俎上魚肉。劉秀軍開始全軍突擊，昆陽守軍也開門夾攻，殺聲震天動地，王莽軍全軍崩潰，自相踐踏，死者無數，倖存者試圖逃走，但昆陽城西因大雨暴漲的溠水（今河南魯山沙河）擋住了敗兵去路，殺戮在暴雨中持續了很久。

這一戰新朝軍隊傷亡四十餘萬，伏屍百里，丟棄物資無數，劉秀軍連續搬運了一個月，把剩餘部分就地燒毀。

⊙新朝滅亡

四十二萬大軍一旦瓦解，新朝命運也就岌岌可危了。這時王莽仍試圖愚弄百姓，用囚車解送幾個人到長安斬首，聲稱就是劉縯、劉秀兄弟。

這年八月，義軍李松等進入關中，王莽釋放長安城中囚徒，編成軍隊，前往迎戰，命他們在鬼神前發誓效忠新朝。但鬼神也無法阻止人心的浮動了，這支軍隊剛剛開過渭橋，就四散奔逃一空。義軍進圍長安，放火焚燒城外新朝宗廟，大火熊熊，照亮全城。

九月一日，長安的宣平門攻破，義軍一擁而入，城中大亂，居民紛紛響應，放火焚燒未央宮門，逼王莽出來。王莽在侍從的攙扶下，逃往漸臺，依靠周圍水池阻止火勢蔓延。兩天後，長安商人杜吳殺王莽於漸臺上，新朝滅亡。

東漢

西元二十五~二二〇年

原中華書局古代編輯室主任 ■謝方編審

綠林、赤眉軍之後，地方上的豪強也參加反對新朝，其中以加入綠林軍的劉秀勢力最強。昆陽之戰後，劉秀到河北發展，鎮壓河北的亂事，併吞了北方各地，勢力漸大。更始三年（二十五年）六月，劉秀在河北即皇帝位，即光武帝。沿用漢為國號，史稱東漢，定都洛陽。

光武帝首先消滅了進入長安的赤眉軍。建武十二年（三十六年）平定了四川的公孫述後，全國復歸於統一。接著六次頒布釋放奴婢的詔令，恢復生產力，又興修水利，使農業很快得到恢復和發展。和帝時，罷鹽鐵之禁，鍊銅和銅器製作、絲織業等都有了發展。

東漢商業發達，洛陽成了全國商業中心，南方的揚州、荊州、益州的手工業商業也都興旺，城市人口大量增加。章帝及和帝時，班超經營西域，保障「絲綢之路」暢通。與此同時，地主的勢力也逐漸強大。

和帝以後，外戚與宦官的勢力大為抬頭，不

斷出現帝后臨朝執政和外戚、宦官交互專政的局面。順、沖、質、桓四帝時，外戚梁冀專政近二十年，財富積累達三十億。東漢中葉以後，長期的世家大族執政，形成了具有壟斷性的門閥政治。

東漢後期朝廷官員和大學中的知識分子出現了品評時局的清議派，對宦官外戚專政不滿，遭到了報復，形成了「黨錮」之禍。

桓帝以後宦官更囂張，公開販賣官爵，政治腐敗到了極點，社會上流民遍地，暴動不斷。靈帝時，北方爆發了有組織的黃巾之亂，終於瓦解了東漢。地方豪強乘機在各地擁眾獨立，相互爭鬥，最後形成了魏蜀吳三國鼎立的局面。

東漢在文化科學方面取得了光輝的成就。東漢初有傑出的思想家王充。史學方面出現了我國第一部紀傳體的斷代史書《漢書》。文學方面的代表作有思想和藝術成就很高的散文、樂府。東漢末有「建安七子」，以文學知名，直接影響了三國時曹魏在文化上的突出地位。東漢中期的張衡不但是思想家、文學家，也是科學家，發明渾天儀和地動儀，已能科學地觀測宇宙和地震。和帝時，蔡倫完善了用植物纖維造紙的工藝，推進人類文化事業的傳播。此外，東漢在數學、農學、醫學方面也取得了很大成就。佛教和道教兩大宗教也同時在東漢出現與盛行，對中國思想文化和社會生活產生深遠的影響。

得隴望蜀的光武帝

●時間：西元二十八～三十五年
●人物：劉秀　隗囂　公孫述

在漢室淪落的時代，並不起眼的劉秀竟然挽救了漢室江山，使得漢王朝延綿了四百年之久，在有史記載的歷朝中算是最長的，後來的大唐盛世也不過在三百年左右徘徊。劉秀之所以能成為力挽狂瀾的英雄人物，並非偶然，他是一個既有雄心壯志又有雄才大略的皇帝，「得隴望蜀」也正是他政治抱負的表現。

東漢建武元年（二十五年）六月，劉秀在南征北戰三年之後，終於在鄗縣（今河北柏鄉縣北）即皇帝位，年號「建武」，劉秀也就成了後人所稱的漢光武帝。當然，劉秀並不是當了皇帝後就甚麼事情都沒有了，西漢末年的全國動亂造就了許多的地方割據勢力，統一大業還沒有完成。

建武四年（二十八年），劉秀寫信給占據河西的竇融，勸竇融放棄割據，並允諾封竇融為涼州牧。竇融欣然接受了，成為東漢的地方官。這時，全國大的割據力量就剩下隴西的隗囂和巴蜀的公孫述了。

⊙說降隗囂

建武三年（二十七年）十一月，光武帝對太中大夫來歙說：「現在西部的地方仍然各自為政，而公孫述又在西南稱帝，山高水遠，難以用兵，將領都全力經營關東，無法兼顧，你看該怎麼辦？」

來歙回答說：「我在長安見過隗囂，此人起兵時以復興漢室為名，所以現在寫信勸他，一定會歸降。公孫述也就不難對付了。」

光武帝覺得有理，就派來歙出使隴西，招降隗囂。收到光武帝的信後，隗囂果然隨著來歙拜見光武帝。光武帝用接待外國君王的禮節接待隗囂，為了表示尊重，談話時也只稱其字號，而不直呼其名。

隗囂回到隴西後，多次幫助劉秀的將領馮異，迎戰公孫述，側面支援巴蜀戰場的漢軍。光武帝知道後，就寫信給隗囂，大為誇獎說：「我很願意與將軍結交，將軍南拒公孫述，北定羌人，所以馮異西征，只帶數千人便可立足。若無將軍之助，恐怕咸陽

部曲將印　東漢
按照東漢軍制，將軍領數部，部下設曲，稱部曲，任務是保衛莊園。部曲的發展，意味著中央軍權的削弱。

早屬他人。」可見光武帝當時對隗囂非常器重。

⊙懷有異心

儘管光武帝用國士之禮對待隗囂，可是隗囂並不安分，仍然抱有異心。一天，隗囂把大將馬援叫來，派他到公孫述處探探口風。馬援不但是公孫述的同鄉，而且小時候是好朋友，便高高興興去了。

漢光武帝劉秀像

誰知馬援沒有得到好朋友的待遇，公孫述更擺起皇帝的架子。馬援很不舒服，回來便對隗囂說：「公孫述不過是井底之蛙，沒甚麼大的作為！」

建武五年（二十九年）的冬天，馬援作為隗囂的使者來到了洛陽。光武帝沒有在大殿中大張旗鼓接見馬援，也不擺儀仗，不帶侍從，身穿便服，如同老朋友一樣和馬援見了面。一見面光武帝就笑著說：「你從西到東，一會兒見那個皇帝，一會兒又來見這個皇帝。」

馬援嚴肅說：「在此亂世，不僅皇帝選擇臣子，臣子也在選擇君主。」

光武帝點頭稱是，然後問他：「那你擇君的結果如何呢！你不是剛見了公孫述麼？」

「哎，不可同日而語啊！」馬援深有感觸說：「我本與公孫述同鄉，小時候也是好朋友，本想著他能念舊情，哪知卻對我擺起皇帝的架子。現在我來洛陽，沒想到您卻像老友重逢接見我，連衛兵都不帶！您就不怕我是個刺客？」

光武帝聽了大笑，說：「我知道你不是刺客，不過看來卻像說客。」馬援也笑了，說：「現為亂世，天下稱帝的人隨處可見，但我還沒有見過像您這樣有帝王氣象的人。現在我明白了，天下到底是誰的天下！」光武帝非常高興，派來歙持節送馬援回到隴西。

隗囂向馬援詢問出使的情況，馬援說：「光武帝才智勇略，非任何人可比，且為人坦誠，心胸博大，與漢高祖相似，天下無人能及！」

隗囂有些不快，問馬援：「哪些地方與高祖相似啊？」馬援老實說：「與高祖還是不同，高祖無可無不可，而光武帝有能力治理天下，行有節度！」這些毫不掩飾的誇獎更讓隗囂不快，生出了背叛光武帝的念頭。

⊙平定隴西

這年冬天，許多將軍上書要求攻蜀，光武帝就把奏摺送給隗囂，讓隗囂參加攻蜀戰役以表忠心。可是隗囂卻首鼠兩端，始終不肯出兵助戰。

光武帝也看出了隗囂的心思，便降低了對他的信任，以君臣之禮相見，又要求隗囂將長子隗恂送來洛陽作為人質。

隗囂的大將王元卻以為不必歸屬漢朝，一再勸隗囂割據一方，並說：「我們可以據守天險，稱霸一方，要知道魚不可以離開深淵，神龍失勢，不是與蚯蚓一樣嗎！」於是，隗囂暗自準備，打算反叛光武帝。

建武七年（三十一年），光武帝要求隗囂配合漢軍進攻公孫述，卻被隗囂婉言拒絕了。光武帝極為生氣，對負責聯絡的馬援也非常不滿，馬援只好寫信勸說隗囂不要一錯再錯。隗囂本來對馬援與光武帝接近就極為警惕，一看馬援站在光武帝的立場，更加氣惱，就決心與光武帝開戰。隗囂這一步是徹底走錯了。

馬援與隗囂的將領都極為熟悉，開戰時，他便上下游說，這些人都自動歸順了光武帝，剩下隗囂一個孤家寡人，只好投降了公孫述。

沒有多久，眾叛親離的隗囂便得重病死了，隴西政權算是基本平定了。

月神畫像磚　東漢

這塊畫像磚上的圖案是一隻長著人頭的大鳥。人頭上盤著高髻，頸部生出向前蜷曲的長長羽毛，鳥身上可看出雙翅和尾羽。鳥身內有一內凹的圓形，中有一隻蟾蜍和一株桂樹，表現傳說中的月亮。鳥周圍有二星閃爍。中國古代傳說中，女仙領袖西王母有月神和日神相伴，這隻神鳥就是伴隨著西王母的月神。

⊙再平巴蜀

平定隴西後，光武帝派大將岑彭留守隴西。光武帝特意寫信，說：「兩城若下，便可將兵南擊蜀虜。人苦不知足，既平隴，復望蜀。每一發兵，頭鬚為白。」意思就是說，若是平定隴西，就請再向南用兵，希望可以把巴蜀的公孫述也平了。他還自嘲

灰陶說唱俑　東漢

俑高五十五公分，四川郫縣出土。這件俑赤裸上身，下穿長褲，但肚皮凸露於褲腰之上，赤著雙足，佈滿皺紋的面孔充滿笑意，還半吐舌頭做滑稽的表情，一臂挾鼓，另一手持桴隨意敲擊。這類俑極為真實刻畫出當年豪族地主為了享樂，驅使身體有缺陷的侏儒，在人們面前故作滑稽姿態供人笑樂的情景。這些俑今人視為東漢陶俑中藝術水準頗高的作品。

說：「人苦不知足！」很有些中興之主的風度。

建武十一年（三十五年），光武帝派岑彭與部將吳漢水陸並進，從東邊入蜀，派來歙和大將蓋延從北邊入蜀。公孫述的巴蜀政權已經處在風雨飄搖之中了，公孫述當然不甘心，派出刺客暗殺漢軍將領。

一天夜裡，漢軍北路主將來歙在睡夢中忽然被一陣劇痛所驚醒。來歙掙扎著爬起，連忙叫來衛兵。在燭光下，發現來歙的後背插入一把尖刀，鮮血流得滿床。

石騎馬人 東漢

來歙此時反倒鎮靜了，他叫衛兵快把蓋延請來。蓋延匆忙趕到，一見此景也慌了神，流下了眼淚。來歙大聲斥責說：「虎牙將軍（蓋延此時位居虎牙將軍）怎能如此，我肯定不行了，請你來是為了商量大事，你卻像個小孩子。刀子雖扎在我身上，我難道就不能命令士兵殺你嗎？」蓋延忍著悲痛聽從來歙的囑託。

來歙囑咐完軍政大事後，就寫信給光武帝說：「我夜裡被敵人暗算，我雖不敢愛惜自己，但卻恨不稱職，使朝廷蒙羞。國家應得賢才治理，太中大夫段襄，骨鯁正直，可任要職。我的兄弟不成器，望陛下哀憐。」寫完信，來歙拔出了後背的匕首，當場就死了。

來歙被殺的消息傳到洛陽，光武帝悲痛欲絕，決定親自領軍征討巴蜀，為來歙報仇。

這年七月，岑彭的大軍已經深入巴蜀二千多里，滅蜀只在頃刻之間。公孫述大為恐懼，可是仍然不肯投降，派刺客假稱是逃亡的奴僕，投降岑彭，又在夜裡刺殺了岑彭。漢軍被徹底激怒了，更加勇猛和公孫述作戰。

第二年（三十六年）十一月，吳漢大軍包圍了成都。光武帝依然給了公孫述機會，寫信說：「不要因來歙與岑彭的事而自疑，現在投降，宗族還可以保全。」

但公孫述仍不肯降，吳漢便大舉進攻。戰鬥中，公孫述負了重傷，當晚便死了。第二天，公孫述的大將延岑開城投降，巴蜀地區也終於歸入了東漢的版圖。

「得隴望蜀」這個成語在後世用來比喻人的貪婪之心，但在當時，光武帝的「得隴望蜀」卻是一種統一天下的雄心壯志。也正是因為有此雄心壯志，光武帝才可能在兩漢之交、天下紛亂的時候異軍突起，衝破重重阻礙，恢復了漢室王朝，登上了皇帝的大位。

【雲臺二十八將傳奇】

●時間：東漢初年
●人物：武將二十八人

光武帝能夠成為漢朝的中興之主，與身邊有大批能臣有關。這些人都有自己的個性與風采，都極有才幹，「雲臺二十八將」就是其中功績最為顯赫的一批大臣。當然，之所以有這麼多的賢臣跟隨光武帝，與光武帝能識人、能用人也是分不開的。

⊙二十八將的由來

光武帝劉秀死後，兒子劉莊繼位，是為漢明帝。一天，南宮雲臺熱鬧非凡，眾人齊集於此，看四周懸掛的畫像，並嘖嘖稱讚，頗有豔羨之心。原來，明帝追憶功臣，命人在南宮雲臺畫下二十八位功臣的畫像供人瞻仰，這就是歷史上著名的雲臺二十八將。這些人都是當初隨光武帝劉秀南征北戰，為東漢打天下的大功臣。

青釉六繫罐 東漢

這二十八將的名單為：太傅高密侯鄧禹、中山太守全椒侯馬成、大司馬廣平侯吳漢、河南尹阜成侯王梁、左將軍膠東侯賈復、琅邪太守祝阿侯陳俊、建威大將軍好畤侯耿弇、驃騎大將軍參蘧侯杜茂、執金吾雍奴侯寇恂、積弩將軍昆陽侯傅俊、征南大將軍舞陽侯岑彭、左曹合肥侯堅鐔、征西大將軍陽夏侯馮異、上谷太守淮陽侯王霸、建義大將軍鬲侯朱祐、信都太守阿陵侯任光、征虜將軍潁陽侯祭遵、豫章太守中水侯李忠、驃騎大將軍櫟陽侯景丹、右將軍槐里侯萬脩、虎牙大將軍安平侯蓋延、太常靈壽侯邳彤、衛尉安成侯銚期、驍騎將軍昌成侯劉植、東郡太守東光侯耿純、城門校尉朗陵侯臧宮、捕虜將軍揚虛侯馬武、驃騎將軍慎侯劉隆。這些人與劉秀一起經歷了出生入死的戰鬥，也流傳下許多的傳奇故事。

⊙鄧禹識人

劉秀小時候曾到長安求學，結識了很多同學，其中就有南陽人鄧禹。鄧禹小劉秀七歲，很有識人之能，早就看出劉秀不是一般人，因此與劉秀十分親近。

劉秀起兵後併入更始帝劉玄麾下，可是才能卓著而被更始帝猜忌，劉秀就藉口出使河北，逃出了長安。這時，鄧禹渡河追趕劉秀，一直追到鄴縣（今河北磁縣西南）才追上。

劉秀看見鄧禹，就試探性問：

「我有權任命官吏，你遠道而來，是想當官吧！」鄧禹說：「我不願做官！」劉秀又說：「那何以如此。」鄧禹回答說：「我願為您效力，使您的威德加於四海，名垂後世。」

劉秀非常高興，便把鄧禹留在身邊。鄧禹勸告劉秀說：「更始帝雖然建都關西，可是山東還沒有平定，赤眉等軍勢力強大，劉玄等人都是平庸之輩，沒有遠大志向。所以現在應該有一個人威德並重，立有大功，能為天下人所尊服，才能夠建立高祖的功業！而這個人就是您呀！」

劉秀深為感動，也把鄧禹當成了知己和忠臣。此後，所有軍國大事，劉秀都要先和鄧禹商議，才下達最後的命令。

⊙馮異護主

劉秀的兄長劉縯與他同時起義，同時投奔更始帝劉玄。昆陽大捷後，劉氏兄弟威望日高，劉玄怕劉氏兄弟分了權位，就藉機殺害了劉縯。劉秀聽到消息後，立刻來到宛城向劉玄謝罪，並且整日吃肉喝酒，談笑風生，絲毫沒有悲傷的樣子，連與他關係好的人都無法理解。

有一天，劉秀的主簿馮異（字公孫）卻單獨叩見並寬慰他說：「劉將軍要保重身體，不要過分悲傷！」劉秀嚇了一跳，因為沒人的時候都為慘死的哥哥大哭，可是馮異怎麼知道呢？劉秀忙小聲說：「馮將軍不要瞎說！」

馮異見左右沒有

歷史詞典

《九章算術》總結先秦數學

《九章算術》是中國古代數學的經典著作，是先秦數學成就集大成的總結。它的出現，標誌著中國古代數學體系的形成。《九章算術》不是成於一時一人之手，而是經歷了漫長的過程，由多人先後刪改、修補，並在東漢初年（五十年）最後形成定本的。

《九章算術》內容非常豐富，題材廣泛。共九章，分為二百四十六題二百零二術。《九章算術》在中國和世界數學史上占有十分重要的地位。歐洲在十六世紀才有人研究三元一次方程組，而線性方程組的理論及解法乃是十八世紀末葉才出現的。以此相比，足見該書的先進性。

在中國先秦的典籍中，記錄了不少數學知識，卻沒有《九章算術》的系統論述，尤其是由易到難、由淺入深、從簡單到複雜的編排體例，從而形成了中國傳統數學的理論體系。因而後世的數學家，大都從此開始學習和研究，唐、宋時是國家明令規定的教科書，北宋時由政府刊刻，又是世界上最早的印刷本數學書。隋、唐時就已傳入朝鮮、日本，現已譯成日、俄、德、法等多種文字。

作為中國古代數學的系統總結，《九章算術》對中國傳統數學的發展產生了極其深遠的影響。

鎏金飛馬紋銅牌　東漢

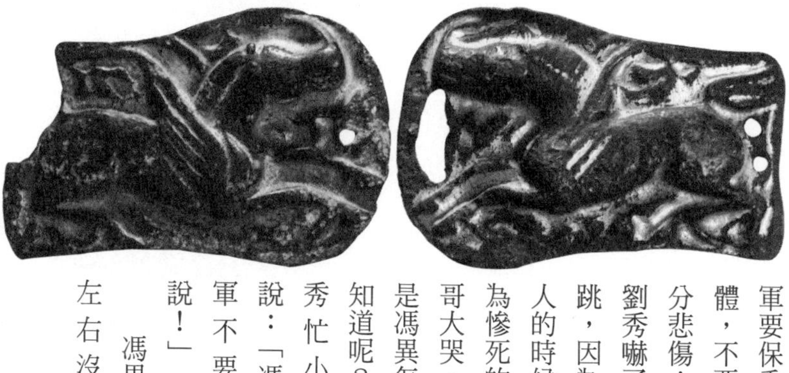

人，便說：「其實現在百姓並不擁護劉玄，劉將軍應該離開他，另謀出路！」原來，馮異早已注意劉秀內心深處的悲傷，並提出建議。

後來，劉秀在馮異的建議下經營河北。開始時劉秀被邯鄲的王郎勢力追殺，一路上不敢走大道，連吃飯都成問題。君臣落難荒郊之際，馮異想辦法取得糧食，煮成豆粥給劉秀吃。劉秀高興說：「得公孫豆粥，飢寒俱解。」

後來，馮異在關中大獲成功，連續數年鎮撫西方，人稱「咸陽王」。朝中有人非議，馮異十分不安，劉秀安慰說：「將軍之於國家，義為君臣，恩猶父子。何嫌何疑，而有懼意？」

後來馮異入朝覲見，劉秀向滿朝文武介紹說：「這是我起兵時的主簿馮異，他為我披荊棘，定關中。」回憶起幾年前的困難時期，劉秀深情說：「倉卒無蔞亭豆粥，滹沱河麥飯，厚意久不報。」大概豆粥吃得很香，仍然念念不忘。

錯金五獸紋鐵鏡　東漢

這枚鐵鏡用金絲錯嵌出五個瑞獸。《上雜物疏》中記載皇帝用一尺二寸的錯金鐵鏡一枚，皇后、皇太子用錯銀鐵鏡四枚。錯金銀的鐵鏡工藝直到漢末才逐漸發展。

⊙祭遵執法

劉秀經營河北的時候，任命了潁川郡人祭遵擔任軍市令，主管軍中法令。祭遵上任沒多久，碰到劉秀寵愛的僕人犯罪，祭遵毫不猶疑，把僕人當場斬殺，以正法紀。劉秀知道後非常惱怒，就逮捕了祭遵。

劉秀的主簿陳副進諫說：「您常要我們遵守法令，而嚴明軍紀正是按您的要求做的，怎麼能治祭遵的罪呢！」

劉秀無言可對，也覺得祭遵這麼做還是有好處，就任命祭遵為刺奸將軍。為了掩飾窘態，劉秀還苦笑著對將士說：「你們可要小心，我的人犯了罪，祭遵都要殺了，你們若犯法，他也不會留情面。」

佛像陶插座　東漢

⊙賈復與寇恂將相和

賈復是劉秀的一員猛將，作戰時不顧危險，常置生死於度外。劉秀擔心，就說：「我之所以不讓你上陣，就是怕你輕敵。如果真是這樣，可會損失了我的大將。聽說你的妻子有身孕了，若是生個女孩，我的兒子就娶她為媳，若生男孩，我的女兒就嫁給他，你不用擔心妻子和孩子。」

有一次劉秀準備出征，對將軍說鄾城（今屬河南）最堅固，不易攻打。賈復主動請戰，劉秀很高興，說：「你去攻打鄾城，我還擔心甚麼呢！」不過由於劉秀有意不讓賈復出征，使他具體戰功不多，每當諸將談論立下的戰功，劉秀都要替賈復說上一句：「賈君之功，我自知之。」

可就是這個勇猛的賈復，卻與忠厚的雍奴侯寇恂衝突。建武二年（二十六年），寇恂駐守潁川郡（郡治在今河南禹縣），賈復的部將在寇恂的轄區犯法殺人，寇恂毫不客氣逮捕入獄。當時漢軍的紀律比較鬆弛，殺人犯處死的很少，可是寇恂認為要想治好軍隊，必須嚴肅軍紀，所以，沒有和賈復商量，便把那人處死了。

賈復知道後很不痛快，越想越氣，便說：「如果我見到寇恂，一定要親手殺死他！」

後來劉秀召賈復回洛陽，正好路過潁川，賈復便打算趁機報仇。寇恂得知後，便不想與賈復衝突。

寇恂的外甥谷崇卻想不通，覺得寇恂膽量太小了，便說：「您可以會見賈將軍也不必害怕，我拿武器保護您，若他有行動，我可以對付他。」

寇恂大笑著說：「你以為我怕他麼？你知道藺相如與廉頗二人將相和的故事吧！為了國家的利益，我才不願意和賈將軍內訌。」

第二天，賈復帶著大隊人馬來到了潁川。一進潁川地界，寇恂的部屬帶了酒菜在路邊等待。賈復的將士又餓又累，不等賈復命令，就大吃大喝。等賈復想命令士兵衝進官衙，找寇恂算帳的時候，手下的士兵早就爛醉如泥，賈復也只好放棄了報復的念頭。

後來，寇恂向劉秀報告這件事，劉秀非常不安，因為賈、寇二人都是極有才幹的大將，所以劉秀想要調解，就下詔讓寇恂星夜趕往洛陽。

寇恂剛進內殿，發現賈復也在座，寇恂轉身就走。劉秀一把拉住了寇恂，誠懇地說：「二位都是我的大將，兩虎相爭，必有一傷。現在天下未定，漢室還要靠二位扶佐。望二位將軍看我的薄面，就此講和吧！」二人聽了很感動，立刻互相道歉，從此成了要好的朋友。

舞蹈陶俑　東漢

俑高四十五公分，四川遂寧崖墓出土。俑為泥質紅陶，模製。頭梳高髻，額上紮巾，面容安祥，身穿交領長衣，衣袖遮手。右手叉腰，左手高揚，邁右足起舞。造型生動，具有四川地區東漢陶俑的時代風貌。

董宣鬥湖陽公主

●時間：東漢初年
●人物：董宣　湖陽公主

董宣只是個小小的洛陽令，卻敢於與皇帝的姐姐湖陽公主抗爭到底，他執法如山、不避權貴的品性確實令人讚歎不已。當然，董宣能夠執法到底，也有一個重要的前提，那就是他遇到的是光武帝劉秀這樣一個寬宏、英明的君主。

⊙任命洛陽令

光武帝劉秀出身劉氏皇族，王莽統治末年，他加入了綠林軍。後來劉秀在推翻王莽新朝政權中壯大，在平定了綠林、赤眉兩股最大力量後，接著又消滅各地的割據勢力，統一了全國。光武帝把洛陽作為都城，為了和劉邦建立的漢朝相區別，歷史上把這個王朝稱為「東漢」。

光武帝參加過民間隊伍，瞭解百姓的疾苦，所以在位期間注意澄清吏治，加強法令。不過法令只能管百姓，如要約束皇親國戚，那可就難了。當時居住在京城的皇親國戚驕奢淫逸，專橫跋扈，家奴也狗仗人勢，胡作非為，京城百姓敢怒不敢言。為了扭轉這一局面，光武帝特召董宣為洛陽令，以約束皇親權貴的不法行為。

⊙街斬惡奴

董宣到任不久，就接到下屬的報告說：光武帝的姐姐湖陽公主寵信的一個惡奴，倚仗公主勢力為非作歹，竟然光天化日之下殺了人，事發後躲進了公主府中。董宣派衙門吏卒前去拿人，都被湖陽公主擋在門外，無法抓到兇犯。

董宣知道堂堂公主的府第，衙門無論如何是闖不進去，但是他不相信那個惡奴從此就不再跨出府門，就佈置手下在府第附近暗中監視。一天，湖陽公主外出，惡奴以為風頭已經過去，也混在僕從中間打算出去。董宣得到了消息，親自帶領衙役守候在公主的必經之地，把公主的車隊攔了下來，請公主把惡奴交出。

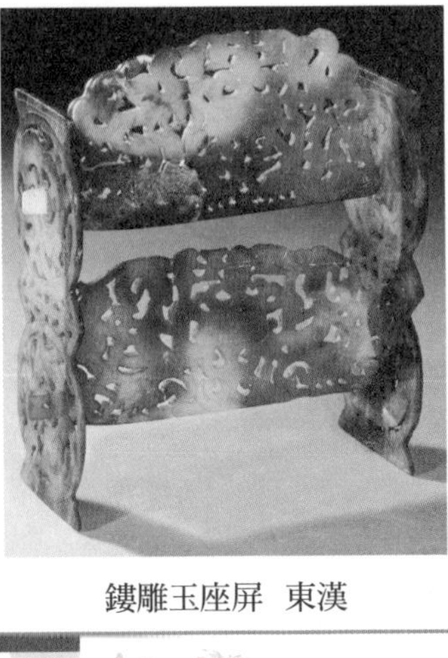
鏤雕玉座屏　東漢

湖陽公主心想一個小小的洛陽令能奈我何，便沉下臉說：「好大膽的洛陽令，竟敢攔阻我的車馬？」

董宣可沒有嚇倒，他把腰刀往地上一拄，厲聲斥責公主不該目無國法，庇護殺人惡奴。說完，董宣不顧公主阻撓，吩咐衙役把殺人惡奴拖下車來，就地正法了。

湖陽公主何曾受過這等屈辱，立

刻氣急敗壞地掉轉車頭，直奔皇宮，向光武帝告狀。

⊙硬頸大臣

湖陽公主在光武帝面前又哭又鬧，光武帝聽了姐姐的一面之詞，勃然大怒，召董宣入宮，想為姐姐出氣。

董宣處決了湖陽公主的家奴，便做好了殺頭的準備。奉詔進宮時泰然自若，未等光武帝開口，董宣就磕頭請求道：「請陛下讓我說一句話再死。」

銅輦車　東漢

光武帝怒沖沖說：「你侮辱了公主，還有甚麼話可說！」

董宣從容不迫答道：「陛下廣行仁德，除暴安良，才復興了大漢朝。可是如今卻袒護親貴，縱容惡奴殘殺良民，長此以往，法制敗壞，民心喪盡，將憑甚麼治理天下呢？臣既入仕途，就只知依法辦事，早已把生死置之度外了。不用亂棍，臣請自殺於此！」

說罷，董宣站起身來，一頭撞向柱子，頓時血流滿面，光武帝趕緊命令太監抱住董宣。

其實，光武帝聽了董宣的慷慨陳詞之後，已明白董宣的做法是對的，但認為做得有點過火，有損皇家的尊嚴，礙於姐姐湖陽公主，光武帝就命董宣向公主磕頭賠罪，可免一死。董宣卻說：「臣這件事沒有做錯，為甚麼要賠罪？」

劉秀只好命太監按住董宣，強迫向公主磕頭。董宣不顧頭部的創傷，雙手使勁撐住地面，倔強硬挺著脖子，不肯俯首求饒。

太監未能使董宣低下頭來，也知道光武帝不想治罪，就大聲說：「回陛下，董宣的脖子太硬，摁不下去。」光武帝笑笑，揮手說：「算了，算了，把這個硬脖子的洛陽令攆出去吧！」

湖陽公主在旁邊越看越惱火，就挖苦光武帝說：「想當初阿弟不過是一個普通百姓，卻能夠藏匿逃犯，掩護死囚，朝廷官吏尚且不敢上門搜查。如今貴為天子，竟然連一個小小的洛陽令也奈何不得嗎？」

光武帝回答說：「正因為我做了天子，所以不能再像平民那麼做事了。」

後來，漢光武帝不但沒治董宣的罪，還嘉獎董宣執法不避權貴，賞賜三十萬錢。董宣回到官府，一文不留，全部分給了下屬。從此以後，京城洛陽那些目無法紀的皇親貴族一聽到董宣的名字，就嚇得聞風喪膽，京城的治安逐漸好轉，時人敬稱董宣為「臥虎」。

糟糠之妻不下堂

●時間：東漢初年
●人物：宋弘 劉秀 湖陽公主

光武帝劉秀的姐姐湖陽公主寡居，看中了才貌出眾的大臣宋弘，光武帝親自出面做媒，宋弘卻以「糟糠之妻不下堂」直言拒絕，宋弘的端方品行表現得淋漓盡致。此外，湖陽公主敢於主動追求有婦之夫的行為，也折射出了當時「婦人尊貴」的社會風尚，漢代寡婦再嫁不受約束，而是一種不失體面的行為。

⊙恃寵而驕

光武帝劉秀除了兄長劉縯外，還有兩個姐姐、一個妹妹。在光武帝起兵創業之時，一次戰敗後，軍民四散逃命，劉秀單騎逃亡。逃亡路上光武帝遇到了妹妹伯姬，就救她上馬一起逃。跑了沒多久，光武帝又遇見大姐劉元，劉秀要大姐趕緊上馬，劉元知道馬兒已經不堪負荷，恐怕三個人都難逃一死，劉元就揮手讓光武帝帶著伯姬逃走。結果劉秀與伯姬脫險，劉元死在亂軍之中。有這段患難與共的經歷，劉秀與倖存的姐妹感情更深。

東漢立國後，光武帝立刻封二姐劉黃為湖陽公主，妹妹伯姬為寧平公主，想補償戰爭時期對親人的虧欠，這也就是湖陽公主敢於驕縱的資本。當時想要做官的人，無不挖空心思討好這兩家公主，希望得到公主的美言，從而青雲直上。

⊙方正君子

後來，湖陽公主死了丈夫，劉秀想為她續一門親事，於是故意在公主面前議論朝臣，試探她喜歡的。湖陽公主品評一番，最後說：「大司空宋弘容貌威儀，論品行、才能，滿朝文武都比不上他！」光武帝一聽是宋弘，心想恐怕難辦，只好說：「讓我慢慢想辦法吧！」

湖陽公主的確是好眼力，宋弘可以說是當時朝廷中第一等的人物，位至三公，品行方正，儀表堂堂。宋弘很有骨氣，當年赤眉軍攻進長安，強行召他，宋弘寧可跳到渭河尋死，堅決不從。後來宋弘被救起，他又裝死，就是不入赤眉軍，從此天下揚名。光武帝劉秀建立東漢政權後，徵宋弘入朝，封為太中大夫，後又任大司空。

宋弘曾把名士桓譚推薦給光武帝，光武帝立即授桓譚為議郎兼給事中。雖然官階不高，可是常在皇帝眼

撫琴畫像石 東漢

前，也算是個要職。

桓譚彈得一手好琴，光武帝不時召他彈琴。桓譚為了討皇上喜歡，經常創作新曲彈奏。宋弘聽說很不高興，把桓譚數落了一頓，說得桓譚面紅耳赤。可是桓譚性格軟弱，光武帝再次召他進宮彈琴，不敢拒絕。

這一次恰好宋弘也在場，桓譚非常不自在，彈琴失了法度，不成音調。光武帝就問怎麼回事，宋弘不等桓譚回答，搶先說：「我之所以推薦桓譚入朝，原是想讓他用忠正輔佐皇上，不料他卻引導皇上沉溺在靡靡之音，這是臣下的罪過！」光武帝聽了，只好向宋弘表示歉意，從此劉秀不再讓桓譚彈琴了。

青釉扁壺　東漢

此壺圓口直頸扁腹，長方形斗狀圈足，肩部有對稱的銜環器耳一對。腹際兩面刻劃雙線同心圓紋五圈，自中心部位向外擴展至腹體周邊，圓紋間刻有划水波浪紋，如同水面上的圈圈漣漪。

當時宋弘已經有了妻室，讓他拋妻離子，再娶湖陽公主，光武帝沒有把握，所以不敢立即答應，只能留心等機會。

⊙不棄糟糠妻

有一天，光武帝單獨召見宋弘，就讓湖陽公主在屏風後面，在堂上接見宋弘。談完公事後，劉秀試探說：「常言道，人顯貴了就會換交新朋友，發了財就會娶新妻子。人情大概都是這樣的吧！」

宋弘聽後，連連搖頭說：「我聽說的俗語正相反，『貧賤之交不可忘，糟糠之妻不下堂』。」意思就是：人在貧賤的時候交的朋友是真朋友，這樣的朋友是不能相忘的；人在吃糠咽菜、不得志時娶的妻子是患難與共的妻子，這樣的妻子絕對不能離棄。

光武帝頓時愣住了，也忘了宋弘就在眼前，隨意轉頭對屏風後的湖陽公主說：「這事不成了啊！」

冶鐵水排（模型）

東漢建武七年（三十一年），杜詩創製出水排，利用水的衝力，通過槓桿帶動皮囊為鍊鐵爐鼓風。這組機械組合利用了輪軸、凸軸、槓桿與彈桿。這項技術比歐洲約早一千年。

馬援死後蒙冤

●時間：東漢初年
●人物：馬援

大丈夫立志，窮當益堅，老當益壯，這是東漢老將馬援年輕時的壯志豪言，馬援最終也實現了自己的誓言。馬援一生戎馬倥偬，功勳卓著，平交阯，擊匈奴、烏桓……最後以六十二歲高齡出兵平定武陵叛軍，病死沙場。可惜奸臣作梗，馬援死後蒙冤，差點未能入土為安，一代名將最後落得如此結果，實在令人扼腕。

⊙戰功赫赫

馬援年輕時在官府當差，因為私自放掉囚犯，逃亡到北地郡（郡治在今寧夏青銅峽南），經營畜牧業。創業艱難之時，馬援常對朋友說：「大丈夫立志，窮當益堅，老當益壯。」

後來因為經營有方，馬援發了大財，他又歎息道：「凡是經營產業，重要的是能救濟別人，否則不過是守財奴罷了。」

於是馬援盡散家財，周濟貧苦的百姓，在當地有了很高的威望，王莽任命為新成大尹（王莽把漢中改成新成，太守改稱大尹）。

王莽敗亡後，馬援投奔了割據隴西的隗囂。建武四年（二十八年）馬援出使洛陽，受到光武帝劉秀的坦誠接待，馬援也就歸順了劉秀。

隗囂叛漢時，馬援向劉秀提出平隴方案，他在御前堆米為山，製造出世界上第一個沙盤，指畫雙方形勢和各路兵馬進軍的道路，為消滅隗囂割據勢力立下了大功。

後來馬援任隴西太守，平定了自新莽以來延續數十年的羌族叛亂。

建武十七年（四十一年），馬援拜為伏波將軍，率軍南下，平定交阯，封為新息侯。馬援在行軍途中，經常調配人力為當地修築水渠，發展生產，因此受到百姓的擁護。

三年後，馬援又率軍打退了匈奴、烏桓對東漢北部邊境的侵擾，可以說馬援為東漢邊境的安定立下了汗馬功勞。

⊙老將出征

建武二十三年（四十七年），武陵郡（郡治在今湖南常德）五溪蠻起兵叛漢，武威將軍劉尚率軍征討，全軍覆沒。

第二年七月，叛軍攻入了臨沅（武陵郡郡治），威脅到了漢朝的統治。馬援此時已經六十二歲，年踰花甲，仍請求出征。光武帝擔心年事已高，沒答應。

馬援對光武帝說：「臣尚能披甲上馬。」只見馬援翻身上馬，據鞍捋鬚，威風凜凜。光武帝不禁稱讚道：「老將軍果然好精神！」於是就派馬援率大軍四萬南征。

馬援率大軍到達武陵，大破叛軍主力，叛軍餘眾逃進深山。馬援率軍追擊，選擇了路近而險峻的進軍路線，準備直插叛軍身後。可是漢軍攻到了叛軍的巢穴，卻遭到叛軍居高臨下的阻擊，漢軍久攻不克。

當時正值盛夏，天氣酷熱，瘟疫暴發，許多漢軍將士包括馬援在內，都染上了疾病。馬援的病不輕，部下在河谷的峭壁上挖好山洞，讓馬援躲避暑氣。可是叛軍不時在山頂吶喊鼓譟，馬援便頂著烈日出洞觀察，堅持在第一線指揮。

⊙小人陷害

在馬援領軍出征之前，光武帝就派了年輕的中郎將馬武、耿舒等人作為副將從征。馬援原先就擔心權貴子弟不聽調遣，果然在追擊殘敵的路線上，馬援和這些少年將軍產生分歧。

「伏波將軍章」東漢

光武帝劉秀於建武十七年（四十一年）封馬援為伏波將軍。

耿舒等人主張從道路平緩但補給線較長的大路出擊，馬援則主張從路程短但水勢湍急的壺口道出擊，最終光武帝同意了馬援的意見。

進軍途中大軍受阻，幸災樂禍的耿舒寫信給兄長耿弇，說馬援進軍遲緩，坐失良機。耿弇接到信後，將信呈給光武帝。光武帝立刻遣梁松為虎賁中郎將，前往前線責問馬援，此時馬援卻已經病死在前線了。

梁松是光武帝的女婿，身分雖頗尊貴，卻是個睚眥必報的小人，念念不忘以前和馬援結下的「過節」。當年征討烏桓回來後，馬援生了一場大病。梁松前來問候，在床前行了跪拜禮節，馬援接受了梁松的大禮，卻沒有像對待貴客那樣回禮。

梁松離開後，家人都責怪馬援說：「梁松是皇帝的嬌婿，您怎麼不作答拜禮呢？」馬援說：「他雖然顯貴，但我是他父親的朋友，長輩是不用給小輩答禮的。」

梁松心胸狹窄，對這件事一直記恨在心。雖然馬援已死，梁松仍然恨意難消，就編織馬援的罪狀，加以陷害。光武帝見到梁松的奏報後大怒，立即收回賜給馬援的新息侯印綬。

馬援出征交阯時，聽說當地的薏仁米有益健康，回洛陽時就帶回了一車。車夫不小心，薏仁米滾落一地，遠遠看去如同一粒粒珍珠。權貴都以為馬援發了戰爭財，心生忌妒。馬援一死，立刻有人進讒言，說是馬援遠征交阯時，帶了整整一車珠寶回家。

光武帝更加惱怒，嚇得馬援的家屬不敢將馬援的遺體葬於祖墳，只在洛陽城西買了幾畝地掩埋。後來馬援家屬六次申訴，才得到光武帝諒解，准許將馬援歸葬家鄉。

明帝時，圖畫東漢初年的名臣猛將二十八人於雲臺，唯獨沒有馬援。

馬援征討武陵夷時，對送別的親友說：「我已年老，常恐不得死國事。今獲所願，甘心瞑目。」果然「死於邊野，以馬革裹屍還葬」，對於忠貞報國的馬援來說，也算是死而無憾了。

定遠侯安西域

●時間：西元七十三～一〇二年
●人物：班超

在漢朝的版圖擴大之後，中原地區與西域有了交往，西域距中原較遠，又有匈奴的威脅，常常發生戰亂。班超能率領少數的兵士維持西域幾十年的穩定，把漢朝的威望遠播到萬里之外，可以說是一個奇蹟。班超死後，東漢在西域的影響力才開始下降。

漢朝初年，西域地區存在三十六個小國。漢武帝時期，這些小國都內附了西漢政權。到了兩漢之交，中原連年戰亂，西域也隨之分化，部分國家向匈奴靠攏。

光武帝劉秀稱帝後，西域國家也曾派遣使者請求歸附東漢，可是國內尚未平定，劉秀沒有多餘兵力派往西域，所以沒有答應請求。

「漢匈奴粟借溫禺鞮」銅印
漢朝頒給南匈奴溫禺鞮的印信。

後來，東漢政府逐漸安定，計畫治理西域。東漢政府先是派了軍隊，後來發現僅靠武力不能解決問題，於是派人出使西域，展開外交攻勢，這個人就是定遠侯班超。

⊙投筆從戎

班超是東漢歷史學家班固的弟弟，從小就有遠大的志向，家裡窮困，不得不為官府抄書以維持家庭生計。

有一天，班超突然停止抄書的工作，把筆扔到一邊，歎息說：「大丈夫應該立功絕域，以博封侯，怎麼能老死於筆硯之間呢！」這就是「投筆從戎」成語的由來。

大家笑話班超，年紀不大口氣不小。班超不以為然，說：「普通人怎麼能知道壯士的志向呢！」

有一個善於相面的人對班超說：「其他的人都不過是些小小的儒生，只有你可以封侯於萬里之外！」

⊙出使鄯善

明帝永平十六年（七十三年），奉車都尉竇固出擊北匈奴，任命班超為代理司馬，推薦與從事郭恂一同出使西域。

班超先來到了鄯善，鄯善王對他們很有禮貌。沒過多久，鄯善王的態度發生大轉變，對漢朝使臣不友善。

班超對部下說：「你們知道為甚麼鄯善王的態度改變嗎？」眾人不知，班超說：「一定是匈奴使者也來了，鄯善王猶豫，不知該怎麼辦。」

於是，班超把侍候的鄯善衛士找來說：「我們知道匈奴使者已經來了，他們住在甚麼地方？」鄯善衛士被唬住了，老實交待了匈奴使者的駐地。

班超把鄯善衛士囚禁了，然後聚集三十六個部下，一起喝西域烈酒。等到喝得差不多的時候，班超鼓動部下說：「咱們來到西域，可是為了立功求名的，現在匈奴使者一來，鄯善王就不熱情了，如果把我們送給匈奴，那我們肯定要餵狼了！大家看看該怎麼辦？」眾人當然沒有主意，願聽班超調遣。

班超慷慨激昂說：「不入虎穴，焉得虎子，只有乘匈奴不備，全部殺掉。鄯善王就沒有辦法，我們也就成功了。」

部下說：「與郭從事商議吧！」

班超發火道：「是死是活在此一舉，從事不過是一文吏，聽後必定害怕，一旦洩密，我們都完了。」

北庭故城遺址　東漢

漢戊己校尉耿恭在此屯戍，唐時置北庭都護府，元設別失八里元帥府。它是屯田制度留下的歷史見證。

夜裡，班超帶領三十六名壯士到匈奴人的住處，一邊放火鳴鼓，一邊砍殺，踏平了匈奴的營帳。三十六人的漢朝使團，卻殺了匈奴一百餘人。

第二天，班超召來鄯善王，出示匈奴使者的首級。鄯善王一看，就答應與漢朝建立外交關係，並讓王子到洛陽為人質。

◎智降于闐

因為有膽有識，班超受到了明帝的賞識。為了進一步擴大東漢在西域的影響，明帝再次派班超出使西域。

于闐國王廣德剛剛攻破了莎車國，兵強馬壯，加上匈奴使者不斷挑撥，于闐和漢朝的關係處在破裂的邊緣。

班超帶著使團來到于闐，正巧廣德寵信的巫師看上了班超神駿的坐騎，巫師就對廣德說：「天神正為您接納了漢使而發怒，必須把漢使的馬獻給天神才行。」

廣德便派人向班超索要寶馬，班超知道內情後，就讓巫師親自來取。得意洋洋的巫師一踏進漢使的大帳，班超就把他殺了，然後把腦袋送給廣德。

廣德曾聽過班超在鄯善一夜誅殺百名匈奴使者的事蹟，心中十分惶恐，就殺死了出使于闐的匈奴使者，表示願意與東漢建立外交關係。

◎留守西域

成功讓于闐歸附漢朝後，班超

西域諸國圖　東漢

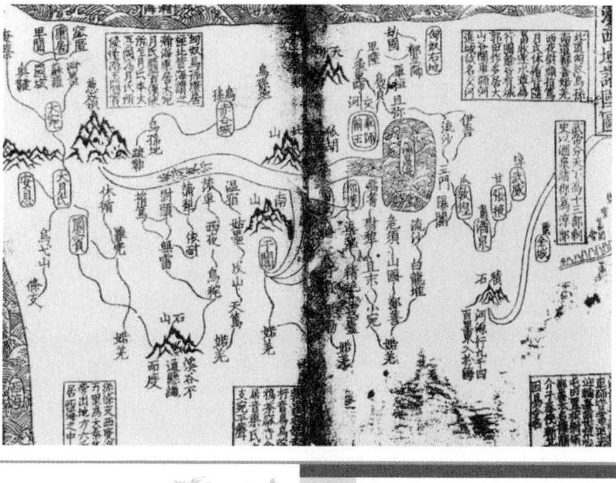

雞鹿塞遺址

東漢軍擊北匈奴的出發地，在今內蒙古巴彥淖爾盟磴口境。

又幫助疏勒國的前王子趕走了匈奴所立的疏勒國王，疏勒國也成了漢朝的盟友。這時，幾個西域大國都已經臣服漢朝，明帝便在西域設置都護與校尉以管理西域。

永平十八年（七十五年），明帝病逝，一向親近匈奴的龜茲國乘機攻殺了漢朝設置的都護等官員，西域又重新落入匈奴的掌握。這時的班超孤立無援，即位的宣帝命班超撤回內地。

就在班超準備回國的時候，疏勒國人非常憂慮，疏勒國的都尉哭著說：「假如漢使拋棄我們，我們肯定會被龜茲國滅掉，我實在不忍心看漢使離去！」說完，竟然拔刀自刎。

可是皇命難違，班超不顧疏勒百姓的阻攔，繼續前行。當班超一行到于闐時，于闐國人大哭說：「我們依賴您就像依賴父母，您可不能走！」許多人上前抱住班超的馬腿，不讓班超回國。

班超沒辦法，就又回到疏勒。疏勒已有兩座城池投降龜茲了，班超立即捕殺反叛者，疏勒再次安定。

這時，整個西域形勢嚴峻，匈奴已占了明顯優勢，班超上書章帝請求增兵，說：「我在西域住了五年，瞭解這裡。莎車、疏勒都極肥沃，不用耗費漢朝的糧草，而且願意歸附漢朝。陛下給我一支軍隊，我就可以守護好整個西域。」

於是，章帝撥給班超一千名士兵，班超以漢朝士兵為主力，又徵召了疏勒、于闐兩國的軍隊，很快就打退了龜茲，初步穩定了西域。

⊙不計前嫌

建初八年（八十三年），章帝派衛侯李邑到西域迎烏孫使者前往洛陽。當李邑隊伍到達于闐時，正遇上龜茲再次進攻疏勒，膽小的李邑嚇壞了，不敢再前進，並上書說：「西域沒有辦法征服，而且班超在這裡擁嬌妻，抱愛子，過得非常滋潤，根本就沒有報國之心。」班超聽說，為了表示拳拳忠心，就把妻兒送回洛陽。

幸好章帝並不糊塗，責備李邑說：「如果班超果然是那樣的人，為甚麼一千多兵士也與他同甘共苦呢？」

為了安撫班超，章帝就把李邑調給班超指揮。可是班超不但沒有為難李邑，仍派李邑帶領烏孫王子返回洛陽。

有下屬向班超建議說：「李邑那樣詆毀您，不該讓他離去！」班超大笑回答說：「我問心無愧，不怕別人說壞話，哪能計較個人恩怨呢！」

⊙安撫月氏

這時，葱嶺以西的月氏國因為幫助東漢討伐匈奴有功，便請求迎娶漢朝公主，班超一口拒絕了。月氏王懷恨在心，便派副王帶領七萬大軍進攻班超。

當時班超的士兵還不到月氏的十分之一，都很害怕，覺得有死無生。班超卻十分鎮定，說：「月氏人跋涉千里越過葱嶺而來，他們的後勤補給一定跟不上，我們只要收割穀物，堅守城池，他們就會斷糧退兵。」

不久，月氏果然缺糧，班超斷定他們會向龜茲求援，就先派兵士埋伏路上，當月氏使者帶著金銀珠寶到龜茲國的時候，掉進了班超的伏擊圈，使者全部被殺。月氏副王害怕了，向班超請罪，請求放他們回國。從此，月氏也就徹底臣服於漢朝。

⊙落葉歸根

永元七年（九十五年），班超經過二十餘年的苦心經營，終於使西域五十餘國歸附了漢朝，保護了西城各族的安全和「絲綢之路」的暢通。鑑於班超卓越的功勞，和帝封班超為定遠侯。

這時的班超已經年老多病，想念故土，上書和帝說：「我不敢奢望能回到酒泉郡，只願能活著進入玉門關！」

於是，和帝命班超回國，已是永元十四年（一〇二年），七十一歲的班超在西域渡過了漫長的三十年，終於回到洛陽。在班超回來後的第二個月，這位中國古代傑出的外交家便溘然長逝了。

歷史詞典

中國第一座佛寺白馬寺建成

佛教在西漢末期，已從西域傳入中國。東漢明帝時，傳說明帝夜晚夢到一位金人，頭頂上放出白色的霞光，在殿廷中現身，又向西飛去。臣子解釋道，皇帝夢見的一定就是西方的聖人「佛」。

明帝對此產生了興趣，於永平七年（六十四年），派遣郎中蔡愔和博士秦景前往天竺求佛經。永平十年（六十七年），他們與天竺的兩位沙門（高級僧人）帶著佛像和佛經回到洛陽。漢明帝接見了天竺僧人，並安置在東門外的鴻臚寺。第二年（六十八年），命人在雍門外另建住所，仿照印度祇園精舍構造，中有塔，殿內有壁畫。天竺僧人就在這裡翻譯佛經，傳授佛教禮儀。譯的《四十二章經》是中國現存的第一部漢譯佛典。

由於馱佛經回來的白馬供養其中，就命名為白馬寺。「寺」原是官署的名稱，譬如鴻臚寺，就是招待外國人和少數民族的賓館，白馬寺的建造是為了接待天竺客人，因此也稱為寺。白馬寺是佛教傳入中國後建立的第一所寺院。東漢時，絕大部分佛經在洛陽翻譯，而白馬寺是最重要的譯館。

緙絲人頭馬身紋褲（局部）
漢

紋褲殘長五十六公分，寬四十六公分，新疆洛甫縣賽依瓦克一號墓出土。褲腳鑲藍色平紋棉布邊。圖像是人頭馬身的神怪，上體為人體，人頭人臂，高鼻深目，自腹以下為馬身，呈四足奔騰的態勢。四周有彩雲和花朵。用紅、藍、黃等十五種彩色線緯織而成。圖像造型明顯有地中海文明的風格，是顯示古代中西文化交流的珍貴文物。

博學多才的張衡

●時間：西元七十八～一三九年
●人物：張衡

中國古代的科學技術成就是極為輝煌的，張衡（七十八～一三九年）就是有巨大貢獻的科學家。他的渾天儀是世界上第一個較為準確的天體模型，而地動儀更是在世界科技史上獨領風騷。國際天文學界為了表示對他的紀念，特意把月球背面的一座環形山命名為張衡山。

漢順帝永和三年（一三八年），京師洛陽平靜一如既往。突然靈臺工作的官員卻極為緊張，慌慌張張跑來跑去，四處宣稱說西邊要地震了。由於東漢時期地震極為頻繁，帶來極大的損失，所以，人民對地震非常敏感，令人們大為慌亂。可是，一天，兩天過去了，京師依舊平靜，人們便嘲笑靈臺觀測地震的官員。這時距京城千里之遙的隴西郡（郡治在今甘肅臨洮）來了使者，說隴西發生了大地震，洛陽城中頓時佩服靈臺的官員。

滑石面具　東漢

靈臺官員靠甚麼觀測到地震呢？這就不得不從張衡說起。

⊙鋒芒畢露

張衡出身東漢名門，但是到父親一代，張家已經日漸破落。張衡小時候生活清苦，好在祖父的好友常常接濟，才使生活勉強維持。

張衡十七歲離家游學，來到京師洛陽，遍訪名師大儒。幾年後，張衡成了洛陽頗有名氣的學者，許多達官貴人都薦他為官，可是張衡卻一直沒有應召。

後來，張衡認識了同樣學問出眾的黃門侍郎鮑德，二人結為密友。鮑德出任南陽郡（郡治在今河南南陽市）太守時，張衡也追隨到南陽做了主簿。

這時期，張衡寫下了著名的〈西京賦〉與〈東京賦〉（統稱〈二京賦〉）。大將軍鄧騭看到張衡的文章後非常賞識，認為張衡是天下難得的奇才，想召他做官，張衡婉拒了。

⊙成就非凡

東漢永初四年（一一〇年），求賢若渴的安帝特徵張衡進京，先拜為郎中，五年後升為太史令。從此，張衡便開始了科學研究的歷程。

太史令主要的職責是觀察天象、修訂曆法，所以對宇宙結構有宏觀的認識。於是，經過多年研究，張衡寫出了《靈憲》一書，論述對天體的看法。

張衡並依此製造出渾天儀，模擬天體的運行。在渾天儀造好之後，為了驗證準確性，張衡在密室中觀測渾天儀時報出的數據，與靈臺所觀測到的實際數據對比，完全吻合。

後來，由於地震頻繁，對人民生活的影響也非常惡劣，張衡又開始研究地震的預報工作。經過多年研究，終於在順帝陽嘉元年（一三二年），製造出著名的地動儀。

地動儀是用精銅鑄成，儀器上有一個隆起的頂蓋，儀器外部刻有篆文以及山、龜、鳥、獸等圖形。地動儀的外部有八條龍，每一個龍頭的口中都啣有一顆銅丸，底座周圍則有八隻張著口的蟾蜍和龍頭相對，以便隨時承受龍口落下的銅丸。

地動儀（模型）

地動儀內部結構精巧。儀器內底部立有一根「都柱」，即倒立慣性震擺（相當於現代地震儀的生錘），圍繞都柱設有八組與儀體相連接的槓桿機械即「八道」，「八道」與儀器外面設置的八條垂龍龍頭上頷接合，代表著東、西、南、北、東南、東北、西北、西南八個方位。

一旦地震，地動儀受到振動，有一條龍嘴吐出銅丸，蟾蜍接著。地動儀會發出響亮的聲音，引起看守人員注意。儘管有一條龍受到觸發，其餘七條則保持不動，因此，可以知道地震的方向。

張衡製成的地動儀是人類歷史上的首創，過了一千七百四十八年，歐洲才製造出相類似的儀器。

⊙出任河間

由於張衡才華出眾，為人正直，深得順帝賞識。陽嘉二年（一三三年），升為侍中，可以出入宮廷，等於是皇帝的顧問。

當時，宦官勢力很大，直接威脅到皇權的穩固，張衡深知其害。有一次順帝問他：「您認為天下最不能容忍的是甚麼人呢？」順帝希望能肅清朝廷上的貪官污吏，所以向張衡詢問這個問題。

近前侍奉的宦官很多，怕張衡提到，便用眼睛瞪著張衡，張衡沉思良久，只說了無關緊要的話搪塞過去，沒有提及宦官問題。可是宦官還是怕張衡不利，於是就陷害張衡。

永和元年（一三六年），無奈的張衡離開京城，出任河間相。張衡任河間相三年，嚴整法度，上下肅然，政治清平，顯示他出眾的政治才能。

永和三年（一三八年），張衡回京師任尚書，可是到任一年便因病去世了。

弦紋圓底玻璃杯　東漢

杯為圓形，圓底，腹部飾弦紋一周。通體淡藍色，猶如翠羽，鮮麗醒目。器身氣泡較多，但器形規矩，色澤勻淨，具半透明感，顯示出玻璃製造技術已達到較高水準，是漢代玻璃製品中的代表作。

鄧太后的賢德

●時間：西元八十一～一二一年
●人物：鄧太后

中國歷史上每逢皇帝年幼，就會有因緣際會的女人，坐在皇帝的身後，決定軍國大事。這些女政治家有的成了有名有實的女皇帝，有的成了有實無名的幕後皇帝，很少有人能抵擋住權力的誘惑。漢和帝的皇后鄧綏卻特立獨行，賢德和謹慎都在歷史上留下了美名。

⊙知書達理

鄧綏（八十一～一二一年）出身於東漢名門，祖父鄧禹是幫助光武帝打天下的大功臣，也是後來明帝所立「雲臺二十八將」中的第一位。鄧綏有兄弟五人，排行第三，是家裡唯一的女兒。

鄧綏從小特別聰慧孝順。五歲時，寵愛她的祖母為她剪頭髮，無意中劃破了她的額頭，鄧綏忍住疼痛，一聲不吭，直到侍女發現她受傷了。鄧綏卻說：「不是不知疼痛，實在是太夫人喜歡才幫我剪髮，如果喊疼，就傷害了太夫人的好意。」鄧綏小小年紀便能如此體察人心，實屬不易。

⊙封為皇后

和帝永元七年（九十五年），鄧綏到宮中應選。漢和帝對她一見傾心，不久便封為貴人。貴人是嬪妃中僅次於皇后的封號，引起皇后陰氏不滿。聰明的鄧綏自然知道，就更加小心，利用學識與修養，巧妙躲避皇后的攻擊。

一次，鄧綏染病在床，和帝憐惜，命令鄧氏家屬自由出入宮廷探視，不限時日。本來這是很大的榮耀，鄧綏卻誠懇說：「這樣會使皇上破例，也使鄧家有仗勢的嫌疑，所以還是請免了吧！」和帝不由得大為讚歎鄧綏的賢惠。

可是鄧綏越是謙恭禮讓，陰皇后越是憎恨，想出用巫術詛咒鄧綏，可是很快就被發現。漢代的後宮中最被皇帝忌諱的就是用巫術詛咒，暴怒的和帝立刻廢掉陰皇后並打入冷宮，鄧綏則被冊封為皇后。

⊙執掌朝政

元興元年（一〇五年），正當盛年的和帝突然身亡，留下兩個兒子，一個身有缺陷，另一個剛出生三個月。這時，只有二十五歲的鄧綏被推

透雕龍鳳玉珮　東漢

到歷史的前臺。

鄧綏考慮很久，覺得皇長子劉勝雖然已經八歲，但身體不健全，無法繼承皇位，於是決定立次子劉隆為太子。有許多大臣反對，可是鄧綏態度堅決，最後朝臣還是妥協了，出生三個月的劉隆成了東漢的新皇帝，鄧綏則尊為皇太后，抱著小皇帝臨朝稱制。

君車出行圖　東漢

可是小皇帝即位不到一年，就夭亡了，鄧太后白費一番力氣。連忙召哥哥鄧騭入宮密議，決定冊立和帝的姪子劉祜為帝，就是安帝。安帝只有十三歲，朝廷大權仍然掌握在鄧太后手中。

絕對的權力會導致絕對的腐化，可是鄧太后卻仍然如少女時代，好知求學，她徵召了史學家班固的女兒班昭，入宮續修史書，同時讓班昭擔任後宮嬪妃的老師。主掌朝政讓鄧太后非常忙碌，下了朝後她堅持讀書到深夜。在鄧太后的帶領下，宮廷上下也一直以學習誦讀為時尚。

此外，鄧太后吸取前朝竇氏勢大而終至滅族的教訓，對家族管理非常嚴格。一次，鄧騭的兒子鄧鳳，也就是鄧太后的姪子，私自接受了鎮守遼東的大將任尚贈送的幾匹好馬，把鄧騭嚇得萬分惶恐，竟將妻子與兒子的頭髮剃光，穿上罪人的衣服，在家裡等候治罪，可見鄧太后對家人管教之嚴。

東漢永寧二年（一二一年），年僅四十一歲的鄧太后積勞成疾，病逝於洛陽。臨死時，鄧太后留下遺詔說：「我沒有甚麼德行，所以臨制天下時，海內危如累卵。但我上不敢愧對先帝，下不負萬民，不過是想安定百姓，也安定劉氏江山。」的確，沒有政治野心的鄧太后在皇帝庸弱的時候，發揮了支撐漢室、安定民心的作用。

秦漢飲食風俗

秦漢是壯麗的時代，疆域的遼闊、眾多的民族、自然環境的差異等，決定了不同地區飲食的基本結構、飲食習慣的不同。但是，以各類糧食為主食，蔬菜類、肉類、水產類、果類等食物為副食，是全國多數地區的共性。周邊游牧民族的食物中，肉類及奶製品等則占有重要地位。

飲食結構

古代中國以農業為立國之本，農產品因此成為農業地區的主要食物。古人習慣上把可食用的農產品稱為「五穀」，但對五穀的具體所指，歷來就存在爭議。秦漢時期的主要糧食作物「五穀」，指粟、黍、麥、菽、稻等。

粟是秦漢時期北方地區的主要糧食作物，也稱禾，即今天俗稱的小米。黍，就是今人所稱的黃米。稷是穀子，去殼後稱小米。春秋以前，「黍稷」是最主要的糧食作物，但春秋戰國以後，地位開始下降，種植面積減少，主要種植於西北地區。

麥類作物主要分佈於黃河流域，種類有大麥、小麥等，依據種植時間的不同，又有春小麥和冬小麥的區別。西漢時期是麥類作物，特別是冬小麥種植推廣的時期。

菽是豆類的總稱，從春秋戰國時起就是北方地區主要糧食，有大豆、小豆、胡豆等品種。漢代豆類的食用量已經不如以前，在黃河流域的種植比例也有減少。

水稻主要生長於淮河以南地區，品種眾多，現在稻科的三大品種秈、粳、糯等，漢代都已存在。秦漢時期，由於氣候因素及水利設施的興建，水稻在北方地區的種植面積有所擴大。

由於各地自然條件和農作物種植情況的不同，各地區主食特色逐漸顯現。兩漢時代，北方人以粟、麥為主食，南方地區則以稻米為主食，中華南北飲食的最大區別，由此確立。當時，人們食用的蔬菜，主要分為人工栽培和野生採集兩大類。今天所能見到的諸多蔬菜，如韭菜、芥菜、葱、蒜、瓜、瓠、筍、菱等，當時都已具備。出於宮廷飲食的需要，漢代甚至有類似於今天的溫

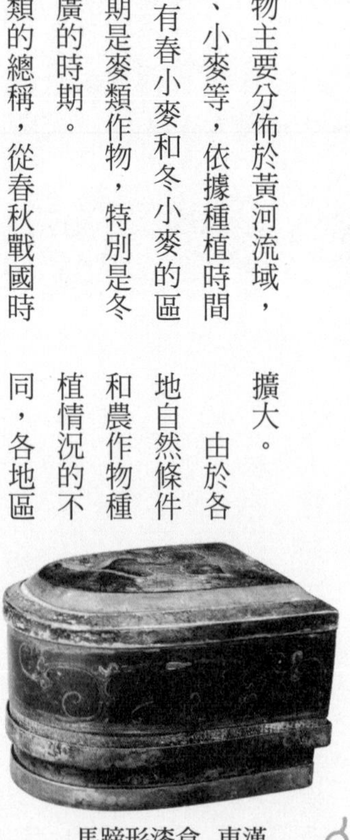

馬蹄形漆盒　東漢

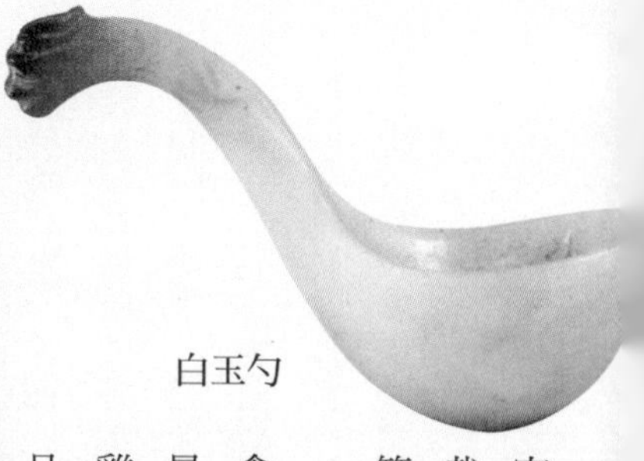

白玉勺

室大棚，用以栽培一些反季節蔬菜。

家畜和家禽，當時食用最多的是豬和雞。至於水產品，瀕臨水域的居民食用的數量及種類要遠遠高過其他地區。內地食用的水產品，主要是淡水產品，如魚、蝦、蟹等。水果類，除去馬王堆漢墓所見品種繁多的水果之外，由於絲綢之路的開通，蒲陶（葡萄）、石榴、胡桃（核桃）等，也漸漸出現在漢人的食案上。

飲食器具

「美食不如美器」，是清朝人袁枚在《隨園食單》中引用的一句古語。秦漢時期的飲食器具種類繁多，形制多樣，從盛裝器具到飲酒器具，從取食器具到置放几案，幾乎是一應俱全，應有盡有。將文獻記載和考古資料進行綜合考察，可以說現代中式餐具的組合模式在秦漢時期已具雛形。

盛裝類食具是食具的重要組成部分，種類也最為豐富，主要有鼎、缶、盆、缸、壺、瓶、鍾、尊、盤、盒等。秦漢時期，鼎仍然作為禮器在祭祀、大典等儀式中使用，但也開始作為普通的飲食器具，主要是在上層貴族官僚社會中流行。缶、盆等器具，不僅可以作盛裝器皿，還可以作餐具。壺、瓶是盛裝酒漿的器皿。鍾也是盛裝酒漿的器物，與壺的差別在於鍾不僅是酒器，也是量器。尊是先秦時流傳下來的重要的盛酒器皿，主要是在祭祀和宴享賓客時使用。魁是盛羹用的食具。盌也作椀，是碗的前身，用於盛飯或羹類食物。

進食類食具主要有箸、匕、匙、瓢等。匕、箸是漢代重要的進食器具，通常並提。箸，類於今天所使用的「筷子」，當時大抵上粗下細，多用竹、木製成。匕兼有切割和挑取食物的功能，由於從食器內取羹的需要，扁平的匕逐漸演變為凹度加深的匙。漢墓中所出土的匙，實際上具有現在「勺」的雛形。

飲用類餐具主要有卮、樽、杯等。卮是圓形飲酒器，而樽形制略小，上有蓋。杯，又稱耳杯，不僅僅作為酒具，也常作為餐具盛裝食物。

秦漢時期，人們沿襲了先秦分餐就食的習慣。因為當時人席地而坐，擺放食物的几案很低，重而大的器皿放在席外的地上，合食制顯然很不方便。

漢墓壁畫和畫像石上，有不少是反映當時人席地而坐、一人一案的宴飲習慣的。

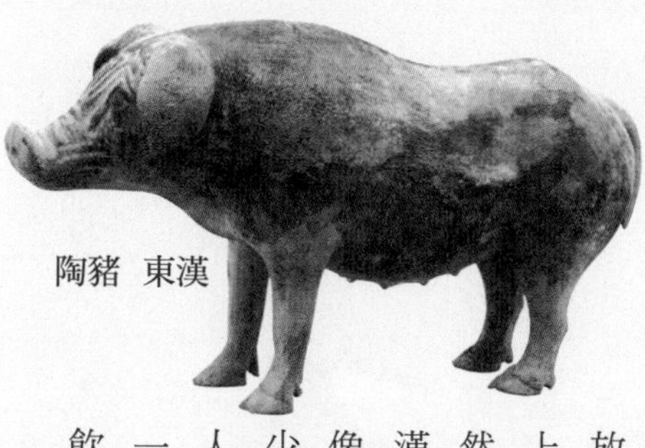

陶豬　東漢

飲食製作

秦漢時期主食的製作方式十分豐富，主食品種主要有飯、餅、餌、粥，同時也出現了點心類食品。

先秦時期流傳下來的主食製作方式，即將去糠後的粟米、麥粒、稻米加水後煮熟，秦漢時期依然廣泛行用。在漢代人的觀念中，「飯」和「食」緊密相聯。上等的小米煮成的粱飯，在漢代城市中較為常見，麥飯則是北方地區下層百姓的主食。食用飯時，多在飯上澆上菜羹，條件差的，也要加上鹽、酢等調味品。

秦漢以來，食物加工方式的改進主要呈現在由粒食到麵食的過渡。隨著磨的廣泛使用，磨製麵粉越來越容易，麵食的品種也隨著增多。人們把去麩的麥粉用水揉製蒸熟的食品稱作餅，用米粉和水揉製蒸熟的食品稱為餌。

東漢時，餅類食品的種類明顯增多，有胡餅、湯餅、蒸餅等。依據文獻記載，胡餅可能是由西域傳入中原地區，樣子是四周低，中間鼓，像個烏龜殼，上面沾滿芝麻，類於今天的燒餅。蒸製的麵食，叫蒸餅；用水煮的麵食，叫湯餅。至於湯餅，有的學者依據文獻，認為就是麵條或麵片。

此外，粥類食品也是當時常見的主食食品。粟、麥、稻、豆均可作粥，根據粥的濃度、材料不同，又有糜、粥、羹之稱。

相對主食而言，菜餚更能呈現中華飲食生活的風格。秦漢時期，肉食的烹飪方法主要有炙、煮、煎熬、臘、脯等。炙，即燒烤，是漢代烹製肉食的主要方法之一。煮，把肉放在釜等容器中熬煮。煎熬，乾煎的方法類似於煮，不同的是前者熬到汁乾，後者則要保留湯。臘，就是將動物肢解後晾曬風乾，使之便於保存，等食用時，將其煮食。脯，先把肉切成塊，煨上薑、椒、鹽、豉等調味料煮熟，然後曬乾。生食，在漢代又稱為「膾」。膾法常用於食魚，將其切成細絲，吃法類於今天的生魚片。

陶鴨　東漢

蔬菜的製作與肉類相似。可以說除炒法外，中華傳統烹飪方法在秦漢時期都已出現。

需要提及的是豆腐的發明。相傳豆腐是淮南王劉安發明的，但證據不是很充分。而河南新密打虎亭漢墓出土的畫像石豆腐製作作坊圖，則證明漢代已經能夠生產豆腐和豆製品。豆腐這種大眾食品，營養豐富，風味獨特，一直到今天仍為中國人所喜愛。

飲食習俗

因社會地位和經濟狀況的差別，秦漢時期社會各階層的餐制及飲食水準有很大不同。秦漢人每日二餐或三

彩釉陶雞籠　東漢

餐。鼂錯說：「人情一日不再食則飢。」可見當時社會通行的餐制仍是每日兩餐，在早、晚進食。但上層社會並不受一日兩餐之限，如淮南厲王獲罪徙蜀，文帝下令各地仍然給其諸侯王待遇，每日「三食」。隨著糧食產量的提高，人們口糧標準也有所提高，兩餐制漸向三餐制過渡。東漢鄭玄說過：「一日之中三時食，朝、夕、日中時。」就是中午也要吃飯了。

宴飲活動是秦漢時期飲食文化的重要現象，涉及到節日、婚禮、生子、親友來訪、送行、治喪等社會生活諸多方面，並成為聯結人際關係的重要紐帶。不管宮廷還是民間的宴飲活動，都要遵循一些禮制和習俗。在宴會上，主人和客人的坐位有一定的排列順序。如果只有一位來賓，主人與客人對坐。家宴中亦是夫妻對坐。如果客人較多，通常是主人居中，賓客分兩列就坐。賓客的位次有尊卑之分，大致來說，堂上的坐位或單列的位置是上坐，堂下的位置是下坐，坐位東向是尊坐，北向是卑坐。

酒是宴會中不可或缺的飲品，人們常常藉酒助興，當時人飲酒十分豪爽，多半一飲而盡。因為飲酒是對主人或賓客尊敬的象徵，因此在宴會上喝醉是普遍的情形。敬酒祝壽在漢代稱「為壽」，是先秦時飲宴活動中應酬之禮「醻」禮的遺蹟。上壽不限於晚輩對長輩，參加宴會的主人和客人彼此均可「為壽」。為壽語除祝對方長壽外，多涉及稱讚對方的品德和能力。

宴飲中經常有一些娛樂活動，除去歌女舞伎的表演外，也有宴會參與者的即興歌舞，主要表現在宴會高潮時出現的「以舞相屬」，即主人先行起舞，舞罷，再「屬」（囑咐）一位來賓起舞，客人舞罷，再以舞屬另一位來賓，如此循環。所有來賓都要參與舞蹈，不舞或舞姿不符合規範的，都是失禮行為。

有一點可以特別提出，當時女性可以在公開場合與男性一同宴飲，也可應邀到他人家中與男子宴飲。在中國社會走向保守、禮俗森嚴以後，的確是不可想像的。

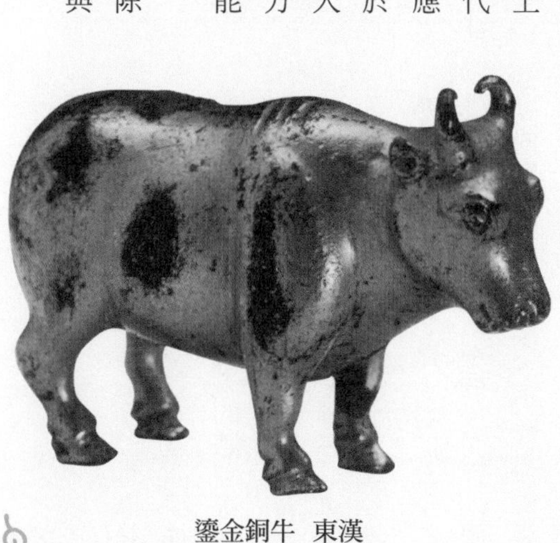

鎏金銅牛　東漢

虞詡定西涼

●時間：西元一一〇年
●人物：虞詡

東漢時期，北方的匈奴已經不是中央政權的心腹大患，西北邊境上的羌人開始不斷騷擾西北涼州，威脅西京長安。就在這外患頻生的時候，虞詡以過人的眼光指出了涼州對東漢政權的重要性，又用卓越的軍事能力平定了羌人的叛亂，為東漢王朝解決了立國以來一直困擾的西北邊患問題，虞詡也成為了東漢中後期少有的名將。

⊙出仕為官

虞詡，字升卿，東漢武平（今河南鹿邑西北）人。虞詡的祖父虞經是有名望的老獄吏，執法公允，心地善良，每當年終上報案件時，他都為處決的犯人流淚。有一次，老爺子說：「我執典獄事已經六十多年了，一直非常公正，相信我的子孫應該可以官至九卿吧！」於是，就為虞詡取字叫升卿，虞詡後來也果然做到了卿大夫級別的高官。

神人騎闢邪銅插座

此器是漢代道術活動昌盛的反映。

虞詡自幼非常好學，十二歲就能朗朗背誦《尚書》，成了鄉親眼裡的天才兒童。虞詡很小的時候父母雙亡，承擔起贍養祖母的重擔。郡縣的官吏覺得虞詡有才華，有操守，想讓虞詡到郡裡做官，虞詡卻用孝養祖母藉口拒絕了。後來，祖母病死，虞詡才入朝為官，在太尉李修府中擔任郎中。

⊙遠見卓識

東漢時期，西北的西涼地區是羌族的聚集區，光武帝曾經立西涼地區護羌校尉，可是與羌人的戰爭與摩擦卻一直沒有停息過。

永初四年（一一〇年），羌族大舉進攻漢朝，一度對西京長安形成了西北兩個方向的包圍。當時北部的匈奴也不斷侵擾漢朝邊境，面對兩個強勁的敵人，漢朝的兵力顯得捉襟見肘。鄧太后的弟弟大將軍鄧騭就想放棄涼州，集中力量和匈奴作戰。朝中大臣不敢反對權勢薰天的鄧騭。

虞詡知道後，對太尉李修說：

七層陶樓　東漢

「大臣想放棄涼州，恐怕是亡國的愚政。」

李修知道虞詡很有見識，就追問虞詡的看法。虞詡說：「光武皇帝開拓疆土，身經百戰，才開創了今天的局面，我們後世子孫怎麼能輕言放棄呢？涼州一旦丟失，富饒的關中平原就成了戰火連綿的邊塞，連長安都會成為羌人鐵騎隨意出入的地方。涼州的百姓之所以與羌人拚死作戰，就因為是我大漢的子民，相信大漢不會拋棄他們。如果朝廷丟棄涼州，那麼涼州的民心必然不再屬於朝廷，那時就是姜太公重生，恐怕也不能收復失地了。」

李修覺得虞詡的話很有道理，就在御前會議上轉述了虞詡的見解，最終朝廷決定積極準備同羌人作戰。

⊙朝歌平叛

當時在位的安帝只有十七歲，朝政大權由鄧太后和她的哥哥鄧騭一手操縱。虞詡一個太尉府中的小郎官，竟敢推翻大將軍的意見，讓鄧騭惱羞成怒，想要報復虞詡。當時朝歌（今河南淇縣）的飢民寧季等人起兵造反，多次擊敗官軍。鄧騭一看機會來了，就讓虞詡隻身前去平亂。這招借刀殺人的毒計對付普通儒生也許還能奏效，可是對於滿腹智謀的虞詡卻行不通了。

虞詡來到朝歌後，命令郡縣官員推薦壯士，不論是打家劫舍的強盜，還是偷雞摸狗的毛賊，虞詡全部召

玉俑頭　東漢

歷史詞典

華美的漢代燈具

兩漢時期，中國的燈具製造工藝有了新發展，對戰國和秦的燈具既有繼承，又有創新。

漢代燈具在前代基礎上有了很大發展。從形式上看，除原有的座燈外，又出現了吊燈。從質地看，在陶燈、青銅燈之外，新出現鐵燈、玉燈和石燈，其中以青銅燈具最為多姿多采。出土實物表明，燈的數量顯著增多，說明使用已經相當普及了。

這一時期燈具造型豐富多采，有塑造人物形象的「宮女」燈、「男奴」燈等，有創造動物形象的牛形燈，朱雀燈等，有模擬器物形態的豆形燈、盒形燈。此外，還有多枝燈、行燈等。

漢代的燈具造型取材廣泛，製作精良，無論是人物、動物還是器物，形態都栩栩如生，達到絕妙的境界。

兩漢的燈具製造取得了前所未有的成就，在製造上呈現了科學性和藝術性的高度統一。漢代流行多枝燈具，一般為一個燈座上支撐著高低錯落的幾個或十幾個燈盞，有的青銅多枝燈可以置上卸下，使用十分方便。多枝燈大大增加照明亮度，不僅更加適用，而且是精美的工藝品。《西京雜記》就記載了皇后趙飛燕接受妹妹趙合德饋贈的賀禮「七枝燈」。較之前代，漢代也出現了吊燈燈具，可用於懸掛，使用相當方便。

總之，兩漢時期的製燈工藝在前代基礎上取得很大進步，已日臻純熟，達到很高水準。

鎏金銅羽人　東漢

集，好酒好菜招待一頓，然後混入亂軍中。此後，亂軍的一舉一動都在虞詡的掌握之中，很快就平定了叛亂，成為官場上冉冉升起的新星。

⊙出征涼州

朝歌平叛的勝利讓虞詡的名聲大增，連深宮之中鄧太后都知道有個武平小子能打仗。鄧太后能任用賢才，沒在意哥哥鄧騭和虞詡的過節，破格提升虞詡為武都太守，命虞詡平定羌人的叛亂。

虞詡率部隊前往武都（今甘肅成縣）途中，羌人的數千兵馬擋在陳倉、崤谷一帶，想阻擊虞詡。虞詡知道兵少，不能強攻，就命令部隊停止前進，並四處散布消息說部隊停止前進，原地休整。羌人探聽到，覺得虞詡不構成威脅，就到附近州縣劫奪財寶和糧食。

虞詡看到羌人兵力分散，就急行軍一百餘里，向武都前進。為了迷惑羌人，虞詡讓炊事兵增加竈的數量，造出漢軍越來越多的假象，讓羌人始終不敢追擊。

部下問虞詡說：「當年孫臏減竈而大人增竈，兵法規定每天行軍不能超過三十里，而我們日行兩百里，這不是犯了兵家大忌嗎？」

虞詡笑著說：「敵軍人多勢眾，我們兵少，萬一被追上就是苦戰，怎麼來得及援救武都啊！而且兵法要活學活用，孫臏向敵人示弱，引敵人追擊，我們要示敵以強，嚇退敵人的追兵，中間可有莫大的區別啊！」

突破了羌人的阻擊陣地後，虞詡帶領著三千漢軍趕到了武都。羌人騎兵有一萬多人，兵力是虞詡的三倍以上，形勢對漢軍非常不利。為了有效殺傷敵人，虞詡停止發射硬弩，用騎兵慣用的小弓射箭，誘惑羌軍來攻。羌軍果然中計，向漢軍發起衝鋒。虞詡用二十張強弩瞄準羌軍，然後萬箭齊發，羌人很快就潰退了。

第二天虞詡命士卒從東門出北門回來，入城後更換軍服，再從西門出南門回來。來回數次，羌人以為城中漢軍有幾萬人馬，就準備撤軍北逃。虞詡早就料到敵兵撤退，在路上埋下伏兵，羌軍一入埋伏圈，漢軍四下殺出，羌人倉促奔逃，從此再也無力大規模侵擾東漢。

銅腕飾　東漢

軍事上獲得勝利後，虞詡開始民治上的努力。他根據武都郡的地形，構築堡壘要塞一百多座，招還大量流離失所的難民，屯田耕種，發展生產，武都郡也恢復了生氣。

虞詡剛到武都時，大米每石賣到數千錢，人口只有一萬三千戶，在虞詡的治理下，僅兩三年時間，大米每石跌到了八十錢，人口增加到了四萬戶。

⊙錚錚鐵骨

由於戰功卓越，政績斐然，永建元年（一二六年），虞詡徵召入朝，出任司隸校尉，負責東漢朝廷的司法監察工作。

鎏金銅像　東漢

順帝剛剛繼承皇位，中常侍張防恃寵而驕，收取賄賂，干涉司法。虞詡多次上奏，要求懲處張防，卻得不到回音。

後來虞詡氣憤至極，便綁起自己關到獄中，並上書說：「張防禍國亂政，我不願意與張防同朝為官，現在自縛聽憑陛下處置！」

順帝當然相信陪伴長大的張防，就以誣告罪把虞詡下了大獄。張防為了斬草除根，對虞詡嚴刑拷打，虞詡奄奄一息。

獄吏看不下去，就勸虞詡自殺，免得酷刑折磨。虞詡卻瞪著眼睛說：「我寧可死在刑場上，為後世做個榜樣，也絕不像懦夫自殺！」

虞詡的兒子虞顗在太學教書，為了拯救父親，帶著百多個同學，在皇宮門口請願。另一位掌權的太監高梵的車駕出來，虞顗「叩頭流血，訴言枉狀」，終於博得高梵的同情，入宮進諫順帝。最後張防發配邊疆，虞詡獲得釋放。

順帝看到遍體鱗傷卻仍然言辭堅定的虞詡，也心懷感動，任命虞詡為尚書僕射（相當於丞相），虞詡終於完成了祖父位列公卿的願望。

對象群猴朵花錦　漢

跋扈將軍梁冀

●時間：？～西元一五九年
●人物：梁冀

如果要評選東漢時代最囂張跋扈的外戚人物，十有八九會是順帝的小舅子梁冀當選。身為大將軍的梁冀不但操縱東漢政局二十多年，親手擁立了三位皇帝，毒殺了其中一位，東漢時代沒有任何一個外戚出身的人物，能在殘暴、聚斂方面和梁冀相比。不過，隨著皇帝的長大，梁冀的好日子也到頭了，家族最終被桓帝和宦官的聯盟剷除乾淨。

本初元年（一四六年），正是質帝劉纘即位的日子。大將軍梁冀的姐姐位居太后，又是迎立質帝的有功之臣，在朝會上十分驕橫，飛揚跋扈，不把其他大臣放在眼裡。大臣都怕梁冀，對他畢恭畢敬，生怕得罪了這位幕後皇帝。

鎏金幾何紋壺　東漢

年幼的質帝聰慧，看到非常不滿，就開玩笑指著梁冀說：「此跋扈將軍也！」

梁冀聽到後很生氣，覺得小皇帝這麼聰明，將來一定不好控制，就在煮餅中放進毒藥進獻給質帝。質帝吃了難受，召來太尉李固。李固見狀非常著急，質帝說：「吃了煮餅，腹中不順，就是想喝水！」這時，身邊梁冀連忙說：「喝水一定會嘔吐，還是不要喝！」質帝於是毒死了。這個梁冀，就是東漢有名的專權外戚。

⊙世家子弟

梁冀出生在東漢的官宦世家，從高祖父梁統開始，梁家便在朝廷中占有舉足輕重的地位，出了不少達官顯貴。值得一提的還有，梁家的女孩都長得嬌媚動人，送入宮便會得到皇上的寵愛。所以梁家先後出過三個皇后、六個貴人，後宮彷彿成了梁家女眷的歸宿。

正所謂「一人得道，雞犬升天」，靠著一個個皇后、皇太后的扶持，梁家於是以外戚的身分把持著朝政。到梁冀出世的時候，梁家的勢力已經不比西漢末年的王氏遜色了。

梁冀的父親梁商，是一個質樸誠實、寬厚善良的人，沒有因為女兒封為皇后就驕橫跋扈，更加兢兢業業輔佐順帝，深受順帝倚重。

永和元年（一三六年），梁冀出任河南尹。這時梁冀已經露出了醜陋的面目，不但收受賄賂，徇私枉法，更欺男霸女，強搶財產。與梁商關係良好的洛陽令呂放把梁冀的惡行告訴梁商，梁商狠狠訓誡了梁冀。梁冀非常惱怒，動了殺機，派人刺殺了呂放，又嫁禍給呂放的仇人，並殺掉滅口，株連宗親與賓客幾百人。

⊙大權在握

梁商病死後，梁冀承襲爵位，做了大將軍，開始了無人拘束、悖逆不道的荒唐行為。

漢安元年（一四二年），大臣杜喬、張綱等八人巡行各地，查訪吏情，有良吏則上奏於朝，有惡吏則嚴加懲治。

張綱性格非常剛烈，一到洛陽都亭就忍不住了，把車輪埋到土裡，憤慨說：「朝廷有豺狼擋道，還需巡行嗎！」

然後，張綱不顧安危，上書朝廷，**彈劾梁冀說：「梁冀雖**然蒙受朝廷恩典，卻只知道貪污受賄，驕恣縱慾，重用諂諛無恥之徒，殘害忠良正直的人，所以應當嚴加治罪！」

飛熊玉水滴　東漢

奏書上後，京師震動，順帝也深知張綱所言為實，但梁氏家族與姻親佈滿朝廷，也無可奈何。

後來，順帝病死，即位的沖帝也是個短命皇帝，很快也去世了。在梁冀的堅持下，迎立了質帝劉纘。可是梁冀又因一句玩笑話把質帝毒死，然後堅決反對大臣擁立嚴明的清河王劉蒜，而以庸暗的劉志為君，眾臣無可奈何，只好順從梁冀。於是，十五歲的劉志即位，是為桓帝。此後，梁冀更是無法無天。

⊙逼殺大臣

大臣杜喬在那次巡行回來後，就對所巡之酷吏嚴加彈劾，其中絕大多數都是梁冀的死黨。因有梁冀極力包庇，所以沒受到任何處罰，但梁冀便對杜喬懷恨在心。

有一次，永昌太守劉君世為了賄賂梁冀，用黃金鑄造了一條鎦金蛇，準備送給梁冀。益州刺史种暠知道後就逮捕了劉君世，並把金蛇上繳，存於大司農杜喬處。梁冀向杜喬要金蛇觀看，被杜喬拒絕。梁冀的小女兒死時，公卿全來參加葬禮，只有杜喬不來，梁冀對杜喬更是恨之入骨。

雙羊紋金飾牌　東漢

腰帶裝飾品，金質，透雕。雙羊對立，大眼彎角，身體肥碩。兩羊之間和羊腿間有五個輪狀裝飾，邊框飾陰線紋。羊眼和正中輪心原有鑲嵌物，已脫落。造型飽滿，形體渾厚，彎角大眼的適度誇張，更加顯得生動可愛。

梁冀妻子孫壽像

後來，梁冀趁洛陽地震，偽說是杜喬施政不明所致，罷免杜喬。接著，又授意宦官在桓帝面前說杜喬的壞話，桓帝逐漸懷疑杜喬。

建和元年（一四七年）十一月，有大臣想擁立劉蒜為帝，推翻梁冀擁立的桓帝。事情敗露後，廷尉彈劾了劉蒜，劉蒜被貶後自殺而死。

梁冀藉此機會說杜喬、李固兩人與劉蒜私通，也應嚴懲。身居後宮的梁太后知道杜喬忠貞，不許梁冀對杜喬下手，於是梁冀就逮捕了李固，引起京師數千人為李固喊冤。

後來梁太后下詔赦免了李固，李固出獄時，京師百姓歡喜踴躍，表示慶祝。梁冀知道後又氣又恨，便把李固逮捕，並將李固害死在獄中。

然後梁冀傳話給杜喬說：「如果識趣，最好自殺，你的妻子與後代還可以保全，如若不然，將死無葬身之地！」杜喬聽後非常生氣，沒有理會梁冀。

第二天，梁冀又派人到杜喬家，沒有聽到哭聲，便把杜喬捕入獄中。不久，杜喬也被害死。

⊙夫妻為虐

梁冀封為大將軍後，妻子孫壽也封為襄城君，地位與公主相同。孫壽也和梁冀一樣，生性殘酷，刻薄寡恩。由於漂亮，又會迷惑男人，所以孫壽很得梁冀的寵愛，梁冀還很怕她。兩人終日無法無天，為了顯示奢華，霸占整條街作為宅院，然後比賽房子華麗，並搜集天下寶物以修飾房屋，採集珍異花草，築假山假水，修建園林。

梁冀十分喜歡兔子，就在河南城西專門修建了「兔苑」，放進許多兔子餵養，有人抓了他的兔子便處以死刑。一個西域商人不知道，誤傷了兔子，不但處死，而且牽連了十幾個人。

梁冀的父親梁商在世時曾把名為友通期的美女獻給順帝，後因友通期犯了過錯，趕出了皇宮。梁冀偷偷把友通期藏起，甚至在父親剛死時，與友通期私通。孫壽知道後，便乘梁冀外出打獵，把友通期抓起拷打，親手殺死友通期。可是孫壽不讓梁冀寵信別的女人，卻和梁冀的僕人勾搭，把綠帽子送給了梁冀。

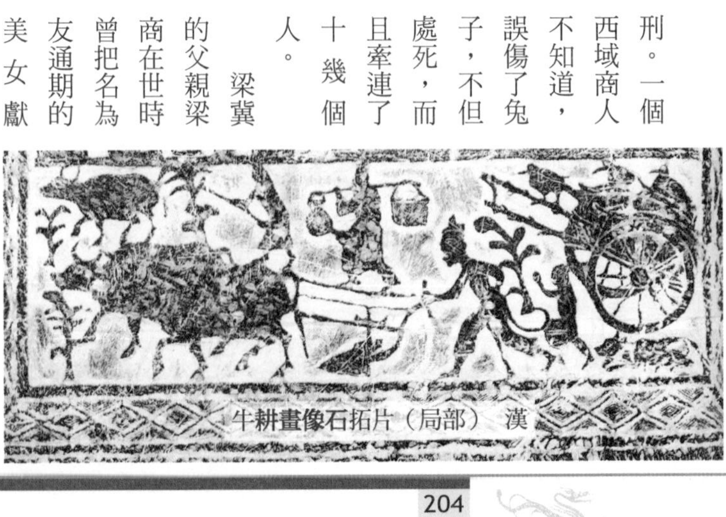
牛耕畫像石拓片（局部）　漢

許愼編著《說文解字》

漢武帝以後，經過古、今文經學家的百年長期紛爭，思想和學術取得了長足的進步，對語言文字的學術思想進行總結的條件基本成熟，具有劃時代意義的字典《說文解字》應運而生。這是中國第一部由個人獨立編纂完成的字書，是一部集大成的傑作。

《說文解字》成書於東漢和帝永元十二年（一〇〇年），全書正文十四卷，後序一卷，共十五卷，收字九三五三個，另有重文一一六三個。完全改變了周秦時代訓詁詞典的方法，開創了系統全面解釋字的形、音、義的新體例，構成了嚴整的字典編纂格局，釋字以小篆為主體分析字形結構，根據偏旁分列為五百十四部，排列順序以部首的筆畫和形體結構近似為準則。

以先進的文字學觀念，許慎編纂了中國第一部系統分析字形、解說字義、辨證聲讀的字典——《說文解字》，開創了中國文字學和字典學的獨立研究階段。許慎科學而有條理地分析、闡述了漢字的產生和發展、文字的功用、漢字的構造等，在實踐和理論上都達到了前所未有的程度。

書中收字相當廣泛，包括了經書（特別是古文經）中的常見字，包括篆文、古文、籀文、俗體等，既有先秦的字，也有漢代新產生的字，為後代考查漢字發展的歷史提供了極寶貴的材料，近代識別甲骨文、金文，多依賴於這部工具書。

《說文解字》雖為字書，實際上也是一部極其重要的訓詁書，後代字書大多援引它的訓釋，編排體例也被許多字典所繼承，在中國字典學史上具有不可替代的地位。

延伸知識

⊙身死族滅

梁冀執政二十多年，威行內外，殺死眾多忠臣，皇帝也不能主政，所以眾人都非常痛恨。十九歲的書生袁著鄙視梁冀所為，就上書朝廷，歷數梁冀的罪行。為了免遭殘害，袁著先是假裝病死，放進棺材下葬，自己則變易姓名逃走。可是梁冀還是知道了真相，千方百計逮住袁著，將他活活打死。

由於梁冀太過於飛揚跋扈，連桓帝也不能忍受，下決心除掉他。延熹二年（一五九年），桓帝私下召小太監唐衡，問他：「朕的左右有哪些人與大將軍梁冀不和呀？」唐衡說：「有中常侍單超、徐璜等人！」

於是，桓帝便召入這幾人，說：「梁冀專制朝廷，脅迫內外，朕想誅殺此賊，卿等有何意見？」單超等人說：「不知陛下有何想法？」桓帝說：「我想選擇合適的時機，下手把梁冀殺掉！」

單超等人見桓帝真心，便進一步說：「誅殺此人並不難，但只怕陛下猶豫不定！」桓帝斬釘截鐵說：「沒有好猶豫的！」

於是，具體商定了誅殺梁冀的計畫，桓帝且咬破單超的胳膊，以血盟誓。

不久之後，單超等人趁梁冀不備，出動禁軍包圍了梁冀的府第，梁冀與妻子孫壽當場自殺，這位跋扈將軍終於得到了應有的下場，梁氏一門滅族了。

從梁家搜出的財物變賣後，達三十多億錢，於是減免當年天下租稅的一半。但是，從此又出現了宦官專政。

車馬過橋畫像石　東漢

黨錮之禍

●時間：西元一六六～一六七年
●人物：李膺　范滂　曹節

漢代的黨錮之禍是對文人士大夫參政議政熱情的最嚴重打擊，但是，中國有骨氣的文人士大夫對現實的關注，對天下興亡、匹夫有責的自覺認同，並沒有因宦官的屠戮而抹殺。可是對於東漢朝廷來説，黨錮之禍讓朝廷關閉了吸收人才的大門，讓宦官的氣焰甚囂塵上，嚴重損害了東漢朝廷的威信。

東漢桓帝元嘉三年（一五三年），冀州安平（今河北安平）城熱鬧非凡。原來是大宦官趙忠的父親死了，趙忠葬於此地，下葬排場之大，令人咋舌。

時任冀州刺史的大臣朱穆，聽說趙忠葬父時居然用了只有皇帝才能用的玉匣，便命人開棺查驗。下屬知道朱穆剛正嚴明，不敢怠慢，便挖開墳墓，果然發現了玉匣、木偶等陪葬品。於是，朱穆逮捕了趙忠家屬。

趙忠跑到桓帝面前哭訴，說朱穆擅自挖掘父親的墳墓。桓帝大怒，將朱穆撤職，並關進宮內勞役。消息傳出後，太學生劉陶等數千人來到皇宮請願抗議，為朱穆申冤，並表示願代服役。桓帝只好將朱穆赦免，削職為民。

從此，清流士子便與專權的宦官展開了驚心動魄的對抗，清流士子的黨錮惡夢也就由此開始了。

⊙懲治張讓

當時士大夫的代表人物是名士李膺。李膺飽讀經書，又深有武略，曾經多次率兵打敗入侵的鮮卑人，所以聲名遠颺，受到眾人的推崇與愛戴，凡是能與他交接的人都稱為「登龍門」，甚至以為他駕車而感到自豪。

延熹二年（一五九年），李膺就任河南尹。宛陵的豪門弟子羊元群由渤海罷官回家，此人貪贓枉法，聲名狼藉，離任時把官衙廁所裡精巧的飾物都帶走。李膺上書請求懲治他，羊元群忙買通宦官。結果桓帝聽信了宦官，反而以誣告懲罰李膺勞役。

後來李膺又重新起用為司隸校尉，負責掌管司法。原先宦官張讓的弟弟張朔為非作歹，做盡壞事，一聽說李膺當了司隸校尉，嚇得連忙逃到哥哥張讓家，藏進了暗室中。李膺沒有放過作惡多端的張朔，親自到張讓家搜捕，在暗室把張朔抓住，查證後將張朔處死。

張讓極為怨恨，便到桓帝前哭

李膺像

訴。桓帝召來李膺，詢問不奏明案情就擅自處死，李膺理直氣壯說：「臣聽說過去孔子做魯國司寇，上任七天就殺了作惡的大夫少正卯。我今天到任已經十天，才殺了張朔。我還擔心辦事不力而受到譴責，沒想到會因為辦事得罪。我也知道惹了禍，請陛下再給我五天時間，我把罪犯的後臺揪出來正法之後，再治我的罪吧！」桓帝也沒有辦法，只好不了了之。

於是天下肅然，人們都知道李膺是個剛正不阿的人，連宦官也都收斂了許多。

石獸　東漢

這件石獸出土於陝西省咸陽市。又稱為「天祿」，是祥瑞動物之一。這種異獸一般作為陵墓雕刻，用來闢邪驅惡。石獸張口露齒，雙耳豎立，頭部高昂，頸上長鬚成束伏垂至胸前。軀幹勁瘦挺拔，四肢粗壯有力，跨步欲前行，四爪堅定著地，威武遒勁，蘊含著勃發的力量和生機。

⊙禍起蕭牆

延熹九年（一六六年），巫師張成常以神仙方術迷惑眾人，並和宦官勾結。一次張成從宦官處知道朝廷將大赦，赦免天下死囚，為了顯示法術通神，就讓兒子無端殺人。掌握司法大權的李膺立即逮捕了張成的兒子，關押審問。不久，桓帝果然下達大赦詔書，張成得意洋洋請李膺放出兒子。李膺非常氣憤，便不顧大赦的命令，將張成的兒子處斬。這一下，宦官集團大為惱怒，便唆使張成的徒弟上書，誣告李膺等人大逆不道。

桓帝聽信了宦官和巫師的謊言，下令逮捕所謂李膺一黨，共逮捕了兩百多人，在獄中對這些無辜書生嚴刑拷打。李膺頗有智謀，故意供出大量的同黨，但都是宦官的子弟和黨羽，宦官也怕惹火燒身，不敢繼續深究。

當時任太尉的陳蕃非常同情這些書生，堅決拒絕受理此案，並進諫說：「我們所逮捕的人，都是仁人君子，都是國家的棟樑之才，像這樣的人，國家給他們十代人的優容都不夠，怎麼無緣無故拷打呢！」

大臣竇武也上書要求赦免黨人。竇武是竇皇后的父親，為人正派，廉潔正直。

在各方的壓力之下，桓帝只好赦免了黨人，命各歸鄉里，禁錮終生，永不錄用。

第一次黨錮之禍就這樣平息了，宦官集團獲得了最後的勝利。可是受到不公待遇的黨人卻受到了全國上下的普遍敬重，名士范滂出獄時，家鄉人迎接的馬車就有一百多輛。名將皇

釀酒畫像磚　東漢

長四十九·五公分，寬二十八·三公分。磚面浮雕採用模壓方法印製而成。以釀酒活動為中心，襯托以房屋建築和推車、擔酒等忙碌場面。

甫規自認為是當世豪傑，卻因沒有列入黨人名單而耿耿於懷。

大臣景毅的兒子景顧是李膺的學生，黨人名單漏掉了景顧的名字，所以父子二人都沒有受到牽連，但景毅卻說：「我是因為敬慕李膺才讓兒子向他學習，怎麼能暗中慶幸沒有被牽連呢！」景毅主動要求免去官職，回歸故里。

⊙宮廷變亂

永康元年（一六七年），桓帝去世。桓帝沒有兒子，竇皇后與父親竇武迎立宗室劉宏入嗣帝位，這就是漢靈帝。劉宏只有十三歲，竇皇后以皇太后的身分臨朝聽政，不僅任命竇武為大將軍，並起用了黨錮的陳蕃。

一次朝會陳蕃悄悄對竇武說：「宦官和中常侍曹節等人，自先帝時就禍亂朝政，無惡不作。現在不能誅殺，以後就更難了。」

竇武同意，二人開始準備，起用了包括李膺在內的黨人為官，以削弱宦官的勢力。

然而，事情卻沒有那麼簡單，靈帝年少無知，竇太后也性格怯懦，優柔寡斷，內庭的幾個大宦官如侯覽、曹節、王甫、管霸等人，一直用甜言蜜語親近竇太后，深得竇太后的信任。

竇武覺得女兒和宦官太近了，就入宮向竇太后進言說：「祖宗之法，宦官只能做日常瑣事，不能參預朝政，現在宦官卻參與政事，握有重權，朝野不寧，應當誅滅他們！」

竇太后不同意誅殺過多，特別是最為親信的宦官曹節。竇武無奈，只好先把管霸等幾人殺掉。

陳蕃看到這種情況，只好以太傅身分進宮叩請太后誅殺曹節。陳蕃是兩朝元老，而且在竇氏為后時出過大力，所以覺得諫言應該可以收到效果。可是依然沒有作用，竇太后就是不肯殺曹節。

同年八月，小太監鄭颯被竇武逮捕，供詞牽連了曹節、王甫等大太監。竇武決定乘此將太監除掉，他將奏章送呈竇太后，在家等候消息。

哪知道內宮的太監早就知道竇武對他們不滿，極為注意竇武的奏章，奏章直接就落到了大太監朱瑀手中。朱瑀看完後，立刻向王甫和曹節稟報。

王甫和曹節商量，立刻動員太監劫持了靈帝和太后，並以靈帝的名義發布詔書捕拿竇武與陳蕃。竇武急忙奔入軍營集合數千兵士，但抵擋不住王甫的禁軍攻擊，兵敗自殺。陳蕃得知消息，立即帶領八十個青年學子持刀入宮，也被王甫的軍隊包圍，一場搏鬥後陳蕃也慘遭殺害。

此後，曹節、王甫、侯覽等人就掀起了第二次黨錮之禍，要求靈帝批准追捕天下黨人。靈帝年僅十四歲，還不知道甚麼是黨人，便問：「黨人是甚麼，為甚麼追捕他們呀？」曹節說：「他們相互勾結，圖謀不軌。」靈帝又問：「圖謀不軌是甚麼呀？」曹節說：「圖謀不軌就是想奪了您的皇位！」於是靈帝便批准了追捕令。

這一次的黨錮之禍更為慘烈，包括李膺、范滂在內的許多著名的清流士子，都死在酷刑之下。至此，朝野內外有氣節的官員幾乎一網打盡，東漢政治進入了最黑暗的時刻。

錯銀牛燈　東漢

燈高四十六公分，長三十一．五公分，江蘇邗江甘泉出土。燈座造型是一頭體態雄健的牛，四蹄有力，頭微低，雙角上揚，短尾捲曲上翹。在背上背托燈盤，盤旁有柄，可以轉動。牛體為空腔，在牛頭上伸出向後弧曲的長管，管口下垂接圓形燈罩，在燈罩和燈盤間，又安有兩片可以開合的弧形屏板，屏板上滿雕菱形圖案鏤孔，還裝有圓環。這盞燈可以通過燈罩將燃燒後的煙氣灰炱經弧曲的長管，吸入牛頭而容納在牛的體腔內，以保持室內清潔。

鎏金神獸硯盒　東漢

硯盒高九．三公分，長二十四．九公分，江蘇徐州出土。神獸呈伏臥姿態，獸首上顎以上和背部為盒蓋，獸首下顎腹部和四肢為盒體。神獸頭生一雙長角，肩後生雙翼，張口露齒，造型威猛。通體鎏金，並鑲嵌多顆寶石，華美異常。

遍地黃巾起

●時間：西元一八四年
●人物：張角

東漢後期，宦官與外戚集團爭權奪利，政治極度黑暗，加上自然災害相繼不斷，農民只能在死亡的邊緣掙扎，大批農民流離失所。鉅鹿人張角趁機利用宗教的形式祕密進行組織活動，一場轟轟烈烈的人民運動爆發了。雖然，黃巾軍最終被鎮壓了，可是也吹響了東漢滅亡的嘹亮號角。

光和六年（一八三年）的一個清晨，洛陽大街上行人還特別稀少，一個人從鉅鹿（今河北平鄉）冒著嚴寒來到洛陽，既不去最繁華的地方看角觝戲，也顧不上觀賞靈帝剛剛修建的園林，而是跑到皇宮求見皇上。

鎏金銅鹿　東漢
鹿舉首、豎耳、挺胸、捲尾，作靜立之姿，神態安然悠閒。通體鎏金。

守宮的小太監覺得非常可笑，說：「你以為隨便誰想見皇上就見皇上啊，就你這樣的，趕緊到一邊去，再胡鬧把你抓起來！」這人連忙偷偷給小太監幾塊銀子，小太監有些為難，輕聲說：「你倒是識相，不過你又不是朝廷命官，又沒有皇上宣你的旨意，我怎敢通報啊！」這人便悄悄在小太監耳邊說話，小太監忙入宮通報。

這個神祕的人物叫唐周，帶來了一個天大的祕密。這個祕密是甚麼，還得從太平道說起。

起事洩密

東漢末年，冀州鉅鹿一帶興起了一個名為太平道的道教支派。太平道的首領張角自稱「大賢良師」，以傳布太平道為名，利用行醫治病為手段，祕密進行組織的活動。在張角的努力下，太平道教發展極快，幾年之間就多到幾十萬人，徒眾遍及青、徐、幽、冀、兗、豫、荊、揚八個州。張角把徒眾分為三十六方，每方設一渠帥為首領，太平道一下子變成了一個軍事組織。

東漢光和七年（一八四年）是甲子年，張角覺得時機已經成熟，就發出了：「蒼天已死，黃天當立，歲在甲子，天下大吉」的口號，「蒼天」就是指東漢政權，「黃天」則是指張角和太平道。

同時，張角向各渠帥發出計畫和號令，準備讓渠帥馬元義集合荊州和揚州地區的數萬徒眾，於三月初五日進攻鄴城（今河北磁縣南），伺機向洛陽進攻。

⊙提前發起

就在前夕，張角的徒弟唐周覺得冒著危險造反，不如向朝廷告密，也許能混個一官半職。於是，就出現了前面的一幕，唐周到皇宮彙報了張角的全部計畫。

漢靈帝聽了，勃然大怒，立刻逮捕了馬元義，並用殘忍的車裂酷刑處死了他。隨後官兵逮捕洛陽城裡信奉太平道的百姓，並命令各地官員捉拿張角及其他太平道頭目。

四神空心磚（朱雀紋）　東漢

朱雀在方位四神中為南方七宿的形象，和鳳凰一樣，均為古代人們想像中的神鳥。鳳是由錦雞與孔雀等禽鳥的形象綜合而成的，朱雀則取象於鶉鳥，是火烈鳥、琴鳥、野雞等形象綜合設計出的火禽。造型十分美麗，柔媚秀雅、充滿青春活力，彷彿翩翩起舞。畫面並飾以華芝，絳珠流霞，格外顯得熱烈奔放，是研究工藝美術的珍貴資料。

唐周的叛變打亂了張角的佈置，所以，不得不提前起事，以對付官兵的追捕。

光和七年（是年十二月改元中平元年）二月，張角通知各方提前行動。隨著「大賢良師」的一聲令下，烽火迅速蔓延全國。張角自稱「天公將軍」，弟弟張寶稱「地公將軍」，張梁稱「人公將軍」，統一指揮戰鬥。張氏三兄弟攻打州郡，焚燒官府，沒收豪族財物，地方官吏聞風逃竄。因為在頭上包著一塊黃布，也稱為「黃巾軍」。

黃巾軍勇猛善戰，戰果輝煌，冀州郡縣多被攻下，官軍傷亡慘重。面對黃巾軍的節節勝利，朝廷上下亂作一團，急忙調兵遣將，任命外戚何進為大將軍，統率羽林軍，負責保衛洛陽，然後派盧植、皇甫嵩等名將對黃巾軍發起反攻。

就在東漢政府積極準備軍事的同時，一個張鈞的官員對漢靈帝說：「張角等人之所以能興兵作亂，百姓之所以如水歸川依附，其原因就在於張讓、趙忠等宦官侵掠百姓，百姓苦難太重，只好鋌而走險。如果殺死這些宦官，然後布告天下，以謝國人，

六博木俑　東漢

俑高二十八．五公分，甘肅武威出土。兩位老人相對席地而坐，中間放置一張博局，一老人左手前伸，右手撫膝，另一老人左手下垂，右手伸出指向博局，似乎二人在爭論六博的輸贏。人物姿態生動，是極富生活情趣的東漢木雕佳作。

不用大軍征剿，造反自會平息。」

靈帝看完奏章後，便召集了宦官，傳示奏章，宦官嚇出了一身冷汗，紛紛跪地求饒，表示拿出家財作為軍費。其實靈帝沒想要怪罪宦官，只是想通風報信。

宦官知道虛驚一場，開始攻擊張鈞，張鈞曾學太平道，與張角等人同夥。靈帝聽信他們，把張鈞抓進大牢，並且嚴刑拷打。忠心的張鈞鋤奸不成，反被昏庸的皇帝害死在牢中。

⊙盧植下獄

當黃巾軍占領了冀州的大部分地區，很有南下西進攻取洛陽的架勢。靈帝自然害怕，派北中郎將盧植到冀州作戰。

盧植不愧是一代名將，獲得接連的勝利，殺死黃巾軍一萬餘人。張角不是盧植的對手，便急忙改變策略，退守廣宗（今屬河北），憑藉堅固的城池堅守。為了避免士兵傷亡過大，盧植在城外築起圍牆，挖好戰壕，做好長期圍困的準備。

這時，靈帝派宦官左豐來軍隊視察。盧植對宦官深惡痛絕，但也沒有辦法，只好出來接見。

手下悄悄問他：「將軍，您準備了給左大人的禮物嗎？」「甚麼禮物？」盧植極為納悶。

手下見盧植不明白，便說：「看來大將軍一無所知，凡是內宮的人來軍中視察，都是想要發財的，若是給了好處，回去後在皇上面前美言幾句……」盧植著急了，大聲說：「不給又怎麼樣，難道堂堂國家上將，還要巴結小人不成？」說完盧植就回到了大營。

左豐沒想到盧植只是例行公事接見了他，沒有任何好處，左豐就話裡有話地說：「盧將軍，征討這麼個小毛賊，您可是發大財了！」盧植大聲回答說：「我們為皇上辦事，以掃除逆賊為責任，哪有甚麼財可發呢！」左豐非常生氣，氣哼哼走出了軍營。

回到洛陽後，左豐見靈帝述職。靈帝關心前方的戰事，問：「盧植的才能可以對付逆賊吧！」

左豐回答說：「依臣之見，張角兵弱糧小，根本不是對手，但盧植卻

帶蓋提梁銅壺　東漢

壺蓋上有提梁，用環與蓋及壺腹相連，長頸，腹漸廣，喇叭形高圈足。腹及圈足飾弦紋。

不進攻，這不是縱容逆賊麼！不知道他和逆賊是否勾結。」

漢靈帝勃然大怒，立刻用囚車將盧植鎖拿回京師，後來，盧植差點死於獄中。

⊙黃巾失敗

張角等人本來已經處於被動的局勢了，沒想到盧植突然撤職，他們趁勢反擊。新上任的將領是只想保存實力的東中郎將董卓，官軍優勢蕩然無存，冀州又快被黃巾軍占領。靈帝一看形勢不好，急忙把剛剛鎮壓了潁川郡和汝南郡黃巾軍的大將皇甫嵩調到冀州主戰場。

這時，張角已病死，黃巾軍分為兩部，一部在廣宗，由張梁領導，一部在下曲陽（今河北晉縣西），由張寶領導。

皇甫嵩先進攻廣宗城的張梁，可是黃巾軍嚴防死守，幾天都沒有效果，於是，皇甫嵩便命令休戰。連日作戰，黃巾軍疲勞不堪，看見停止攻城，也就放鬆了警惕。夜裡，皇甫嵩突然命令官軍向廣宗發起了猛攻，黃巾軍沉睡中倉促應戰，終於被官軍攻入城中。最後，三萬多人犧牲，主帥張梁也戰死沙場。剩下的五萬多名黃巾軍，全部跳河自殺。

勝利後的皇甫嵩把張角的屍體從墳墓挖出，開棺戮屍，並把頭顱送到京師邀功請賞。

十一月，皇甫嵩率軍殺向下曲陽。一番浴血奮戰，下曲陽的十萬大軍也被擊敗。黃巾軍的主力雖已消滅，但餘部和各地亂軍，仍未平息。黃巾軍徹底動搖了東漢王朝的統治。

帛畫　東漢

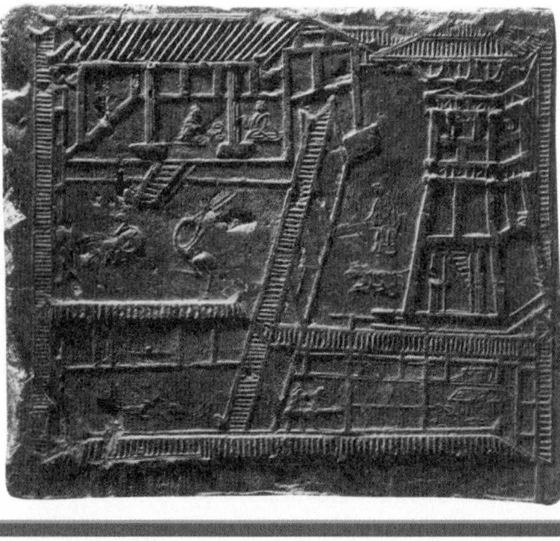

房屋畫像磚　東漢

漢代畫像磚表現手法與畫像石有些區別。畫像石所反映的人物幾乎都為側面，而漢畫像磚卻利用模印加雕刻的技法，表現人的正面動作和神態。此畫像磚採用同畫像石相同的表現手法表現建築——鳥瞰。院落為漢時少見的三合式房屋，院中築有高臺。屋主悠閒對坐飲茶，起舞的雀鳥和灑掃的奴僕，一派安逸祥和的世俗生活景象。

【屠夫當國舅】

●時間：？～西元一八九年
●人物：何進

一個懦弱而又沒有才能的人如果占據了高位，那麼倒霉的肯定是國家和百姓，屠夫出身的國舅何進就是最為典型的一例。何進優柔寡斷，不但死在了宦官的刀下，且讓大軍閥董卓帶著西涼兵馬進入洛陽城，直接導致了東漢政局的大混亂。

「一人得道，雞犬升天」，這句話形容外戚勢力的擴張是再準確不過了。東漢末年，大將軍何進執掌權柄多年，氣焰囂張，而何進先前不過是個屠夫，因為同父異母的妹妹選入皇宮當了貴人，成了漢靈帝最寵愛的妃子，所以目不識丁的何進竟然也官拜郎中，後來竟封為大將軍。

⊙立帝之爭

靈帝一直想立皇儲，兩個兒子分別是何皇后生的劉辯和王貴人生的劉協。俗話說一代可以出個富翁，三代也出不了一個貴族，何皇后和何進原是市井出身，有著何家一半血統的劉辯也非常輕佻，絲毫沒有皇家威儀，所以靈帝不想立劉辯為太子。可是靈帝實在離不開何皇后，而何進又手握兵權，也只好把立儲的事情往後拖延。

後來靈帝病重，就把劉協託付給手握禁軍兵權的宦官碩蹇，希望碩蹇輔佐劉協登上帝位。碩蹇肩負託孤的重任，但和何進有些過節，所以想趁靈帝駕崩，殺掉何進。

何進知道靈帝駕崩的消息後，果然匆匆趕往內宮，還沒進入碩蹇伏兵的宮殿，就發現禁軍司馬潘隱不停使眼色。何進感覺周圍情況不對，急忙跑回。

碩蹇沒有得手，心裡發虛，與宦官商議說：「何進、何苗兄弟二人秉持國政，現在又要謀害我們。要想保命，我們需先下手為強，把何進殺了以絕後患。」宦官都隨聲附和，願意追隨碩蹇。

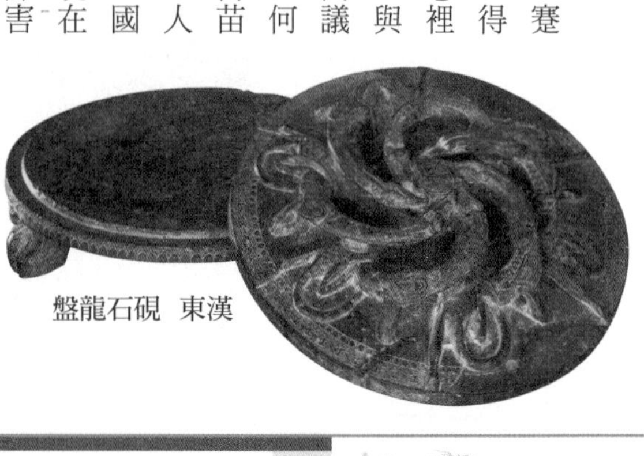

盤龍石硯　東漢

可是宦官郭勝和何進是老鄉，曾引介何進的妹妹入宮，所以與何家人關係很好。郭勝一看情況，就悄悄告訴了何進。何進立刻帶著大軍進駐皇宮，捕殺碩蹇。

⊙無謀亂國

大宦官碩蹇被殺是件大快人心的事，宦官欺壓了幾十年的朝臣都希望何進徹底消滅宦官集團。何進的部下袁紹就對何進說：「將軍手握兵權，應該趁此時機把宦官全部除掉！」

何進覺得有理，把此事說給何太后。可是何太后不同意收拾宦官，反而說：「宦官掌握一定的內宮權力，是漢家的祖宗之法，不能輕易廢除。」

何進看妹妹這麼說，覺得誅殺宦官的實力仍然不夠，理由也不甚充分。

這時，袁紹又出主意說：「不如召集四方的州牧帶兵來到京師，依靠他們殺光宦官，那時太后也沒話好說了。」

鎏金銅馬 東漢

何進的主簿陳琳聽到，連忙進言說：「現在將軍手握重兵，位列三公，殺幾個宦官，就好像燒紅了火爐來燎毛髮一樣容易。但如果請外兵相助，就好像把劍反著拿，然後把劍給人一樣，只能使天下大亂。」

何進聽不進陳琳的忠言，只想藉各地兵馬壯大聲勢，就下令徵調董卓等實力派軍閥入京。

何進調外兵入京的消息很快就傳到宦官的耳裡，以張讓為首幾個宦官商量說：「再不動手，咱們全完了。」

於是張讓在皇宮裡埋伏了幾十個武士，假傳何太后的命令，召何進進宮。何進一入宮後，張讓帶著武士衝進來，對著何進大聲斥責說：「現在天下大亂，難道就只是宦官的罪嗎？想當年先帝和你妹妹吵架，差點就要廢后，還不是我們宦官流著眼淚哀求，各出家財取悅皇上，你們何家才有了今天的地位。現在居然想殺光宦官，你也太無情了吧？你說內宮污穢，可是公卿大夫有幾個忠誠清廉的？」

沒等何進辯解，宦官渠穆就把何進當場斬殺。隨後，宦官把何進人頭從宮門中扔出，高喊著：「何進謀反，已經處死了。」

宮門外何進的部將吳匡、張璋一看何進被殺，就帶著兵馬把宮門團團圍住，宦官趕緊關閉宮門，憑藉高牆深宮與軍隊相對峙。

當天晚上，聞訊趕來的袁紹、袁術兄弟，與吳匡等人合兵一處，先用大火燒開了宮門，衝入內宮，見到宦官就殺。有不少人因為沒蓄鬍子，當作宦官殺掉，前後共有二千多人死在這場宮廷政變之中。

何進所代表的外戚集團和宦官集團在這場戰爭中兩敗俱傷，殘破不堪的東漢政權落入了并州軍閥董卓的手中。

帝王世系表

秦 西漢 東漢

秦 西元前二二一~前二〇七年

廟號	帝王原名	年號	西元
始皇帝	嬴政		?~前二一〇年
二世	胡亥		前二〇九~前二〇七年
子嬰			前二〇七年

西漢 西元前二〇六~八年

廟號	帝王原名	年號	西元
高祖	劉邦		前二〇六~前一九五年
惠帝	劉盈		前一九四~前一八八年
高后	呂雉		前一八七~前一八〇年
文帝	劉恒	前元（十六年）	前一七九~前一六四年
		後元（七年）	前一六三~前一五七年
景帝	劉啟	前元（七年）	前一五六~前一五〇年
		中元（六年）	前一四九~前一四四年
		後元（三年）	前一四三~前一四一年

廟號	帝王原名	年號	西元
昭帝	劉弗陵	始元（七年）	前八十六~前八十年
		元鳳（六年）	前八十~前七十五年
		元平（一年）	前七十四年
宣帝	劉詢	本始（四年）	前七十三~前七十年
		地節（四年）	前六十九~前六十六年
		元康（四年）	前六十五~前六十二年
		神爵（四年）	前六十一~前五十八年
		五鳳（四年）	前五十七~前五十四年
		甘露（四年）	前五十三~前五十年
		黃龍（一年）	前四十九年
元帝	劉奭	初元（五年）	前四十八~前四十四年
		永光（五年）	前四十三~前三十九年
		建昭（五年）	前三十八~前三十四年
		竟寧（一年）	前三十三年

武帝　劉徹	建元（六年）	前一四〇～前一三五年
	元光（六年）	前一三四～前一二九年
	元朔（六年）	前一二八～前一二三年
	元狩（六年）	前一二二～前一一七年
	元鼎（六年）	前一一六～前一一一年
	元封（六年）	前一一〇～前一〇五年
	太初（四年）	前一〇四～前一〇一年
	天漢（四年）	前一〇〇～前九十七年
	太始（四年）	前九十六～前九十三年
	征和（四年）	前九十二～前八十九年
	後元（二年）	前八十八～前八十七年

延伸知識

正確保存屍體

古代嚴格的喪葬禮儀，也有利於屍體的保存。古代貴族死後，要用香湯鬯酒浴屍，隨後穿上十九套衣服，外用衾被包裹，用九道綢帶緊緊捆紮，稱之為「絞衾」，然後按等級裝殮入多層漆棺內。這些葬儀及措施具有消毒殺菌、防止腐蝕等作用。至於絳紅色棺液，主要是入棺的香湯鬯酒等，也具有一定的抑菌、殺菌效果，對於抑制屍體腐敗、保持屍體完整的外形等方面有著特定的作用。

成帝　劉驁	建始（四年）	前三十二～前二十九年
	河平（四年）	前二十八～前二十五年
	陽朔（四年）	前二十四～前二十一年
	鴻嘉（四年）	前二十～前十七年
	永始（四年）	前十六～前十三年
	元延（四年）	前十二～前九年
	綏和（二年）	前八～前七年
哀帝　劉欣	建平（四年）	前六～前三年
	元壽（二年）	前二～前一年
平帝　劉衎	元始（五年）	一～五年
孺子嬰	居攝（三年）	六～八年
	初始（一年）	八年

新朝　西元九～二十三年

廟號	帝王原名	年號	西元
	王莽	始建國（五年）	九～十三年
		天鳳（六年）	十四～十九年
		地皇（四年）	二十～二十三年
	劉玄（更始帝）	更始（三年）	二十三～二十五年

東漢　西元二十五～二二〇年

廟號	帝王原名	年號	西元
光武帝	劉秀	建武（三十二年）	二十五～五十六年
		中元（二年）	五十六～五十七年
明帝	劉莊	永平（十八年）	五十八～七十五年
章帝	劉炟	建初（九年）	七十六～八十四年
		元和（四年）	八十四～八十七年
		章和（二年）	八十七～八十八年
和帝	劉肇	永元（十七年）	八十九～一〇五年
		元興（一年）	一〇五年
殤帝	劉隆	延平（一年）	一〇六年
安帝	劉祜	永初（七年）	一〇七～一一三年
		元初（七年）	一一四～一二〇年
		永寧（二年）	一二〇～一二一年
		建光（二年）	一二一～一二二年
		延光（四年）	一二二～一二五年
順帝	劉保	永建（七年）	一二六～一三二年
		陽嘉（四年）	一三二～一三五年
		永和（六年）	一三六～一四一年
		漢安（三年）	一四二～一四四年
		建康（一年）	一四四年
沖帝	劉炳	永嘉（一年）	一四五年

延伸知識

追蹤馬王堆

馬王堆漢墓發掘三十多年來，人們在慨歎之餘，更多的是困惑和不解：為甚麼一號墓的女屍保存如此完好？一號墓棺槨中的具有防腐效能的紅色液體是由哪些物質組成？三號墓的墓主是誰？帛畫所蘊含的思想到底是甚麼？為甚麼會有如此多的帛書與簡牘？帛書中所見的諸子各家學派作品的關係意味著甚麼？……

皇帝	年號	年份
質帝　劉纘	本初（一年）	一四六年
桓帝　劉志	建和（三年）	一四七～一四九年
	和平（一年）	一五〇年
	元嘉（三年）	一五一～一五三年
	永興（二年）	一五三～一五四年
	永壽（四年）	一五五～一五八年
	延熹（十年）	一五八～一六七年
	永康（一年）	一六七年
靈帝　劉宏	建寧（五年）	一六八～一七二年
	熹平（七年）	一七二～一七八年
	光和（七年）	一七八～一八四年
	中平（六年）	一八四～一八九年
少帝　劉辯	光熹（一年）	一八九年
	昭寧（一年）	一八九年
獻帝　劉協	永漢（一年）	一八九年
	中平（一年）	一八九年
	初平（四年）	一九〇～一九三年
	興平（二年）	一九四～一九五年
	建安（二十五年）	一九六～二二〇年
	延康（一年）	二二〇年

秦	始皇	二十六年	前二二一年	秦王嬴政稱始皇帝，統一車軌、文字、度量衡、貨幣。
	始皇	三十二年	前二一五年	始皇遣將軍蒙恬北擊匈奴。
	始皇	三十三年	前二一四年	南取南越地，設桂林、南海、象三郡。北築長城。
	始皇	三十四年	前二一三年	下焚書令。
	始皇	三十七年	前二一〇年	始皇病死沙丘，趙高、李斯改詔立胡亥為帝，賜扶蘇、蒙恬死。
	二世	元年	前二〇九年	陳勝、吳廣率九百戍卒在大澤鄉起兵。
	二世	二年	前二〇八年	項梁立楚懷王孫熊心為王。
	二世	三年	前二〇七年	項羽大破秦軍於鉅鹿。
西	高祖	元年	前二〇六年	劉邦軍至灞上，子嬰降，秦亡。
	高祖	二年	前二〇五年	劉邦、項羽戰於彭城，漢軍傷亡十餘萬。
	高祖	五年	前二〇二年	劉邦圍項羽於垓下，項羽自刎於烏江。
	高祖	七年	前二〇〇年	劉邦率軍北擊匈奴，被冒頓圍於平城白登山。
	高祖	十一年	前一九六年	呂后殺韓信。
	高祖	十二年	前一九五年	劉邦卒，惠帝劉盈即位，呂后掌權。
	文帝	前元元年	前一八〇年	呂后卒，周勃、陳平誅殺諸呂，迎代王劉恆為帝，是為漢文帝。
	景帝	前元元年	前一五七年	文帝劉恆卒，太子劉啟立，是為漢景帝。
	景帝	前元四年	前一五四年	鼂錯議削藩，吳楚七國叛亂。
	景帝	後元三年	前一四一年	景帝劉啟卒，太子劉徹即位，是為漢武帝。
	武帝	建元三年	前一三八年	張騫出使大月氏。
	武帝	元光元年	前一三四年	董仲舒上天人三策，罷黜百家，獨尊儒術。
	武帝	太初元年	前一〇四年	司馬遷始著《史記》。
	武帝	征和二年	前九十一年	武帝使江充治巫蠱獄，太子據殺江充。

漢			
武帝	後元二年	前八十七年	武帝卒，太子弗陵即位，是為昭帝，霍光、金日磾、上官桀等輔政。
昭帝	元鳳元年	前八十年	上官桀、桑弘羊與燕王旦合謀政變，事敗被殺。
昭帝	元平元年	前七十四年	霍光立衛太子孫劉詢（病已）為帝，是為漢宣帝。
宣帝	地節四年	前六十六年	霍光子霍禹、霍山謀反事敗，霍氏滅族。
宣帝	甘露四年	前五十年	呼韓邪單于朝漢。
宣帝	黃龍元年	前四十九年	漢宣帝卒，太子劉奭即位，是為漢元帝。
元帝	建昭五年	前三十四年	呼韓邪單于朝漢，元帝以後宮良家子王嬙嫁呼韓邪單于。元帝卒，太子劉驁即位，是為漢成帝。
成帝	河平二年	前二十七年	封王氏五侯。
成帝	永始元年	前十六年	封王莽為新都侯。
成帝	綏和二年	前七年	漢成帝卒，太子劉欣即位，是為漢哀帝。
平帝	元壽二年	前一年	漢哀帝卒，中山王箕子嗣位，更名衎，是為漢平帝。
平帝	元始元年	一年	王莽為太傅，號安漢公，封二萬八千戶。
平帝	元始五年	五年	王莽毒死平帝，立宣帝玄孫孺子嬰為太子。

朝代	帝號	年號	年	事件
新朝	王莽	初始元年	八年	王莽自稱皇帝，改國號為新。
新朝	王莽	天鳳四年	十七年	荊州饑民推舉王匡、王鳳為首起事，據綠林山。
新朝	王莽	天鳳五年	十八年	琅琊樊崇起兵於莒。
新朝	王莽	地皇四年	二十三年	六月，劉秀、王匡大破莽軍於昆陽城下。 九月，商人杜吳殺王莽於漸臺。
	光武帝	建武元年	二十五年	劉秀稱帝於鄗南，是為光武帝。赤眉軍攻入長安。
	光武帝	建武中元二年	五十七年	正月，倭奴國王遣使奉獻於漢，中日正式交通。 二月，光武帝卒，太子劉莊即位，是為漢明帝。
	明帝	永平十六年	七十三年	班超鎮撫西域諸國，西域與漢絕六十五年，至此重歸漢廷。
	明帝	永平十八年	七十五年	明帝卒，太子劉炟即帝，是為漢章帝。

東漢			
章帝	章和二年	八十八年	正月章帝卒，太子劉肇即位，是為漢和帝。七月，外戚竇憲使刺客刺殺都鄉侯劉暢事敗，竇憲懼罪，求擊北匈奴以贖死。
和帝	永元元年	八十九年	竇憲破北匈奴於稽落山，出塞三千餘里。
和帝	永元三年	九十一年	置西域都護、騎都尉、戊己校尉官，以班超為都護。
和帝	永元四年	九十二年	和帝與中常侍鄭眾合謀誅殺竇憲，宦官自此弄權。
和帝	永元六年	九十四年	班超斬殺焉耆王，西域五十五國納質內屬漢廷。
和帝	元興元年	一〇五年	和帝卒，鄧太后臨朝。
順帝	陽嘉元年	一三二年	太史令張衡造地動儀。
順帝	永和六年	一四一年	梁商卒，以梁冀為大將軍。
桓帝	延熹二年	一五九年	漢桓帝與宦官唐衡、單超誅殺梁冀。
桓帝	延熹九年	一六六年	第一次黨錮之禍起。
靈帝	建寧元年	一六八年	宦官曹節等殺竇武、陳蕃。
靈帝	建寧二年	一六九年	第二次黨錮之禍起。
靈帝	中平元年	一八四年	黃巾起事，張角自號天公將軍，全國響應。
靈帝	中平五年	一八八年	設置西園八校尉，以宦官蹇碩為上軍校尉。
靈帝	中平六年	一八九年	宦官張讓等人殺大將軍何進。虎賁中郎將袁紹等人引兵入宮，殺宦官兩千餘人。

圖說中國 03

秦・漢

主　編　龔書鐸　劉德麟

封面設計　陳朗思

出　版　智能教育出版社

香港北角英皇道四九九號北角工業大廈二十樓

INTELLIGENCE PRESS

20/F., North Point Industrial Building,

499 King's Road, North Point, Hong Kong

香港發行　香港聯合書刊物流有限公司

香港新界荃灣德士古道二二〇至二四八號十六樓

版　次　二〇一四年一月香港第一版第一次印刷

二〇二二年七月香港第二版第一次印刷

規　格　十六開（170 × 230 mm）二二四面

國際書號　ISBN 978-962-8904-53-2